C·H·Beck
PAPERBACK

C.H.BECK GESCHICHTE DER ANTIKE

ELKE STEIN-HÖLKESKAMP
Das archaische Griechenland
Die Stadt und das Meer

SEBASTIAN SCHMIDT-HOFNER
Das klassische Griechenland
Der Krieg und die Freiheit

PETER SCHOLZ
Der Hellenismus
Der Hof und die Welt

WOLFGANG BLÖSEL
Die römische Republik
Forum und Expansion

ARMIN EICH
Die römische Kaiserzeit
Die Legionen und das Imperium

RENE PFEILSCHIFTER
Die Spätantike
Der eine Gott und die vielen Herrscher

Elke Stein-Hölkeskamp

DAS ARCHAISCHE GRIECHENLAND

Die Stadt und das Meer

C.H.Beck Geschichte der Antike

Die erste Auflage dieses Buches erschien 2015.

Mit 26 Abbildungen und 4 Karten

2., durchgesehene Auflage. 2019
Originalausgabe

Satz: Druckerei C.H.Beck, Nördlingen
Druck und Bindung: Pustet, Regensburg
Umschlagentwurf: Kunst oder Reklame, München
Umschlagabbildung: Stele mit Relief einer Alltagsszene, um 510 v. Chr., Kerameikos (Athen), © De Agostini Picture Library/
G. Nimatallah/Bridgeman Images
Gedruckt auf säurefreiem, alterungsbeständigem Papier
(hergestellt aus chlorfrei gebleichtem Zellstoff)
Printed in Germany
ISBN 978 3 406 67378 8

INHALT

VORWORT

Dieses Buch ist das vorläufige Endergebnis meiner mittlerweile mehr als dreißigjährigen Beschäftigung mit der Geschichte des archaischen Griechenlands – vorläufig insofern, als sich der Gegenstand, die Entwicklung Griechenlands vom 12. Jahrhundert bis zum 6. Jahrhundert, als außerordentlich widerständig gegen abschließende Synthesen erwiesen hat. Über die Geschichte der Archaik ist das letzte Wort noch nicht gesprochen – und zwar auch nicht in diesem Band. Eben darin liegt die besondere Faszination einer Epoche, deren Vielfalt und Dynamik sich einer Einpassung in das enge Korsett einer narrativen Meistererzählung weiterhin widersetzen. Die letzten zwei Jahre der erneuten intensiven Arbeit an dem Thema haben mich gelehrt, daß wir in vieler Hinsicht immer noch (oder vielleicht wieder) am Anfang stehen und scheinbar gesicherte Erkenntnisse einer Revision bedürfen. Dabei läßt zumal der enorme Zuwachs an archäologischen Daten das Thema für den Historiker immer wieder aufs neue zu einer Herausforderung werden, die ich in diesem Fall gerne angenommen habe.

Wenn ich all denen Dank abstatten wollte, die mich seit den frühen achtziger Jahren bei meiner Beschäftigung mit der Archaik beraten und unterstützt haben, könnte ich eine beachtliche Liste von Namen zusammenstellen, deren Trägern ich dafür danken muß, daß ich von ihrer Sachkompetenz und ihrer Kollegialität profitieren durfte. Wie immer in den letzten Jahrzehnten gilt ein besonders herzlicher Dank Karl-Joachim Hölkeskamp. Und dabei geht es nicht nur darum, daß er alle Kapitel gelesen, kritisch kommentiert und mit mir diskutiert und sich Tag für Tag meine Berichte über die Fortschritte (oder Rückschritte) bei der Arbeit geduldig angehört hat. In diesem Fall kommt noch hinzu, daß ich ohne seine grundlegenden Arbeiten zu Schiedsrichtern und Gesetzgebern, homerischen Versammlungen etc. vieles so gar nicht hätte schreiben können. Der Dank verbindet sich in diesem Fall mit der Hoffnung, daß wir noch viele spannende Projekte gemeinsam realisieren können.

Darüber hinaus gilt mein Dank den Myriaden von Studierenden, die ich an einer Reihe von Universitäten mit Einführungen in die Geschichte einer für sie schwierigen Epoche traktiert habe. Stellvertretend für all jene möchte ich an dieser Stelle Sarina Pal (Siegen), Sotirios Douros (Köln) und vor allem Ralph Lange (Köln) danken, die das Manuskript gelesen und mir mit kritischen, aber auch ermunternden Worten sehr geholfen haben. Vor allem haben sie mir vermittelt, daß Leser Anspruch auf eine Erläuterung der grundsätzlichen Entscheidungen des Autors über Zuschnitt und Gliederung eines Buches haben. Mein Dank gilt schließlich dem bewährten Team vom Verlag C.H.Beck in München. Stefan von der Lahr und Andrea Morgan haben das Projekt sorgfältig und kompetent betreut. Stefan von der Lahr bin ich zudem Dank dafür schuldig, daß er mich trotz meines anfänglichen Widerstands davon überzeugt hat, das Buch zu schreiben, was sich nicht erst nach getaner Arbeit für mich als die richtige Entscheidung erwiesen hat.

Köln, im November 2014 — Elke Stein-Hölkeskamp

VORWORT ZUR 2. AUFLAGE

Nach nur vier Jahren ein Vorwort für die 2. Auflage eines Buches schreiben zu dürfen, ist für die Autorin eine äußerst erfreuliche Situation. Sie ermöglicht es mir, meinen Lesern – Freunden, Kollegen und vor allem auch Studierenden – für freundliche und ermutigende Kommentare zu danken. Das gilt natürlich auch für die Rezensenten, deren kritische Bemerkungen stets konstruktiv und bedenkenswert waren, mich insgesamt jedoch nicht zu grundlegenden Zweifeln an dem von mir gewählten systematischen methodischen Zugriff veranlaßt haben.

Köln, im März 2019 — Elke Stein-Hölkeskamp

I. EINLEITUNG*

Das frühe Griechenland erscheint bereits in den zeitgenössischen Texten als eine Epoche des Aufbruchs und der Innovation. Die Helden der *Ilias* und der *Odyssee*, der frühesten literarischen Texte in griechischer Sprache – Agamemnon, Achilleus, Odysseus und Co. – sind Abenteurer und Seefahrer, die das Mittelmeer bereisen und sich den Fährnissen solcher Reisen aussetzen, um fremde Welten zu erkunden, Städte zu gründen und Städte zu zerstören. Die Erkundung immer neuer Regionen an den Küsten des Mittelmeerraumes, die Gründung von immer neuen Siedlungen, in denen immer mehr Menschen lebten, war ebenso ein Grundphänomen jener Epoche, die wir seit Generationen die archaische nennen, wie das permanente Experimentieren mit neuen Formen von politisch-institutionellen Ordnungen und die fortdauernde Weiterentwicklung dieser Ordnungen. Im Laufe dieses dynamischen Prozesses entstand in Griechenland die Polis – der Stadtstaat in jener besonderen Ausprägung, die als eine der kulturspezifischen Besonderheiten der antiken griechischen Welt gilt, ohne Palast, Gottkönige und entrückte Herrscher, sondern statt dessen mit einem freien Raum im Zentrum, den man Agora nannte. Untrennbar verbunden mit der Entwicklung der Polis waren so bahnbrechende Neuerungen wie die Bürgergemeinschaft, die genau dort zusammentrat, die dort gemeinschaftlich beschlossene Gesetzgebung und das dabei zur Anwendung kommende Mehrheitsprinzip. Parallel dazu kam es zur fortschreitenden rechtlichen Differenzierung und zur sozialen Stratifizierung innerhalb der Bevölkerung der einzelnen Siedlungsgemeinschaften, in denen man zugleich mit immer neuen Verfahren der Entscheidungsfindung und Formen der Partizipation experimentierte. Die Mobilität über das Meer und die Ent-

* Alle im Text genannten Jahreszahlen sind – sofern nicht anders gekennzeichnet – vor Christus.

wicklung der Städte sowie ihrer institutionellen und sozialen Strukturen werden dementsprechend im Mittelpunkt der folgenden Geschichte der Archaik stehen.

Der Autor einer Geschichte des frühen Griechenlands muß sich dabei notwendig die Frage nach dem Anfang und dem Ende dieser Epoche stellen. Konventionell läßt man die ‹archaische Zeit› mit dem 8. vorchristlichen Jahrhundert beginnen – ein Ansatz, der in der neuesten Forschung eher kritisch betrachtet wird. Denn immerhin gab es in der Mitte dieses Jahrhunderts bereits das griechische Alphabet und die figürliche Malerei, Tempel und Stadtmauern – Errungenschaften, die einem dynamischen Neuanfang nach den Dunklen Jahrhunderten zugeschrieben werden. Die folgende Darstellung wird nicht nur aus diesen Gründen früher ansetzen: Sie wird in einem einleitenden Kapitel die Zeit der mykenischen Paläste, die submykenische Zeit und eben die Dunklen Jahrhunderte miteinbeziehen, zumal ein erheblicher Zuwachs an archäologischen Daten aus dem 12. bis 9. Jahrhundert es mittlerweile gestattet, die Lücke zwischen dem Fall der mykenischen Paläste und dem erneuten Aufbruch in das ‹Licht› der archaischen Epoche im 8. Jahrhundert zu füllen und damit die Zusammenhänge besser zu verstehen – eine Chance, die auf jeden Fall genutzt werden soll. Denn zugleich mit der ‹Erhellung› der Dunklen Jahrhunderte wird auch die artifizielle Epocheneinteilung obsolet, die voraussetzt, daß die Palastkultur eine weiter entwickelte höhere Zivilisationsstufe repräsentierte und die Dunklen Jahrhunderte dahinter flächendeckend auf ein primitiveres Niveau zurückfielen, von dem es dann vom 8. Jahrhundert an in einem dynamischen Prozeß wieder aufwärts ging. Statt dessen müssen im folgenden die Vielfältigkeit der Entwicklungslinien und das Nebeneinander von Kulturbrüchen und Kulturkontinuität dargestellt werden.

Mit der Aufgabe des konventionellen Epochenbeginns im 8. Jahrhundert wird zugleich die Vorstellung von einer zielgerichteten Entwicklung von den Dunklen Jahrhunderten über die ‹Renaissance› des 8. Jahrhunderts bis hin zur klassischen Zeit aufgegeben. Die Geschichte des frühen Griechenlands soll im folgenden dezidiert nicht als ein linearer Prozeß dargestellt werden, der schrittweise und unaufhaltsam zu einem Mehr an Rationalität, Partizipation, Gerechtigkeit und Freiheit führte. Die Archaik wird demnach nicht in erster Linie als Vorgeschichte der Klassik interpretiert. Es soll kein direkter Weg von den homerischen Helden zu den athenischen Demokraten, von Solon zu Sokrates konstruiert werden. Polisentstehung und Institutionalisierung, Krise und Kolonisation, Adelsherrschaft und Tyrannis dürfen nicht als geradezu notwendig aufeinanderfolgende Stadien einer zielgerichteten Entwicklung angesehen werden, bei deren Abschluß man in der ‹Klassik› und der großartigen Demokratie Athens angekommen ist. Wenn man von der Vielfalt, der Vielschichtigkeit und der Ergebnisoffenheit der Entwicklung(en) ausgeht, ist eine chronologische Darstellung der archaischen Epoche also nicht mehr angemessen. Auf die Möglichkeiten und die Grenzen bzw. insbesondere die irreführende Linearität einer solchen narrativen Meistererzählung des archaischen Griechenlands ist in der neuesten Forschung immer wieder verwiesen worden. Gegen ein solches Unterfangen spricht ohnehin die schwierige Quellenlage. Die zahllosen Detailfragen bei der Datierung der materiellen und literarischen Zeugnisse, die es schlicht nicht gestatten, eine unstrittige zeitliche Abfolge von Ereignissen und Handlungssequenzen vorzunehmen, sind dabei nur ein Teil des Problems. Die Faktizität epochemachender Ereignisse – wie beispielsweise des Lelantischen Krieges oder des sogenannten Heiligen Krieges – ist heute weitgehend einer radikalen Dekonstruktion zum Opfer gefallen, die sie als eine Kombination aus willkürlichen Synchronisierungen späterer Autoren erwiesen hat, die auf diese Weise aus ihrer Perspektive die Geschichte der Archaik als Vorgeschichte ihrer eigenen Epoche konstruierten.

Im folgenden wird daher eine systematische Gliederung des Stoffes vorgezogen, die in einzelnen Kapiteln zur mykenischen Kultur und ihrem Untergang, zu den homerischen Epen, zur Kolonisation, zur Entstehung der Polis, zu Bauern, Aristokraten, Tyrannen und Bürgern versucht, längere Entwicklungsphasen und soziokulturelle Grundformen in den Blick zu nehmen und dabei auf die Konstruktion von jeglicher Art von Linearität oder gar Kausalität zu verzichten. Der Vorteil einer solchen Gliederung liegt nicht zuletzt darin, daß sie es ermöglicht, den außerordentlichen Reichtum an Varianten und die erheblichen Phasenverschiebungen zu berücksichtigen, die die Veränderungsprozesse in den verschiedenen Regionen kennzeichnen. Entgegen der bisher üblichen Darstellungsweise soll dabei etwa das Kapitel über die Kolonisation vor das Kapitel über die Polis gesetzt werden. Die Etablierung zahlreicher neuer Siedlungen im gesamten Mittelmeerraum und an den Küsten des Schwarzen Meeres wird auf diese Weise nicht mehr als Reaktion auf Probleme in den Siedlungen des Mutterlandes angesehen, sondern vielmehr als Teil eines umfassenden Prozesses, in dessen Verlauf sich Emigranten und Daheimgebliebene gleichermaßen mit den überkommenen Strukturen auseinandersetzten und in kreativen Aufbauphasen die Grundlagen des Gemeinschaftslebens neu organisierten.

Die systematische Gliederung der Geschichte der archaischen Epoche wird darüber hinaus in jedem einzelnen Kapitel durch Fallstudien ergänzt, bei denen am Beispiel einzelner Poleis auch längerfristige Entwicklungen in ihrer diachronen Dimension aufgezeigt werden. Generell soll eine Anreicherung der einzelnen systematischen Kapitel mit solchen Fallstudien auch dazu beitragen, eine allzu konventionelle Konzentration auf die am besten bezeugten Poleis Athen und Sparta zu vermeiden und statt dessen eine Reihe von parallelen Polisgeschichten zu liefern. Mit der ‹Mikrogeschichte› solcher Siedlungen wie etwa Lefkandi, Nichoria und Askra, Metapont, Dreros und Kyrene soll dabei zugleich der geographische Rahmen der Untersuchung erweitert und das ‹andere Griechenland› stärker berücksichtigt werden. Auf der Ebene der Fallstudien können zudem die unterschiedlichen Lebenswelten der Aristokraten und Tyrannen, Bauern und Bürger wieder zusammengeführt werden, die in den systematischen Kapiteln getrennt figurieren. Die Geschichte der einzelnen Siedlungen soll dabei als je spezifisches Produkt der Interaktion dieser wichtigsten Gruppen von Akteuren angesehen werden, die im Einzelfall auf durchaus unterschiedliche Weise miteinander kooperierten bzw. konkurrierten und die Entwicklung der Siedlungen damit jeweils maßgeblich beeinflußten.

Allerdings stellt sich bei diesen Fallstudien die Frage nach dem Umgang mit den antiken Zeugnissen in besonders komplexer Weise. Bei der Rekonstruktion der Geschichte dieser Poleis sind wir in sehr viel stärkerem Maße auf die materielle Hinterlassenschaft angewiesen. Zeitgenössische literarische Zeugnisse sind selten. Die großen Historiker der klassischen Epoche, Herodot und Thukydides, haben diesen Siedlungen nur wenig bis gar keine Aufmerksamkeit geschenkt. Lokalgeschichten, die zumeist erst Jahrhunderte später verfaßt wurden, rekonstruierten und reorganisierten die Geschichte einzelner Siedlungen in einer Weise, die dem Horizont und den Interessen der Autoren und ihrer Zeitgenossen entsprach, und enthalten demnach wenige bis keine authentischen Überreste der Frühgeschichte. Es ist also in jedem Fall eine kritische Kontrastierung dieser literarischen Zeugnisse mit den archäologischen Zeugnissen vonnöten. Die Steine erzählen dabei in der Regel eine andere Geschichte als die Worte und stellen unsere traditionelle Sicht der Frühgeschichte nicht selten in Frage. Deshalb muß generell der methodische Grundsatz gelten, daß die Relikte der materiellen Kultur zumindest jenes ‹Vetorecht› haben, das Reinhart Koselleck für alle Zeugnisse einer vergangenen Epoche reklamiert hat. Um es (zum Teil) mit seinen Worten zu formulieren: Die Steine, Scherben und Siedlungsspuren sagen uns bestimmt nicht, was wir sagen sollen, aber sie sagen uns sehr wohl, was wir nicht (oder nicht mehr) sagen dürfen. Anders ausgedrückt: Wenn wir keine Deutung zulassen wollen, die aufgrund der heute vorliegenden (materiellen) Zeugnisse «als nicht zulässig oder sogar als schlichtweg falsch» erscheint, dann bedarf unsere bisherige Rekonstruktion der Geschichte des frühen Griechenlands zumindest in Teilen einer Revision.[1]

Die schwierige Materiallage kann dabei zugleich als Herausforderung und Chance begriffen werden. Da eine Rekonstruktion der frühen Geschichte Griechenlands auf der Basis der traditionellen historiographischen Zeugnisse weder möglich noch sinnvoll ist, muß notwendig auf andere Materialklassen zurückgegriffen werden, was im günstigen Fall zu einer beträchtlichen Erweiterung unserer Fragehorizonte führen kann. Und dabei kommen nicht nur die Texte der sogenannten schönen Literatur, die Epen und die Gedichte der archaischen Lyriker, in den Blick, die uns Einsichten in Leben und Leiden der Menschen dieser Epoche gestatten. Für eine ebenso anschauliche wie angemessene Rekonstruktion der verschiedenen Lebenswelten sind wir darüber hinaus auf die Überreste der Hausarchitektur und der Gebrauchsgegenstände verwiesen, die uns weit jenseits einer auf Kriege und Schlachten konzentrierten Ereignisgeschichte Einblicke in das soziale Leben, in Familie und Nachbarschaft ermöglichen. Und nicht zuletzt vermitteln uns die Bildwerke der archaischen Zeit, die kunstvoll bemalten Vasen und die monumentalen Statuen, vielfältige Eindrücke von der ästhetischen Welt des frühen Griechenlands. Sie zeigen uns, was die Menschen dieser Epoche für schön, edel, wertvoll und vorbildlich hielten, und eröffnen damit neue Perspektiven auf so unterschiedliche Teildisziplinen wie die Körpergeschichte und die Ideengeschichte. Und damit kommen wir zu der noch ausstehenden Frage nach dem Ende der Archaik. In diesem Fall soll ganz konservativ vorgegangen und an dem Jahr 500 als Epochenschwelle festgehalten werden. Denn mit dem Beginn der Auseinandersetzungen zwischen Griechen und Persern wird eine andere Art von Geschichte möglich und erforderlich. Die historiographischen Zeugnisse legen nun eine chronologische Darstellung der Ereignisse und eine Konzentration auf andere Akteure nahe. Und damit ist zweifellos in mehrfacher Hinsicht und unwiderruflich das Ende der Archaik eingeläutet: Nach den Perserkriegen war ohnehin nichts mehr wie zuvor.

II. DIE WELT DER PALÄSTE

Die mykenische Zivilisation, die seit der Mitte des 2. Jahrtausends weite Teile des späteren griechischen Kulturraumes prägte, war dem vorderasiatischen Typ der hierarchisch-monarchisch organisierten Stadtstaaten verwandt. Sie war von der wirtschaftlich und kulturell hochentwickelten, ja raffinierten höfischen Zivilisation der sogenannten jüngeren Palastzeit auf Kreta (1700–1450) beeinflußt, die allgemein nach dem sagenhaften König Minos als ‹minoisch› bezeichnet wird. Die mykenische Zivilisation ist ihrerseits nach dem Palast von Mykene benannt – einem ihrer großen Zentren auf dem Festland. Das wesentliche Charakteristikum der mykenischen Blütezeit des 14. und 13. Jahrhunderts ist die Entwicklung einer monumentalen Architektur: Bei Pylos an der Westküste der Peloponnes und in Mykene, Tiryns und Midea in der Argolis, auf der Akropolis von Athen, in Theben, Orchomenos und Gla in Boiotien sowie im thessalischen Iolkos entstanden in dieser Epoche palastartige Anlagen. Ihre Architektur unterschied sich in einem wesentlichen Punkt von den älteren Zentren der minoischen Kultur auf Kreta und auch von dem berühmten Palast von Knossos, der schon um 1350 oder noch früher endgültig untergegangen war. Denn die mykenischen Paläste waren mit Ausnahme des sogenannten Palastes des Nestor bei Pylos im Stadium ihrer Vollendung mit gewaltigen Mauern und Verteidigungsanlagen gesicherte Burgen, die die im Wortsinne monumentale Hinterlassenschaft dieser Zeit darstellen. Noch Jahrhunderte nach dem Fall dieser ‹Paläste›, die schon am Ende des 13. Jahrhunderts in einer Welle von Katastrophen untergingen, machten diese wahrhaft ‹kyklopischen› Bauten großen Eindruck auf die Griechen, die sie ehrfürchtig als Monumente einer glanzvollen Vergangenheit bestaunten. Die neuere Forschung konzentriert sich jedoch nicht mehr nur auf die spektakulären Überreste dieser Burgen. Neuere archäologische Untersuchungen haben vielmehr gezeigt, daß es in dieser Epoche außerhalb der Pa-

Karte 1: Mykenische Zentren und Siedlungen im 13. Jahrhundert

lastzentren weitaus mehr Siedlungen gab, als man lange angenommen hat. Diese Siedlungen liegen keineswegs nur im unmittelbaren Umkreis der Paläste und Befestigungsanlagen, zu denen etwa die sogenannten Unterstädte von Mykene und Tiryns gehörten. Vielmehr finden sich überall auf der Peloponnes, in Attika und Boiotien, aber auch auf den Inseln der Ägäis wie etwa Rhodos Spuren mykenischer Siedlungen, von Einzelgehöften über Dörfer bis hin zu veritablen lokalen Siedlungszentren, die erst in der ersten Hälfte des 13. Jahrhunderts in einer Zeit besonderer Prosperität ihre größte Ausdehnung und Dichte erreichten.

1. Die mykenische Kultur und ihr Untergang

Der Palast von Mykene, der namengebend für eine ganze Kultur wurde, gelangte durch die Ausgrabungen von Heinrich Schliemann zu einiger Berühmtheit. Schliemann, ein begüterter deutscher Kaufmann und begeisterter Sammler antiken Kulturgutes, begann im Jahre 1876 mit offizieller Genehmigung in Mykene zu graben. Der gebildete Kenner der antiken Sagen und Mythen versuchte dort, auf der Basis von *Ilias* und *Odyssee*, den ältesten Texten in griechischer Sprache, und den in der zweiten Hälfte des 2. nachchristlichen Jahrhunderts verfaßten Reisebeschreibungen des Pausanias, die realen Schauplätze des sagenhaft-mythischen Geschehens der griechischen Vorzeit wiederzuentdecken. Mykene war für ihn die Hauptstadt des Königreichs des Agamemnon, der das griechische Heer siegreich nach Troja geführt hatte. Und damit war es zugleich jener Ort, an den der König der Sage zufolge nach seinem glorreichen Sieg zurückgekehrt war, um dort von seiner Ehefrau Klytaimestra und ihrem Liebhaber Aigisthos schmählich in eine Falle gelockt und ermordet zu werden. Daß Schliemann aufgrund seines Vertrauens in die antiken Mythen und Texte schon damals nicht auf dem neuesten Stand der Wissenschaften agierte und deshalb zu unzulässigen Gleichsetzungen zwischen den Texten und den materiellen Relikten neigte, wurde bereits von seinen Zeitgenossen scharf kritisiert. Seinen Ruhm hat das ebensowenig geschmälert wie denjenigen von Mykene und den anderen Anlagen in der Argolis, in Messenien, in Boiotien und anderswo in Griechenland – Orten, von denen auch heute noch eine besondere Faszination ausgeht.

Die ‹Burg› von Mykene liegt auf einem steilen, felsigen Hügel und ist von mächtigen ‹kyklopischen› Mauern umgeben. Diese Mauern, die aus großen Felsblöcken bestehen – so schwer, daß sie nach der Vorstellung späterer Griechen nur von ‹Kyklopen› oder Giganten bewegt worden sein konnten – umschließen die Akropolis mit der Palastanlage. Wer dort hinaufsteigt, passiert zunächst die noch vor den Mauern gelegenen Schachtgräber des Gräberrun-

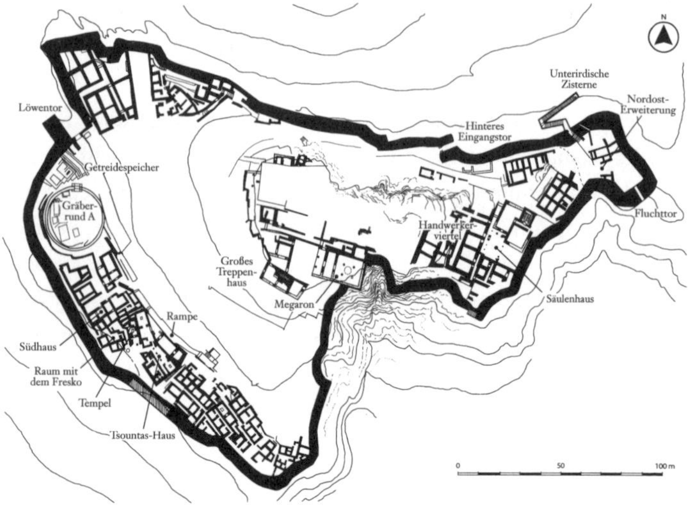

Abb. 1: Plan des Palastes von Mykene

des B und ein Kuppelgrab, das bis heute als das ‹Grab der Klytaimestra und des Aigisthos› bezeichnet wird. Dann schreitet er durch das berühmte Löwentor und weiter zum Gräberrund A, das bereits innerhalb der Mauern liegt. In dem letztgenannten Gräberrund wurden die Männer mit den berühmten Goldmasken bestattet. Ihnen und ihren Frauen wurden wertvolle Waffen und Schmuck, Pokale aus Gold, Silber und Elektron sowie Objekte aus Bergkristall und Bernstein mit ins Grab gegeben. Die Gräber in diesem Areal stammen aus der sogenannten Schachtgräberzeit. Sie wurden zwischen 1600 und 1450 errichtet und sind unsere wichtigste Quelle für diese Epoche, denn die Siedlungen der Menschen, die dort zur letzten Ruhe gebettet wurden, haben keine nennenswerten Spuren hinterlassen.

Die Gräber und die spektakulären Beigaben lassen jedoch auf eine stratifizierte Gesellschaft schließen, deren Elite über beträchtliche Reichtümer verfügte und Zugang zu exquisiten Objekten minoischer Herkunft hatte, die interkulturelle Kontakte nach Kreta belegen. Allerdings investierten die Angehörigen dieser Elite, die uns in Objekten und Bildern als mutige Krieger und große Jäger mit kraftvollen, muskulösen Körpern gegenübertreten, diese Reichtümer offensichtlich nicht in aufwendige Wohnanlagen, sondern vielmehr in opulente Begräbniszeremonien und kostbare Grabbeigaben. Um die Mitte des 15. Jahrhunderts wurden die letzten Toten in dieser Art von Schachtgräbern bestattet. Danach begann man zunächst in Messenien und später auch in Mykene Kuppelgräber (Tholoi) zu bauen. Die berühmteste Tholos ist das sogenannte Schatzhaus des Atreus, das um 1350 in Mykene erbaut wurde.

Über die Menschen, die um die Mitte des 14. Jahrhunderts in diesen Tholoi zur letzten Ruhe gebettet wurden, informieren nicht nur ihre monumentalen Gräber, sondern auch die großen prunkvollen Palastanlagen, die um die gleiche Zeit errichtet wurden. In Mykene liegt dieser Palast auf dem höchsten Punkt des Hügels. Zur Zeit ihrer größten Ausdehnung umfaßte die Anlage ein Areal von 3000 Quadratmetern. Der zentrale Bereich bestand aus einem Propylon, einem Portal und Durchgangsräumen, hinter denen der Hauptraum lag, das sogenannte Megaron mit der säulenumstandenen Herdstelle. Dort stand der Thronsessel, und dort empfing der Herr des Palastes in vollem Ornat seine Besucher. Die Wände dieser Räume waren mit farbenfrohen Fresken dekoriert, deren Bilder Kriegs- und Jagdszenen, Opfer und Feste sowie schöne Frauen mit eleganten Frisuren und kostbarem Schmuck zeigten. Um einen gepflasterten Mittelhof gruppierten sich weitere Räume. Ein zweites palastartiges Gebäude wurde östlich der Hauptanlage errichtet. Über eine tief in den Felsen gehauene unterirdische Treppe gelangte man zu einer unterhalb der Akropolismauern gelegenen Quelle, die die Wasserversorgung auch in Zeiten einer Belagerung sicherstellte. Tiefer liegende Bereiche des Palastareals beherbergten Werkstätten und Lagerräume.

Die Palastanlage des nur neunzehn Kilometer von Mykene entfernten Tiryns muß einen ähnlich imposanten Anblick geboten haben. Auch dort investierten die Besitzer in kostbare, ja exotische Materialien, die von versierten Kunsthandwerkern verarbeitet wurden. So zierte den Vorbau des Megarons ein kostbarer Ala-

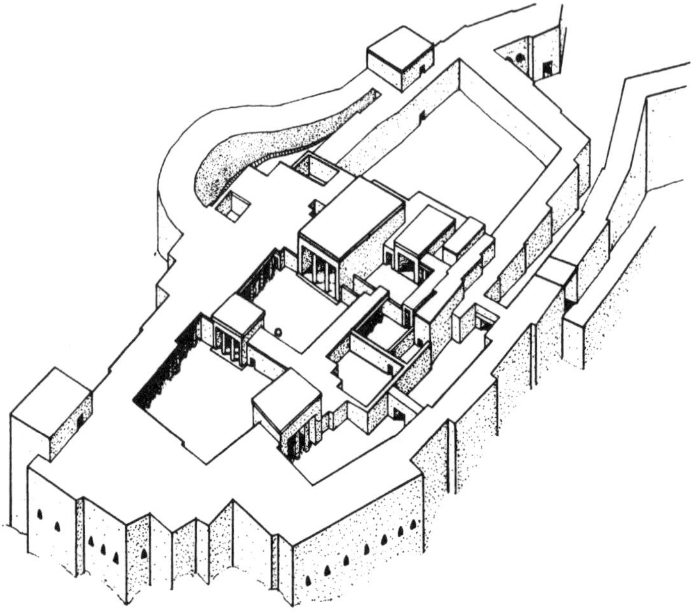

Abb. 2: Palast und Befestigungen in Tiryns, Aufsicht – zeichnerische Rekonstruktion

basterfries. Die exquisiten Möbelstücke, mit denen die Räume der Paläste ausgestattet waren, haben die Jahrtausende allerdings nicht überdauert. Über Marmortische mit Einlegearbeiten aus Gold, Elfenbein und Bergkristall sowie über Stühle aus Elfenbein mit phantasievollen Schnitzereien informieren allein die Schriftzeugnisse, die etwa in den Lagerräumen des Palastes von Pylos gefunden wurden.

Bei diesen Zeugnissen handelt es sich um die sogenannten Linear B-Tafeln – Tontäfelchen, die vor allem in den Archiven der Paläste von Pylos und Knossos aber auch in Mykene, Theben und Tiryns gefunden wurden. Die Linear B-Schrift bestand aus Silben, Ideogrammen und Zahlzeichen. Ihre Entzifferung gelang erst mehrere Generationen nach der Entdeckung dieser Tafeln in der Mitte des 20. Jahrhunderts n. Chr. – und zwar durch einen begabten Außenseiter, den Amateursprachforscher Michael Ventris, der über perfekte Kenntnisse in Griechisch und Latein verfügte. Er vollbrachte diese Leistung in Zusammenarbeit mit dem professionellen Altertumswissenschaftler John Chadwick, der als Gräzist und Sprachforscher in Cambridge lehrte und während des 2. Weltkriegs als Kryptanalytiker zum Secret Service gehörte. Die beiden haben auf der Annahme, daß die in diesen Zeichen fixierte Sprache eine Art Griechisch oder Proto-Griechisch sei, also gewissermaßen erkennbare Spuren enthalten müsse, und unter Anwendung der von Chadwick beim Geheimdienst erlernten Techniken die Kombination aus Ideogrammen, Zahlzeichen und Silben auf den unscheinbaren Tafeln nach und nach zum Sprechen gebracht.

Dabei war die Entzifferung dieser Schrift für die Fachwelt zunächst eine Enttäuschung. Denn die Täfelchen enthielten eben keine Informationen über die sagenhaften Taten der vorzeitlichen Helden, über die Kriege, die jene Männer geführt hatten, die nach der Vorstellung von Heinrich Schliemann die Paläste erbaut und sich und ihrem Ruhm mit diesen Bauten so monumentale Denkmäler gesetzt hatten. Die Schrift auf den Linear B-Tafeln war vielmehr für Heldendichtung oder andere ‹Literatur› völlig ungeeignet. Sie diente ausschließlich den konkreten, praktischen Zwecken der minoisch-mykenischen Palastherrschaft, die sich durch eine komplexe, sozial streng hierarchisierte und territorial weitgehend flächendeckende Organisation auszeichnete. Die Zeichen auf den Tontäfelchen dokumentieren die alltägliche Buchführung des palatialen Systems, die laufende Erfassung und Kontrolle, Inventarisierung und Summierung von Menschen, Material und Produkten, Land und Abgaben. Dabei war noch nicht einmal die dauerhafte Archivierung dieser Vorgänge von Interesse. Dazu waren die Tafeln aus ungebranntem weichen Ton auch gar nicht geeignet – erhalten geblieben sind sie denn auch nur, weil sie in den Feuerstürmen beim Untergang der Paläste gebrannt und damit hart wurden. Daher spiegeln die Texte vor allem die letzten Monate der Existenz der Paläste wider, und zumindest zu einem Teil belegen sie eine wachsende Unruhe, einen Alarmzustand und besondere Anstrengungen zur Abwehr drohender Angriffe.

Trotz dieser Einschränkungen bieten die Linear B-Tafeln einen

Abb. 3: Linear B-Tafel aus Pylos. Athen, Archäologisches Nationalmuseum

Einblick in die zentralistisch-hierarchische Struktur und die Abläufe der Verwaltung und lassen somit einige Rückschlüsse auf die Grundstrukturen von Gesellschaft und Wirtschaft der ‹Palaststaaten› zu. Dabei läßt sich aus dieser besonderen Art von Quellen vor allem die Terminologie der sozialen und bürokratischen Hierarchien eruieren: Sie spiegeln eine vertikale und horizontale Differenzierung der gesellschaftlichen Pyramide, die der Komplexität des Palastsystems entspricht. An der Spitze dieser Pyramide stand der *wanaka*, der Herr des Palastes und des umliegenden Gebietes, also der mykenische ‹König›, der ein ruhmreicher Krieger war und über den größten Landbesitz verfügte. Der *wanaka* von Pylos etwa besaß zum Zeitpunkt der Zerstörung des Palastes ein Landgut, das mit mehr als tausend Weinstöcken und ebensovielen Feigenbäumen bepflanzt war. Nach all dem, was wir wissen, waren die Herren der Paläste auch die Vermittler zwischen den Göttern und den Menschen. Sie vollzogen im Megaron des Palastes die religiösen Rituale, die den Menschen das Wohlwollen und die Unterstützung der Götter sichern sollten, überwachten die Tieropfer und richteten zeremonielle Bankette aus. Darüber hinaus stand dem ‹König› auch das Recht zu, die untergeordneten Funktionäre zu ernennen. Das galt etwa für den *lawagetas*, den ‹Führer des Kriegsvolkes (*laos*)›, der den zweithöchsten Rang in der Hierarchie einnahm. Er hatte den Oberbefehl über das Heer inne. Auch der *lawagetas* besaß ein Landgut, ein *temenos*, das allerdings erheblich kleiner war als das des *wanaka*. Aus anderen Täfelchen kennen wir die Bezeichnungen für den ranghohen Gefolgsmann (*eqeta*) und für den Distriktfunktionär, den *korete*. Die Aufzeichnungen auf den Linear B-Tafeln lassen nämlich auch erkennen, daß die Einflußgebiete der Paläste in Bezirke aufgeteilt waren. So war das etwa 2300 Quadratkilometer große Territorium von Pylos, auf dem mehr als 50000 Menschen lebten, aus verwaltungstechnischen Gründen in zwei Provinzen unterteilt, die ‹Diesseits› und ‹Jenseits› genannt wurden. Eine der dort gefundenen Tafeln enthält eine Liste von sechzehn Distrikten, von denen neun in der einen Provinz und sieben in der anderen lagen. Ein System von Straßen und Brücken erleichterte die Kommunikation und den Transport von Waren zwischen den einzelnen Siedlungen. Die Aufgaben des *korete* und seines Stellvertreters bestanden wohl darin, den regelmäßigen und vollständigen Eingang der Abgaben zu kontrollieren, die die einzelnen Bezirke in Form von Naturalien (Getreide, Wolle, Flachs, Öl etc.) an die Zentrale zu leisten hatten. Auf lokaler Ebene lag die Verwaltung beim *quasireu* – ein Begriff, der dem griechischen Terminus *basileus* eng verwandt ist, mit dem die Dichter von *Ilias* und *Odyssee* Jahrhunderte später einen Mann von hohem Rang in seiner Gemeinde bezeichnen.

Doch die Linear B-Tafeln spiegeln keineswegs nur die Terminologie zur Bezeichnung der hohen Funktionsträger wider. Das Wort *damo* etwa bezeichnet die dörfliche Gemeinschaft jener einfachen Menschen, die außerhalb der Palastbezirke in kleinen Kommunen mit einer gewissen lokalen Autonomie lebten. Und es werden auch immer wieder die ‹Pächter›, ‹Schmiede› und ‹Töpfer› des *wanaka* sowie ‹Diener› und ‹Dienerinnen› genannt – Personengruppen am unteren Ende der sozialen Pyramide, deren Namen sich von ihren Berufen, Funktionen oder Abhängigkeiten herleiten. Damit wird bereits deutlich, daß der Palast keineswegs nur die demonstrativ prachtvolle Residenz eines Herrschers und Inhabers der obersten politischen Macht war. Er war auch nicht nur der Ort einer vielfältigen Kultausübung mit Festen, Prozessionen und Opferritualen oder das Hauptquartier des obersten Kriegsherrn. Der Palast war zugleich das Zentrum einer nach Rängen gestuften und funktional differenzierten Verwaltung, in der ein Heer von ‹Beamten› mit abgegrenzten Kompetenzen und Spezialisten außerordentlich vielfältige administrative Abläufe zu lenken und zu kontrollieren hatte: Hier wurde über die Zuteilung von Land entschieden, hier wurden Steuern und Abgaben verwaltet. Hier wurden die Stellung von Arbeitskräften und Heeresaufgeboten nach festgelegten Zahlenrelationen aus den nachgeordneten lokalen Bezirken und die Organisation der Kulte geregelt und vor allem eine Vielzahl wirtschaftlicher Aktivitäten koordiniert.

Denn die Paläste waren zugleich Mittelpunkt eines zentral gelenkten ökonomischen Systems der Produktion und der Distribution. In allen Palästen gab es große Lager mit Vorräten an Rohstoffen, Halb- und Fertigprodukten – Getreide, Wein und Öl sowie Aromastoffe zur Parfümierung des Öls, Edelmetalle, Blei, Bronze und sogar Obsidian für Pfeilspitzen, der von der Insel Melos importiert wurde. Darüber hinaus wurden natürlich überall Waffen, Textilien und nicht zuletzt allerlei Kultgegenstände gehortet. Art und Umfang dieser Vorräte zeigen, daß diese Waren nicht nur für den Konsum der Bewohner und nicht einmal für den vielfältigen und gehobenen Bedarf einer verfeinerten Hofhaltung bestimmt waren. Der Palast war vielmehr auch ein Zentrum der Redistribution, und seine Bürokraten hatten für die Verteilung der Rohstoffe wie Wolle, Gold- und Bronzebleche an Weber, Gold- und Waffenschmiede sowie eine Reihe weiterer Handwerker zu sorgen. Außerdem war der Palast selbst ebenfalls ein Zentrum der Produktion. Auch hier wurden Waffen hergestellt und Luxusgüter wie Möbel und Schmuck aus Elfenbein, Gold und Halbedelsteinen produziert. In Pylos etwa waren mehr als dreihundert Frauen mit der Anfertigung von Textilien beschäftigt, die zum Teil offenbar für den Export bestimmt waren. Die Linear B-Tafeln weisen die Textilarbeiterinnen als Nachfahren von Immigranten oder Kriegsgefangenen aus der östlichen Ägäis und dem westlichen Anatolien aus. Entlohnt wurden sie in Naturalien, das heißt, mit Weizen und Feigen, die ihnen in monatlichen Rationen zugeteilt wurden. Insgesamt dokumentieren die Linear B-Tafeln ein erstaunlich hohes Maß an Arbeitsteilung und Spezialisierung. Ein ebenso bemerkenswerter wie interessanter Einzelfall sind einige Tafeln aus Pylos, die einen Raum als eine Werkstatt ausweisen, in der Streitwagen hergestellt und repariert wurden. Eine besondere Rolle spielen in diesem Zusammenhang auch die zum Teil kunstvoll bemalten Gefäße aller Art aus Ton. Die Kannen, Krüge und Kelche fungierten sowohl als Gebrauchsgegenstände beim Mahl und beim Gelage als auch als Gefäße bei religiösen Ritualen wie Opfern und Libationen (Trankspenden). Andere, einfachere Formen der Keramik dienten der Lagerung und dem Transport von Wein und Öl oder den erwähnten Luxusprodukten wie den parfümierten Ölen aus Pylos.

Gerade diese Gefäße und ihre weite Verbreitung als Tauschobjekte und als Transportbehälter belegen zudem, daß die Paläste auch noch als Knotenpunkte eines überregionalen, ja internationalen Warenverkehrs mit Rohstoffen, Edelmetallen und vor allem Luxusgütern fungierten. Die Scherben mykenischer Keramik hat man nicht nur in den Zentren des Festlandes und in vielen Siedlungen außerhalb der Palastbereiche gefunden, sondern auch auf Kreta, den Kykladen, auf Rhodos und Zypern sowie in Ägypten, auf Sizilien, Sardinien und in der Levante. Gegen bemalte Keramik und Waffen wie etwa Streitäxte tauschten die Mykener Rohstoffe. Besonderen Bedarf hatten sie an jenen beiden Metallen, aus denen Bronze legiert wurde. Das für diesen Prozeß notwendige Kupfer bezogen sie wohl vornehmlich aus dem attischen Laureion. Zinn importierten sie von der Iberischen Halbinsel und aus Afghanistan. Gold, Halbedelsteine, Elfenbein, die Stoßzähne von Nilpferden sowie Edelhölzer zur Herstellung von Luxusgütern wurden etwa aus Ägypten und der Levante eingeführt. Zum Transport dieser Waren unterhielt man seit dem 15. Jahrhundert eine eigene Flotte. Auch darüber sind wir wiederum durch die Linear B-Tafeln aus Pylos informiert, von denen eine die Aussendung eines Schiffes erwähnt und eine andere die beträchtliche Zahl von 569 Ruderern nennt.

Um 1200 brachen diese Palaststaaten und ihr ganzes System plötzlich, flächendeckend und vollständig, wenn auch nicht überall in Griechenland gleichzeitig zusammen. Die Paläste und Siedlungen von Pylos, Mykene, Tiryns und Theben wurden ebenso zerstört wie der von Orchomenos. Auch eine Reihe weiterer Siedlungen außerhalb Messeniens, Lakoniens, Boiotiens und der Argolis wurden verheerend getroffen, viele von ihnen verödeten. Über die Ursachen dieser epochalen Katastrophe führt die Forschung seit Jahrzehnten eine ebenso intensive wie kontroverse Debatte. Archäologische Forschungen erlauben es mittlerweile, bestimmte Gründe für den Untergang der Paläste auszuschließen: Keine der bislang vorgetragenen monokausalen Erklärungen, darüber besteht ein Konsens, kann der Komplexität des Geschehens um die Wende vom 13. zum 12. Jahrhundert gerecht werden. Die früher häufig vertretene These von der großen ‹Dorischen Völkerwanderung›, in deren Verlauf es zu einer massiven Invasion der mykenischen Welt gekommen sei, ist vollends obsolet. Als ebensowenig tragfähig erwiesen haben sich Spekulationen über interne Ursachen wie etwa Sklavenaufstände oder Revolutionen gegen die Herren der Paläste, da sie keine plausible Erklärung dafür bieten, warum auch Siedlungen im Umland der Paläste aufgegeben bzw. verlassen wurden. Auch ganz andere Erklärungsmodelle, die große Naturkatastrophen wie etwa den Ausbruch des Vulkans von Thera für den Untergang der Paläste verantwortlich machen, sind mittlerweile durch archäologische Daten widerlegt.

In der neueren Forschung herrscht die Auffassung vor, daß der Untergang der Paläste auf mehrere strukturelle wie kontingente Faktoren und ihre wechselseitige Verstärkung zurückgeführt werden muß. Ein wesentlicher Faktor dürfte dabei die inhärente Schwäche des palatialen Systems selbst gewesen sein, dessen Komplexität jeden einzelnen Palast und die gesamte Welt der Paläste anfällig für Krisen machte. Denn die zentralistisch organisierte Ökonomie der Paläste war von vornherein in zwei grundlegenden Hinsichten potentiell gefährdet: Einerseits war jeder einzelne Palast zwangsläufig abhängig vom reibungslosen Austausch mit anderen Zentren des Festlandes und des östlichen Mittelmeerraumes. Die hochspezialisierte Produktion konnte schließlich überhaupt nur bei permanenter Zufuhr – vor allem von Metallen – und bei ungestörtem Handel funktionieren. Andererseits standen diese Ökonomie und der schiere Aufwand an bürokratischer Organisation in einem Mißverhältnis zu der schmalen territorialen Basis. Es bestand eine auffällige Diskrepanz zwischen der Pracht der Paläste und der Begrenztheit ihrer Territorien. Dementsprechend konnte sich das palatiale System gerade einmal 150 Jahre einigermaßen stabil und ungestört entwickeln. Denn bereits um die Mitte des 13. Jahrhunderts, also noch in der Phase der Expansion und Prosperität der Siedlungen, zeigen sich erste Anzeichen für Krisen. So ist seit dieser Zeit etwa ein auffällig beschleunigter weiterer Ausbau der Befestigungsanlagen in Mykene, Tiryns und Gla festzustellen, dessen Umfassungsmauer mit 3 Kilometern Länge, 6 Metern Dicke und mindestens 3 Metern Höhe einen Eindruck von dem verstärkten Sicherheitsbedürfnis seiner Bewohner vermittelt. Zugleich wurden etwa in Mykene und Tiryns besonders sensible Produktionsstätten wie diejenigen zur Metallverarbeitung und zur Waffenherstellung hinter die Mauern ins Innere des Palastbezirks verlegt. In Pylos wurden Werkstätten und Lagerräume in den zentralen Baukomplex integriert, und der Zugang zu ihnen wurde erheblich erschwert. An der Küste wurde eine permanente Wachmannschaft installiert – Maßnahmen, die sinnvoll als Versuch der Abwehr einer Bedrohung interpretiert werden können, die möglicherweise aber nicht in einer Invasion fremder Völker bestand, sondern vielmehr in Konflikten mit den Nachbarn, mit denen man immer heftiger um die noch verbleibenden Ressourcen konkurrierte.

Zumal die intensive Bautätigkeit stellte jedoch eine Herausforderung dar, für die das Palastsystem nicht ausgelegt war und die deshalb schließlich zu einer weiteren Schwächung des Systems beitrug. Die Ressourcen der Palaststaaten belastete sie jedenfalls in katastrophaler Weise. Denn sie führte offenbar zu jener erhöhten Nachfrage nach landwirtschaftlichen Produkten, Material und nicht zuletzt Dienstleistungen, die aus manchen der Linear B-Tafeln zu erschließen ist. Unter diesen Umständen wirkten sich die allzu schmale Basis der Paläste, die Kleinräumigkeit ihrer Gebiete und auch die bereits für die erste Hälfte des 13. Jahrhunderts zu diagnostizierende wachsende Bevölkerungsdichte negativ aus. Archäologische Zeugnisse, die ein Absinken der Qualität der Bodenerzeugnisse (möglicherweise infolge einer Überbeanspruchung der Ackerflächen) belegen, zeigen, daß die Landwirtschaft von diesem Zeitpunkt an endgültig überfordert war.

In dieser kritischen Phase wurden die Palastökonomien von einem anderen, für sie mindestens ebenso ernsten Versorgungs- und Nachschubproblem getroffen: Sowohl die archäologischen Daten als auch die Linear B-Tafeln belegen für diese Zeit nämlich einen gravierenden Mangel an Metallen, der durch eine Unterbrechung des Austausches von Rohstoffen und Gütern zwischen den Zentren des Festlandes und Kreta und der östlichen Ägäis verursacht worden ist. Zumal der Metallhandel mit Kupfer und Zinn kam allmählich zum Erliegen, wie die Abnahme der Anzahl der Bronzefunde auf dem griechischen Festland zeigt. Auslöser für eine solche Unterbrechung der Handelskontakte könnte die Ankunft fremder Bevölkerungsgruppen aus dem Adria- und Balkanraum am Ende der Palastzeit gewesen sein, für die es auch archäologische Indizien gibt. Aber solche Angriffe von See her, die etwa zur Zerstörung des Palastes von Pylos geführt zu haben scheinen, sind sicherlich nicht die Ursache für den gewaltsamen Untergang auch aller anderen Paläste. Dort mag es auch eine Verbindung zu den politischen Erschütterungen gegeben haben, die durch das Auftreten der sogenannten Seevölker im Ostmittelmeerraum, den Zusammenbruch des Hethiterreiches um 1200 und den nach dem Tode Ramses III. einsetzenden Niedergang des ägyptischen neuen Reiches ausgelöst wurden. Als ein weiterer krisenverschärfender Faktor mögen dann im Einzelfall noch Naturkatastrophen wie beispielsweise Erdbeben hinzugekommen sein. Wenn man alle diese Faktoren in den Blick nimmt, könnte man den Untergang der mykenischen Paläste insgesamt, die Vernetzung von Faktoren und die daraus resultierende Dynamik und Totalität geradezu als Systemkollaps bezeichnen. Ein solches Erklärungsmodell, das den Geschehenszusammenhang in seiner ganzen Komplexität zu erfassen sucht, erscheint beim derzeitigen Stand der Forschung jedenfalls weitaus überzeugender als die Konzentration auf die Erforschung einzelner isolierter Aspekte dieser epochalen Katastrophe.

2. Die postpalatiale Epoche und die ‹Dunklen Jahrhunderte›

Die mykenischen Paläste wurden nirgendwo wieder aufgebaut, und mit ihnen ging auch das palatiale System unter, und zwar – im Gegensatz zu den immer noch imposanten Ruinen der monumentalen Architektur – sogar praktisch spurlos. Mit den sozialen Hierarchien, den Ökonomien und dem ganzen zentralistisch-bürokratischen System verschwand auch die Schrift: Die überlebenden Menschen und ihre Gemeinschaften brauchten sie offensichtlich nicht mehr. Herrscher und königliche Familien blieben für spätere Generationen nur noch in Gestalt von Mythen präsent. Vor allem in den Kerngebieten der ehemaligen Palaststaaten ging die Bevölkerung fast überall zurück, besonders dramatisch in Messenien und im östlichen Boiotien. Die dortigen Zentren – Pylos, Theben und Orchomenos – wurden verlassen und blieben ganz ohne weitere Besiedlung. Selbst in Athen und Attika, die von den großen Katastrophen verschont geblieben waren, nahm die Bevölkerung offenbar ab. Auch die materielle Kultur sank auf ein deutlich niedrigeres Niveau. Das System der Straßen und Brücken im Bereich der Burg von Mykene verfiel ebenso wie das erstaunlich weitreichende System von Kanälen und Deichen im Kopais-Becken, das dem Hochwasserschutz bzw. der Entwässerung und der Gewinnung von Nutzflächen gedient hatte: Nach dem Untergang der Zentren von Gla und Orchomenos verwandelte sich das Becken in einen seichten, sumpfigen See zurück.

Doch der Untergang der Palaststaaten war nicht gleichbedeutend mit einem völligen Abbruch aller kulturellen Traditionen. Die siedlungsarchäologischen Daten, die materielle Hinterlassenschaft und die vielen Keramikfunde der postpalatialen Epoche von etwa 1200 bis 1050 belegen vielmehr ein durchaus kontinuierliches Weiterleben dieser Kultur etwa anderthalb Jahrhunderte über den Untergang der Paläste hinaus. So waren nicht nur das unzerstört gebliebene Athen, sondern auch die Areale der untergegangenen Paläste von Tiryns und Mykene und andere Orte in der Argolis weiterhin besiedelt. Im Einzelfall waren diese Siedlungen sogar größer als zuvor in der Palastzeit. In Tiryns war schließlich eine Fläche von nicht weniger als 25 Hektar bebaut. In anderen Gebieten, die zum Teil ebenfalls vorher schon von mykenischen Griechen bewohnt gewesen waren, scheint es überhaupt erst nach 1200 zu einem Anwachsen der Siedlungen und Nekropolen, mithin zu einem Bevölkerungswachstum gekommen zu sein – namentlich in Euboia, den ionischen Inseln und den Kykladen, auf Zypern, Kos und Rhodos und sogar im kleinasiatischen Kilikien. Und nicht nur in diesen Rückzugsräumen, sondern auch in Achaia, im nördlichen Elis und in anderen Teilen der Peloponnes, in der Phokis und Ostlokris in Mittelgriechenland, im Gebiet des ehemaligen Palastes von Iolkos in Thessalien und auch in Makedonien und auf Kreta hat man mittlerweile eine ganze Reihe von Siedlungen und Nekropolen aus dieser Epoche ausgegraben.

Einige dieser Siedlungen erlebten etwa um 1100 sogar eine späte Blüte, die manche Orte erst zu Zentren werden ließ – wenn auch ohne Palast. Ein solches Zentrum lag etwa bei Perati im östlichen Attika, wo eine Nekropole mit immerhin 220 Gräbern auf die Existenz einer größeren Siedlung vom frühen 12. Jahrhundert bis etwa 1075 schließen läßt. Manche der vielen Grabbeigaben – Vasen, Schmuck und Siegel, Gebrauchsgegenstände aller Art und Waffen – indizieren durch ihre Herkunft außerdem, daß immer noch überregionale Kontakte bestanden, und zwar bis nach Kreta, Zypern, Rhodos, Syrien und Ägypten. Auch die weitreichenden Beziehungen zur Levante waren nicht völlig abgerissen, selbst wenn das dicht vernetzte System der Palastzeit nicht mehr existierte. Das bedeutet zwangsläufig, daß die Kontakte über das Meer in dieser Epoche keineswegs vollständig zum Erliegen gekommen waren. Schon im 11. Jahrhundert segelten die Bewohner des griechischen Festlandes wieder über die Ägäis, um Siedlungen an der Küste von Kleinasien zu gründen. Im Westen belegen Keramikfunde in Italien, daß auch in der Zeit nach dem Zusammenbruch der Paläste im 11. und 10. Jahrhundert noch Kontakte in diese Region bestanden. Diese Verbindungen waren allerdings noch kein gesamtgriechisches Phänomen. Während große Teile Griechenlands im Vergleich mit anderen Völkern in der Mittelmeerregion noch ein relativ abgeschlossenes Leben führten, zeigten sich andere weitaus offener. Besonders aktiv wurden solche Kontakte über das Meer von den Bewohnern der Insel Euboia gepflegt.

In dieser Phase relativer Prosperität um 1100 etablierten sich etwa in Mykene und Tiryns, Achaia, Arkadien und Lakonien, auf Euboia und Paros eine Reihe von Herrschaften oder ‹Fürstentümern›. Hier entstanden befestigte Residenzen mit zuweilen immer noch zweigeschossigen Wohnanlagen, umgeben von größeren Siedlungen. Und hier entwickelte sich ein Lebensstil, der sich durch einen nostalgisch wirkenden Rückgriff auf die Palastzeit ausgezeichnet zu haben scheint. Dazu gehört die Anlehnung der Wohnanlagen an den traditionellen Megaron-Plan der mykenischen Paläste sowie die Wiederbelebung der Freskenmalerei und die Wiederverwendung mykenischer Gräber. Besonders charakteristisch für die Kultur dieser späten Blütezeit war die sogenannte noble Keramik, die offenbar der Statusdemonstration ihrer Besitzer diente: Die reich verzierten Kratere und die breite Palette von Kannen und Trinkgefäßen müssen für eine gehobene Gastlichkeit und für jene Art von Gelagen bestimmt gewesen sein, die sich dann in der epischen Tradition wiederfinden sollten.

Allerdings unterschieden sich die materiellen Verhältnisse wie die gesellschaftlichen Strukturen dieser spätmykenischen Periode in mehr als einer Hinsicht von der vorangegangenen Palastkultur. Zunächst nehmen sich Anlage und Ausstattung der erwähnten Residenzen im Vergleich zu den Palästen eher bescheiden aus. Vor allem brachten sie offenbar keine paläststaatlichen Strukturen mehr hervor. Und nirgendwo wurde auch nur ansatzweise an das zentral gesteuerte Wirtschaftssystem der Paläste angeknüpft. Vielmehr scheinen diese Residenzen die jeweiligen Zentren kleinräumiger, zuweilen nur lokaler autonomer Gebietsherrschaften gewesen zu sein. Deren Fürsten – die in der englischen und amerikanischen Altertumswissenschaft häufig mit dem der Anthropologie entlehnten Terminus ‹big men› bezeichnet werden – waren im Gegensatz zu den mykenischen Herrschern eher Kleinkönige an der Spitze einer begrenzten Kriegerschicht und an ihre Person gebundener militärischer Gefolgschaften. Worauf der herausgehobene Status der Anführer dieser Gemeinschaften konkret beruhte, läßt sich im einzelnen nur schwer bestimmen. Letztlich können wir noch nicht einmal sagen, ob diese Position grundsätzlich erblich war. Generell wird ‹Verwandtschaft› weiterhin als ein wichtiges Bindeglied dieser Gefolgschaften angesehen. Da Verwandtschaft heute jedoch eher als ein soziales denn als ein biologisches Phänomen betrachtet wird, führt diese Beobachtung letztlich nicht sehr viel weiter. Es muß also auf jeden Fall auch damit gerechnet werden, daß der Status dieser Fürsten jeweils erworben war – also vor allem auf ihrer persönlichen ökonomischen und militärischen Leistungsfähigkeit beruhte, auf ihrer Fähigkeit, Reichtümer zu akkumulieren und Gefolgsleute an sich zu binden. Der militärische Charakter dieser Elite zeigt sich jedenfalls in der Art der Bestattung ihrer Anführer, denen auch in dieser Epoche – also im 12. und 11. Jahrhundert – in einigen Fällen Waffen mit ins Grab gegeben wurden. Überhaupt zeichnete sich die Arbeit der Waffen-

Abb. 4: Zweikampf auf See. Krater aus Livanates, postpalatiale Epoche (1200–1075)

schmiede in der submykenischen Zeit durch ihre Qualität und ihre Innovationskraft aus. Im Gegensatz zu den Gold- und Silberschmieden produzierten sie weiterhin auf hohem Niveau. Auf der bemalten Keramik der Zeit werden neue Typen von Waffen und Helmen, Streitwagen und Schiffen dargestellt, die in dieser Epoche entwickelt wurden. Darüber hinaus läßt sich ein genereller Wandel im ikonographischen Repertoire der Vasenbilder diagnostizieren: Während die Prunkgefäße der mykenischen Zeit mit friedlichen Prozessions-, Opfer-, Jagd- und Spielszenen dekoriert waren, kommen auf den Vasen jetzt häufig Kämpfer und Krieger, in Streitwagen und zu Fuß, zur Darstellung – ein Befund, der ebenfalls auf die prekäre Stellung der Führer in einer Umwelt von Gefahr und Gewalt und den permanenten Wettstreit um Führerschaft und Vorrang verweist.

Die Gebietsherrschaften dieser Fürsten haben sich mancherorts offenbar auf dem Fundament der dezentral-lokalen Einheiten am unteren Ende der Hierarchie des palatialen Systems entwickelt. Mit anderen Worten: nach der Befreiung dieser gewachsenen lokalen und regionalen Strukturen aus dem engen Rahmen der rational-territorialen Gliederung des zentralistischen Palastsystems entstand nach dem Untergang der Paläste in den nunmehr unabhängigen Siedlungen ebendiese Form der Vorherrschaft. Es kommt hinzu, daß sich an der Peripherie der Palastkultur – etwa in Achaia und Arkadien, Aitolien und Arkarnanien – auch während der Blütezeit der Paläste im 14. und 13. Jahrhundert nie monumentale Anlagen mit den typischen palatialen Strukturen entwickelt hatten. Hier war es offenbar immer bei jener sozialen und vorpolitischen Organisationsform geblieben, die jetzt überall wieder vorherrschte, nämlich der regionalen Gebietsherrschaft mit einem Herrensitz und einer befestigten Siedlung als Zentrum, deren Kleinräumigkeit und Überschaubarkeit den geographischen und sonstigen natürlichen Gegebenheiten weiter Teile des Festlandes und der Inseln eher entsprachen als der Palaststaat.

Die anderthalb Jahrhunderte nach dem Untergang der Paläste waren jedoch nicht nur eine Epoche tiefgreifender gesellschaftlicher Veränderungen, sondern auch eine Zeit der allgemeinen und allgegenwärtigen Unsicherheit, in der die Menschen und ihre Gemeinschaften permanent von Krieg und Zerstörung bedroht waren. Häufige Veränderungen in den Siedlungsstrukturen und eine hohe Mobilität der Bevölkerung dokumentieren die stete Präsenz von Krieg und Tod. Daß die Notwendigkeit der Sicherung gegen Angriffe von außen allgegenwärtig war, zeigt sich etwa daran, daß in Aigeira in Achaia, in Koukounaries auf Paros und in einigen spätmykenischen Siedlungen auf Kreta die Herrenhäuser und Siedlungen auf zum Teil schwer zugängliche, gut zu verteidigende Höhen verlegt bzw. dort erst gegründet und mit Mauern umgeben wurden. Wie unsicher und gefährlich die Zeiten tatsächlich waren, läßt sich an den Zerstörungshorizonten erkennen, die an zahlreichen Orten das unmißverständliche Indiz für Brände und Katastrophen sind, die allenthalben durch Gewalt und Kriege verursacht wurden. Die postpalatiale Blüte war mithin zeitlich und räumlich begrenzt, blieb überall prekär und mündete um die Mitte des 11. Jahrhunderts in die Endphase: Es kam nicht nur zu weiteren Zerstörungen, sondern auch zu einer allgemeinen Verarmung und zum endgültigen Niedergang der materiellen Kultur – die solide Architektur verschwand ebenso wie die kunstvolle Keramik und die Bildkunst überhaupt. Die Bevölkerung ging wiederum zurück, und eine weitere Konzentration, Ausdünnung oder Verkleinerung und vielerorts die völlige Aufgabe der Siedlungen waren die Folge. Erst jetzt, um 1075, begannen die wirklich ‹Dunklen Jahrhunderte›, die sowohl wegen der bescheidenen materiellen Verhältnisse als auch wegen des eklatanten Mangels an Quellen, namentlich an Schriftquellen, in der Forschung so benannt werden.

3. Fallstudie: Lefkandi

Die vielschichtigen Veränderungen in den Jahrhunderten nach dem Untergang der mykenischen Paläste spiegeln sich auf besonders eindrückliche Weise in der Entwicklung der Siedlungen an den Küsten des Golfs von Euboia. Die Geschichte dieser Region ist durch ihre Nähe zum Meer geprägt. Der Golf bot einerseits einen relativ geschützten Wasserweg, der den Verkehr zwischen den benachbarten Siedlungen erleichterte. Andererseits ließen sich von seinen Küsten aus etwa die Kykladen und das östliche Zentralgriechenland problemlos erreichen. Zu beiden Seiten des Golfs erstreckten sich im Hinterland fruchtbare Ebenen, die hervorragende Bedingungen für Weidewirtschaft und Ackerbau boten. In der mykenischen Epoche gehörte die Insel Euboia zum Einflußbereich von Theben. Nach der Zerstörung des dortigen Palastes wurde das an der Westküste gelegene Lefkandi – so der Name des benachbarten modernen Dorfes – zu einem bedeutenden Zentrum. In der archaischen Zeit wurde die Siedlung möglicherweise mit dem Namen Lelanton bezeichnet, was auf die angrenzende lelantische Ebene verweist, die nach dem Zeugnis des Thukydides Schauplatz eines der frühesten bewaffneten Konflikte zwischen griechischen Städten war.[1] In späterer Zeit wurde der Ort Xeropolis genannt, was sich angemessen mit ‹trockene Stadt› übersetzen läßt. Aus dem sprechenden Namen läßt sich dabei zugleich einer der größten Nachteile dieses Siedlungsplatzes erschließen: Seine Bewohner mußten das Trinkwasser aus dem Fluß Lelas schöpfen, der einige hundert Meter westlich von Xeropolis ins Meer mündet. Intensive archäologische Forschungen haben in der Region die Überreste einer Siedlung und mehrerer Friedhöfe ans Licht gebracht. Die

Siedlung war ab dem Ende des 3. Jahrtausends bewohnt und wurde erst um 700 zerstört und endgültig aufgegeben. Die frühesten Funde aus den fünf Nekropolen und Gräbergruppen stammen aus submykenischer und protogeometrischer Zeit. Die letzten Bestattungen fanden dort um 825 statt. Die bisher vorliegenden Daten erlauben es uns also noch nicht, die Welt der Lebenden und diejenige der Toten völlig in Übereinstimmung zu bringen.

Das Lefkandi der mykenischen Zeit war möglicherweise der Sitz eines Distriktfunktionärs, also eines *korete*. In den ersten Jahrzehnten nach der Zerstörung der Paläste nahm es an Größe und Bedeutung zu. Es ist denkbar, daß sich in dieser unsicheren, von allfälligen Gefahren geprägten Epoche Flüchtlinge aus anderen Regionen dort ansiedelten. Nach bescheidenen Anfängen lebten die Bewohner ab der Mitte des 12. Jahrhunderts in zweigeschossigen Häusern, die über mehrere Räume verfügten. Die großen komfortablen Wohnräume lagen im ersten Stock. Werkstätten und Vorratsräume, die mit Behältern ausgestattet waren, in denen unter anderem Gerste, Feigen und Trauben gelagert wurden, befanden sich zu ebener Erde. Straßen und offene Plätze zwischen den bebauten Arealen weisen Xeropolis als eine wohlgeplante und wohlstrukturierte Siedlung aus. Obwohl der Ort während des 12. Jahrhunderts mehrmals durch verheerende Brände zerstört wurde, gaben ihn seine Bewohner nicht auf und errichteten auf den Ruinen wieder neue Häuser. Ab dem späten 11. Jahrhundert läßt sich ein erneuter Anstieg des Lebensstandards diagnostizieren. Wohlstand und Weltoffenheit der Lefkandioten zeigen sich in der bemalten Keramik, deren ikonographisches Repertoire figürliche Darstellungen von Menschen und Tieren umfaßt. Großer Beliebtheit erfreuten sich die Abbildungen von Kriegern und Kämpfern. Ein bemerkenswertes Einzelstück zeigt ein Schiff, möglicherweise ein Kriegsschiff, das von einer Gruppe von Männern gerudert wird. Dabei verweist dieses Motiv zugleich auf die intensiven Handelskontakte, die die Bewohner von Lefkandi in den östlichen Mittelmeerraum und nach Zypern unterhielten. Im 10. und 9. Jahrhundert importierte man von dort orientalische Luxusgüter in großer Zahl. Und daß sich in dieser Epoche auch Handwerker aus diesen

Regionen auf Euboia ansiedelten, belegt der Fund von Tonformen für den Bronzeguß, die offensichtlich für die Anfertigung von Dreifüßen im zyprischen Stil genutzt wurden.

Etwa 500 Meter von der Siedlung entfernt liegen die Friedhöfe und Begräbnisplätze. Die ältesten Gräber befinden sich in der sogenannten Skoubris-Nekropole. In diesem Areal wurden seit dem 12. Jahrhundert Bestattungen durchgeführt. In den etwa 100 Meter entfernt liegenden Nekropolen von Palia Perivolia und Toumba wurden zwischen 1050 und 800 mehrere hundert Menschen zur letzten Ruhe gebettet. Die Lefkandioten praktizierten in dieser Epoche sowohl Körper- als auch Brandbestattung. Die konkreten Bestattungsriten, die dabei zur Anwendung kamen, unterschieden sich je nach Alter, Geschlecht und Status des Verstorbenen. Vor allem verweisen die Grabbeigaben in den Nekropolen auf eine deutlich stratifizierte Gesellschaft. Neben ärmlichen Gräbern finden sich auch solche mit überaus üppigen Beigaben, die sich vor allem in der Toumba-Nekropole konzentrieren. Goldener Schmuck, zum Teil in einer raffinierten Granulationstechnik gearbeitet, Glasperlen und Stempelsiegel, Ketten und Gefäße aus Fayence, Bronzegeräte und Scherben attischer Vasen sowie durchaus hochwertiger, lokal produzierter Keramikgefäße weisen diesen Ort als Bestattungsplatz einer Elite aus. Den Frauen wurden in der Regel ein Paar langer goldener Nadeln, Lockenringe, Ohrringe und eine Anzahl von Goldringen mit ins Grab gegeben – Objekte, die den Reichtum ihrer Familien dokumentieren. Und auch in den gut ausgestatteten Kindergräbern finden sich zum Teil Objekte aus Gold. Die Männer bestattete man dagegen mit ihren Waffen und gab damit ihrem Status als hervorragende Krieger Ausdruck. Dabei waren Ansehen und Prestige der männlichen Lefkandioten, die dort begraben wurden, offensichtlich nicht ausschließlich von ihren physischen Fähigkeiten als herausragende Kämpfer abhängig. Das läßt jedenfalls die Brandbestattung eines Mannes vermuten, dem im 9. Jahrhundert ein umfangreicher Satz eiserner Waffen sowie eine Anzahl von Gewichten aus Hämatit ins Grab gelegt wurden – letztere ein symbolischer Ausdruck seiner Aktivitäten als Händler, die für die Angehörigen der Elite von Euboia in dieser Epoche of-

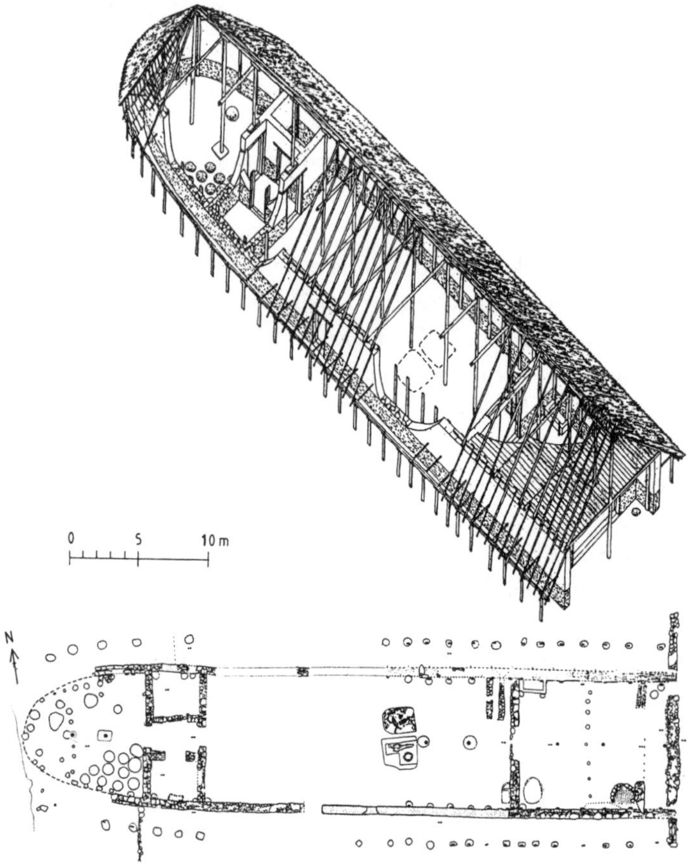

Abb. 5: Das Heroon von Lefkandi, frühes 10. Jahrhundert

fenbar eine große, vielleicht sogar statuskonstituierende Bedeutung hatten.

In unmittelbarer Nähe der Toumba-Nekropole liegt das sogenannte Heroon von Lefkandi – der wohl bemerkenswerteste archäologische Fund aus den Dunklen Jahrhunderten. Es handelt sich dabei um einen in drei Räume unterteilten Apsidenbau, der kurz nach der Wende vom 2. zum 1. Jahrtausend errichtet wurde. Seine Wände bestanden aus Lehmziegeln auf einem Steinsockel, und sein Schilfdach ruhte auf Holzpfosten. Das außergewöhnliche

Gebäude war nicht weniger als 45 Meter lang und 10 Meter breit, seine Mauern waren bis zu 1,50 Meter hoch. Pfostenlöcher, die in 2 Metern Abstand entlang der südlichen und der nördlichen Außenmauer und der Apsis verliefen, können als die Überreste einer hölzernen Veranda interpretiert werden. Das Heroon verfügte damit über eine veritable *peristasis* – einen Vorläufer jener Säulenhallen, die Jahrhunderte später zu einem der typischen Architekturelemente griechischer Tempel werden sollten.

In dem mittleren Raum des Gebäudes legten die Ausgräber zwei Grabstätten frei, von denen die eine die Skelette von vier Pferden enthielt. Die im Gebiß der Tiere noch erhaltenen Trensen sprechen dafür, daß sie unmittelbar vor ihrem Tode einen Leichenwagen zogen und anschließend geopfert wurden. In dem zweiten Grab wurden ein Mann und eine Frau bestattet. Die Leiche der etwa 25 bis 30 Jahre alten Frau wurde inhumiert, also körperbestattet. Ihr gut erhaltenes Skelett zeigt, daß sie mit gekreuzten Händen und Füßen in das Grab gelegt wurde. Neben ihrem Kopf, der nach rechts aus der Körperachse verschoben war, lag ein eisernes Messer mit elfenbeinernem Griff – ein Befund, der die Vermutung nahelegt, daß die Frau anläßlich der Bestattung des neben ihr beerdigten Kriegers geopfert wurde. Der Toten wurden außergewöhnlich kostbare Beigaben mit ins Grab gegeben: zwei goldene Haarspiralen, zwei goldene Brustscheiben mit Spiralmuster, ein halbmondförmiges Pektorale (Brustschmuck), diverse Gewandnadeln aus Bronze und Eisen sowie ein goldener Halsschmuck an einer Kette aus Fayenceperlen – ein altes Stück, das aus dem Nahen Osten stammt und in das 2. Jahrtausend zu datieren ist.

Neben dem Skelett der Frau stand eine bronzene Urne, die mit einer ebenfalls bronzenen Schale verschlossen war. Sie enthielt ein Leinenlaken mit den Aschresten eines etwa 45 Jahre alten Mannes. Eine Speerspitze, ein eisernes Schwert und ein Wetzstein zeigen, daß der Tote zu Lebzeiten ein herausragender Krieger von hohem Status war. Henkel und Rand der Urne waren mit figürlichen Bildszenen geschmückt, die Bogenschützen im Kampf mit Löwen und anderen wilden Tieren zeigen. Zumal diese Bilderzählung weist das Gefäß als ein Importstück aus Zypern aus, das im

12. Jahrhundert – also Generationen vor dem Tod des ‹Fürsten von Lefkandi› – gefertigt worden war. Der exotische Goldschmuck und die zyprische Urne spiegeln den exquisiten Geschmack einer lokalen Elite wider, die sich im Handel mit Metallen und seltenen kostbaren Objekten aus dem Osten engagierte. Bei den ‹antiken› Orientalia mag es sich um Erbstücke oder um Gaben handeln, die im Rahmen eines elitären Gabentausches zwischen hochrangigen Individuen aus unterschiedlichen Regionen zirkulierten.

Das Heroon von Lefkandi wurde schon bald nach der Bestattung der beiden Toten zerstört. Über seiner Ruine wurde ein hoher Tumulus aufgeschüttet, den ein protogeometrischer Krater krönte. Er markierte das Grab als die letzte Ruhestätte eines wahrhaft mächtigen Anführers, der sich im Kampf ausgezeichnet und intensive Kontakte zu Fremden unterhalten hatte. Es bleibt die Frage, ob das Apsidenhaus zu Lebzeiten das Wohnhaus der dort Bestatteten war oder ob es erst nach ihrem Tode errichtet wurde und damit eine Art von Mausoleum darstellt – ein Problem, das sich derzeit nicht zweifelsfrei klären läßt. Fest steht jedoch, daß in unmittelbarer Nähe des Heroon – in der Toumba-Nekropole – nach der Aufschüttung des Tumulus weitere Bestattungen mit kostbaren Grabbeigaben vorgenommen wurden. Bei den Lefkandioten, die dort zur letzten Ruhe gebettet wurden, handelt es sich möglicherweise um die Nachfahren des ‹Fürsten›, die mit den Bestattungen an ebendiesem Ort ihre Zugehörigkeit zur Elite und ihre Verbundenheit mit einer alten mächtigen Familie dokumentieren wollten.

Die materiellen Relikte aus der Siedlung und den Nekropolen weisen Lefkandi als eine ungewöhnlich wohlhabende Siedlung aus, die trotz der Turbulenzen der postpalatialen Epoche und der Dunklen Jahrhunderte dauerhaft besiedelt war. Zentrale Lebensbereiche wie etwa die Hausarchitektur und die Bestattungsriten zeichneten sich durch eine bemerkenswerte Kontinuität aus. Außergewöhnlich sind vor allem die intensiven Kontakte, die die Bewohner von Lefkandi nach Ägypten, Zypern und in den Nahen Osten unterhielten. Wohnsiedlung und Nekropolen lassen dabei eine deutlich stratifizierte Gesellschaft erkennen, an deren Spitze eine Elite stand, die sich durch ihre kriegerische Tüchtigkeit sowie ihre Bereitschaft und

Fähigkeit auszeichnete, Fremde zu kontaktieren, Handelsbeziehungen zu pflegen und den Austausch von Gütern zu organisieren. Ihre Angehörigen bewiesen ihre Überlegenheit durch die demonstrative Verschwendung wertvoller Importgüter als Beigaben in den Gräbern von Männern, Frauen und Kindern. Externe Kommunikation, der Wettbewerb um eine möglichst glanzvolle Selbstdarstellung sowie der Kampf um interne Vorrangstellung waren in der Gemeinschaft der Lefkandioten also untrennbar miteinander verbunden. Die Aufteilung der Bestattungen auf mehrere Nekropolen und Begräbnisplätze, die jeweils über mehrere Generationen belegt wurden, läßt vermuten, daß Verwandtschaft und Gefolgschaft in der Gesellschaft von Lefkandi eine zentrale Rolle spielten. Zugleich verweisen die zunehmende Varianz und Diversität der Grabbeigaben ab dem 10. Jahrhundert darauf, daß die einzelnen Gruppen intensiv um Vorrang und Prestige konkurrierten. Dem im Heroon bestatteten ‹Fürsten› mag es gelungen sein, für kurze Zeit eine exzeptionelle Führungsstellung in der Siedlung einzunehmen, und seine in der Toumba-Nekropole bestatteten Nachfahren versuchten offensichtlich daran anzuknüpfen.

4. Fallstudie: Nichoria

Wie überaus unterschiedlich die materiellen Verhältnisse und die gesellschaftlichen Strukturen in den einzelnen Regionen Griechenlands in den Dunklen Jahrhunderten waren, zeigt ein Vergleich zwischen der ebenso wohlhabenden wie weltoffenen Siedlung von Lefkandi und den recht bescheidenen Verhältnissen, in denen die Bewohner von Nichoria lebten. Die heute so bezeichnete Siedlung lag gut geschützt auf einem etwa 500 Meter langen und 95 Meter breiten Felsplateau im Südosten von Messenien etwa zwei Kilometer von der Küste des Golfs entfernt. Die gut bewässerte Küstenebene bot hervorragende Bedingungen für Ackerbau und Weidewirtschaft. Das Gebiet ist durch archäologische Surveys gut erschlossen. Für eine Erforschung der Lebensweise der Menschen in der mykenischen Epoche und in den Dunklen Jahrhunderten ist die Siedlung darüber hinaus von großem Interesse, weil die organischen Funde aus der Region durch moderne naturwissenschaftliche Analysen gut erforscht sind und kulturhistorisch relevante Aussagen ermöglichen.

Nichoria war bereits in mykenischer Zeit ein regionales Zentrum, in dem zwischen 600 und 800 Menschen lebten. Es gehörte zum Einflußbereich des Palastes von Pylos. Seine Lage in der jenseitigen Provinz spricht dafür, daß es mit dem in den Linear B-Tafeln genannten Verwaltungszentrum *ti-mi-to a-ke-e* gleichzusetzen ist, das ein wichtiger Standort der pylischen Küstenwacht war. Die Bewohner von Nichoria unterhielten enge Kontakte zu anderen Zentren und nach Pylos. Eine befestigte Straße erleichterte die Kommunikation mit der palatialen Verwaltung und den Transport und Austausch von Waren aller Art. Die Linear B-Tafeln weisen *ti-mi-to a-ke-e* als bedeutendes Zentrum für die Weiterverarbeitung von Bronze aus. Das Metall wurde offensichtlich in großen Brokken aus Pylos geliefert und vor Ort in einer Schmiede, die auch archäologisch nachgewiesen ist, eingeschmolzen und zu Pfeilspitzen, Speerspitzen und ähnlichen Objekten verarbeitet, die sich in der Nähe der Werkstatt in großer Zahl gefunden haben. Neben der Bronzeverarbeitung war der Anbau von Flachs für die Bewohner von Nichoria eine wichtige Erwerbsquelle. *Ti-mi-to a-ke-e* wird in den Linear B-Tafeln als einer der bedeutendsten Lieferanten dieses für die Palastwirtschaft so bedeutenden Rohstoffes genannt. Die Küstenebene mit nicht weniger als fünf Flußläufen bot jedenfalls hervorragende Bedingungen für den Anbau und die Verarbeitung dieser Pflanzen. Bronzeverarbeitung und Flachsanbau ermöglichten den Bewohnern von Nichoria in mykenischer Zeit offensichtlich einen beträchtlichen Wohlstand, der sich in der planvoll angelegten und wohlgebauten Siedlung widerspiegelt, deren befestigte Straßen sogar steinerne Abwasserleitungen aufwiesen. Die zum Teil zweistöckigen Häuser waren rechteckig und sorgfältig gemauert. Sie bestanden aus zwei bis drei Räumen und verfügten über gepflasterte Höfe. Ihre Toten betteten die wohlhabenden Familien in mykenischer Zeit in einer Reihe von Tholosgräbern zur letzten Ruhe, die am Rande der Siedlung lagen. Diese Gräber unterschieden sich durch ihre Anlage und ihre Beigaben deutlich von kleineren, ärmlichen Gräbern. Eine der Tholoi enthielt einen beachtlichen Schatz an Beigaben, zu dem ein ganzes Set von Bronzegefäßen gehörte, die mit einem aufwendigen Spiralmuster verziert waren. Die Keramikfunde aus Nichoria verweisen auf die Anwesenheit einer Reihe von spezialisierten Handwerkern, die im Rahmen der für ihre Epoche typischen technischen und ästhetischen Standards Gefäße von guter Qualität erzeugten und dabei zugleich Innovationen und neueste Trends aus anderen Regionen wie etwa der Argolis aufnahmen, die sie mit den traditionellen Schmuckelementen kreativ zu neuen Motiven verbanden.

Von der epochalen Katastrophe, die um 1200 zum Untergang der Paläste führte, waren auch die Bewohner von Nichoria betroffen. Obwohl sich keine Hinweise auf eine gewaltsame Zerstörung finden, wurde die Siedlung verlassen. Die mykenischen Häuser verfielen allmählich, und der Ort war für etwa 100 Jahre bestenfalls sporadisch – etwa von umherziehenden Hirten – bewohnt. Erst um das Jahr 1075 ließen sich wieder dauerhaft Menschen in Nichoria nieder. Ob es sich dabei um die Nachfahren jener mykenischen Siedler handelte, die Generationen zuvor geflüchtet waren, muß allerdings Spekulation bleiben. Jedenfalls waren in der Zeit von 1075 bis 975 etwa 60 bis 70 Personen in dem Ort ansässig, die sich auf 13 oder 14 Familien verteilten. Sie errichteten über das gesamte Siedlungsareal verstreut auf den Steinfundamenten der mykenischen Gebäude freistehende ovale Einraumhäuser aus organischen, vergänglichen Materialien, die keinerlei Spuren hinterlassen haben. Die primitiven Strukturen mit lehmverputztem Flechtwerk, Strohdächern und gestampften Lehmfußböden wurden erst mit der Zeit durch solidere Bauten ersetzt. Auf Marmorfußböden, freskengeschmückte Säle und Baderäume mit fließendem Wasser, die selbstverständlich zu den Annehmlichkeiten der mykenischen Paläste gehört hatten, mußten die Bewohner der Siedlung in den Dunklen Jahrhunderten jedenfalls verzichten. An die Traditionen dieser glanzvollen Epoche knüpfte man nur bei der Bestattung der Toten an, die man zum Teil in den alten Tholosgräbern beisetzte.

Abb. 6: Rekonstruktion des Hauses Unit IV-1 in Nichoria, Messenien, 10./9. Jahrhundert

Ab etwa 975 wuchs die Bevölkerung von Nichoria dann relativ deutlich an. In den nächsten 125 Jahren lebten dort etwa 40 Familien, was einer Einwohnerzahl von 200 Personen entsprochen haben dürfte. Die Siedlung konzentrierte sich nun auf den geschützten nördlichen Teil des Plateaus. In ihrer Mitte wurde noch im 10. Jahrhundert ein bemerkenswertes Gebäude (Unit IV-1) errichtet, das sich durch Größe und Anlage deutlich von den anderen Häusern unterschied. Es handelt sich dabei um einen für diese Zeit typischen Apsidenbau von immerhin 16 Metern Länge und 8 Metern Breite, der in drei Räume unterteilt gewesen zu sein scheint. Die Außenwände bestanden aus Lehmziegeln auf einem niedrigen Steinsockel mit Holzpfosten, auf denen das vermutlich strohgedeckte Dach ruhte. Im Inneren der Apsis fanden sich zwei Vertiefungen im Boden, die möglicherweise für die Aufnahme von tönernen Vorratsbehältern bestimmt waren, in denen Getreide, Weintrauben, Oliven und Hülsenfrüchte aufbewahrt wurden, die zu den wichtigsten Nahrungsmitteln der Epoche gehörten, wie durch die bereits erwähnten naturwissenschaftlichen Analysen nachgewiesen werden konnte. Vor der Trennwand zur Apsis entdeckten die Ausgräber einen gepflasterten Kreis von etwas mehr als einem Meter Durchmesser, der mit einer Schicht Ruß bedeckt war – wahrscheinlich der offene Herd, der möglicherweise auch für kultische Handlungen wie etwa Brandopfer genutzt wurde.

Von Interesse ist das Apsidenhaus darüber hinaus wegen der vielen Kleinfunde, die in seinem Inneren gefunden wurden und einen tiefen Einblick in die Lebenswelt um 1000 geben. Neben zahlreichen Scherben protogeometrischer Keramik, Fragmenten von Messern und Äxten aus Eisen und anderen Gerätschaften wie etwa Spinnwirteln fanden sich zahlreiche Knochenreste von Schafen, Ziegen, Schweinen, Wildtieren und vor allem Rindern, oft mit Messer- oder Zahnspuren. Eine wissenschaftliche Analyse der Tierknochen aus dem Apsidenhaus von Nichoria hat dabei ein in mehrfacher Hinsicht bemerkenswertes Ergebnis gezeigt: Offensichtlich hatte sich die Lebensweise der Bewohner der Siedlung seit der mykenischen Zeit ganz erheblich verändert. Die große Zahl von Knochen zeigt, daß der Fleischkonsum in den Dunklen Jahrhunderten deutlich zunahm. Viehwirtschaft und zumal die Aufzucht von Rindern waren für die Wirtschaftsweise nun offensichtlich von größerer Bedeutung als zuvor. Dabei fällt auf, daß die Tiere ab dem 10. Jahrhundert erheblich früher geschlachtet wurden – ein Befund, der dafür spricht, daß man sie nicht mehr als Lieferanten von Milchprodukten und Wolle als Rohstoff und Handelsgut nutzte, sondern vielmehr als Schlachtvieh hielt. Der vom hochorganisierten Anbau landwirtschaftlicher Produkte geprägten mykenischen Ökonomie folgt in den Dunklen Jahrhunderten zumindest in Nichoria also eine stärker auf Viehzucht und Herdenhaltung beruhende Wirtschaft.

Ab etwa 850 konzentrierte sich die Siedlung von Nichoria noch stärker auf den nördlichen Teil des Hochplateaus. Die Bevölkerung nahm zugleich allmählich ab, so daß zwischen 800 und 750 nur noch etwa 100 Personen dort lebten – ein allgemeiner Niedergang, der allerdings nicht das Apsidenhaus betraf. Denn dieses wurde um 800 noch einmal neu aufgebaut und dabei beträchtlich erweitert – daher benannten die Ausgräber es für diese Phase als Unit IV-5. Neben den zwei geschlossenen Räumen, in denen der Besitzer und seine Familie lebten, verfügte es nun über einen offenen Hofbereich, in dem die Scherben einer großen Zahl von einfachen Keramikgefäßen zur Vorratshaltung gefunden wurden. Um die Mitte des 8. Jahrhunderts wurde die Siedlung endgültig durch einen Brand zerstört.

Es ist sicherlich keine allzu große rekonstruktive Phantasie vonnöten, um das Apsidenhaus von Nichoria auf der Basis der materiellen Hinterlassenschaft als Wohnsitz des Anführers der kleinen Siedlung zu interpretieren. Unter seinem Dach mögen sich die Männer der Siedlung zu gemeinsamen Mahlzeiten versammelt haben, bei denen er sie mit großen Mengen von Fleisch bewirtete – Zusammenkünfte, bei denen der Herr des Hauses durch seine Großzügigkeit zugleich seinen Anspruch auf Führerschaft demonstrierte. Und daß bei diesen Gelegenheiten auch für die Unterhaltung der Gäste gesorgt war, zeigt ein interessanter Einzelaspekt der genannten Knochenanalyse: In unmittelbarer Nähe des Herdes fand sich nämlich eine große Zahl von Astragalen, das heißt, von Tierknochen, die zum Würfelspiel dienten. Da sich in Nichoria keine Überreste öffentlicher Gebäude gefunden haben, mag das Haus des Anführers zugleich Ort der kommunalen Aktivitäten der Gemeinschaft gewesen sein. Hier wurde über die gemeinsamen Belange der Bewohner beraten. Hier wurden die Opfer an die Götter dargebracht. Und hier wurden in großen Vorratsbehältern die in der Landwirtschaft erwirtschafteten Überschüsse gelagert, die der Anführer dann unter die Gemeindemitglieder verteilte. Dabei ist auffällig, daß das Apsidenhaus von Nichoria über mehr als 200 Jahre bewohnt war. Das spricht auf jeden Fall für die Kontinuität der Siedlung und für eine gewisse Stabilität ihrer gesellschaftlichen Strukturen. Allerdings war die Position des Anführers noch in keiner Weise institutionalisiert und muß auch nicht notwendig in jeder Generation vom Vater auf den Sohn übergegangen sein. Doch selbst wenn der jeweilige Herr des Apsidenhauses religiöse, gesellschaftliche und (wenn davon überhaupt die Rede sein kann) politische Herrschaftsfunktionen wahrgenommen hat, so hatte er mit dem *wanax* der Palastzeit, der auf dem Thron in dem freskengeschmückten Saal seiner Residenz saß und über ein Heer von Verwaltungsbeamten gebot, nichts mehr gemein. Er war nicht mehr und nicht weniger als der Anführer einer wenig komplexen Gemeinschaft von jagenden Viehzüchtern und damit auch noch kein homerischer *basileus* mit einem *oikos* wie dem Sitz des Odysseus auf Ithaka. Die Metall- und Keramikfunde aus den Dunklen Jahrhunderten weisen Nichoria als eine isolierte und introvertierte Gesellschaft mit spärlichen Kontakten zur Außenwelt aus. Die entsprechenden Objekte waren in der Mehrzahl lokal gefertigt und von bescheidener Qualität. Der Unterschied zu Lefkandi ist in jeder Hinsicht bemerkenswert und verweist noch einmal auf die regionalen Unterschiede, die das Leben in den griechischen Siedlungen der Dunklen Jahrhunderte bestimmten.

5. Fazit

In der Forschung der letzten Jahrzehnte ist die schematische Abgrenzung der mykenischen Hochkultur von den Dunklen Jahrhunderten zunehmend kritisch diskutiert worden. Man könnte sogar argumentieren, daß mittlerweile das Ende dieser Epoche eingeläutet worden ist – und das gleich in mehrfacher Hinsicht. Zunächst ist das natürlich im Sinne einer ‹Aufhellung› durch den mittlerweile beträchtlichen Bestand an archäologischen Daten aus dem 12. bis 9. Jahrhundert zu verstehen, der es gestattet, die ‹Lücke› zwischen der mykenischen Hochkultur und dem erneuten Aufbruch in das ‹Licht› der archaischen Epoche im 8. Jahrhundert zu füllen. Es mag zwar verfehlt sein, den erwähnten Begriff gleich ganz aufzugeben und durch das Konzept einer glanzvollen ‹Lefkandi-Epoche› zu ersetzen. Aber durch das archäologische Material ist jedenfalls die Wahrnehmung dieser Jahrhunderte als einer einheitlichen Phase längerer Stagnation nach einem plötzlichen, flächendeckenden Rückfall auf eine überall ähnlich primitive gesellschaftliche und kulturelle Stufe fragwürdig geworden.

Zugleich ist der traditionelle, allzu pauschale Begriff der ‹Dunklen Jahrhunderte› als solcher problematisch geworden. Das Konzept selbst ist ja ein moderner Begriff und enthält ein Werturteil – es bezeichnet eine artifizielle Epocheneinteilung, die voraussetzt, daß die Palastkultur eine weiter entwickelte, höhere Zivilisationsstufe repräsentierte und die ‹Dunklen Jahrhunderte› dahinter auf ein primitiveres Niveau zurückfielen. Hinter dieser Vorstellung steht wiederum ein modernes Konstrukt, das ebenfalls nicht mehr unumstritten ist, nämlich die Annahme einer strukturellen Linearität des kulturellen Fortschritts, der durch eine Katastrophe abgeschnitten oder zumindest aufgehalten, also für die Jahrhunderte bis zur ‹Renaissance› des 8. Jahrhunderts unterbrochen worden sei.

Von der Infragestellung der willkürlich-konventionellen Epocheneinteilung ist das darüber hinausweisende Problem des Verhältnisses von Kontinuität und Diskontinuität der griechischen Frühgeschichte nicht zu trennen. Es ist zu einer Grundfrage geworden, die in der modernen Forschung heute sehr viel differenzierter beantwortet wird als noch vor wenigen Jahrzehnten. Zunächst ist festzuhalten, daß die weiträumig vernetzte Kultur der Paläste ein zeitlich wie räumlich begrenztes Phänomen war. Die zentralistisch-hierarchische palatiale Verwaltung war keineswegs ein notwendiges, womöglich alternativloses Stadium auf dem Weg zu höheren, moderneren Formen der gesellschaftlich-politischen Ordnung, sondern nur eine prekäre Errungenschaft, ja – unter den gegebenen naturräumlichen und sonstigen strukturellen Verhältnissen – eine Sackgasse der Entwicklung. Der Zusammenbruch des Palastsystems und seine Folgen waren daher tiefgreifend, aber sie addierten sich nicht zu einem abrupten und absoluten Bruch. Denn dieser Bruch erfaßte eben keineswegs und überall auch die elementaren Grundstrukturen. Zu diesen Fundamenten, die die Katastrophen und selbst das Ende der postpalatialen Blüte überdauerten, gehören anscheinend Religion und Kult. So geht etwa der uralte, viele Jahrhunderte aktive Kult der Artemis bei Kalapodi an der Grenze zwischen Phokis und Lokris eindeutig mindestens bis in die spätmykenische Zeit zurück, und panhellenische religiöse Zentren – wie Delphi und Olympia, die zu Kristallisationspunkten des Geflechts der sich konsolidierenden Einheiten und Gemeinwesen wurden – knüpfen ebenfalls an mykenische Wurzeln an. Schwieriger ist der sichere Nachweis der Kontinuität bestimmter Siedlungskerne. Doch auch in dieser Hinsicht haben archäologische Forschungen in den letzten Jahrzehnten die Aufmerksamkeit auf eine Reihe von Siedlungen gelenkt, in denen das Leben außerhalb der Palastzentren auch in den ‹Dunklen Jahrhunderten› weiterging. Und ebendiese zwar kleinräumigen, aber selbständigen Einheiten bildeten dann eine Basis für die Entwicklung des gemeinsamen kulturellen Systems der Poleis.

III. DIE WELTEN DES HOMER

Eine Rekonstruktion der Welt der mykenischen Palastkultur und der auf sie folgenden ‹Dunklen Jahrhunderte› mußte notwendig auf der materiellen Hinterlassenschaft basieren. Die Befunde der Siedlungsarchäologie und der Nekropolen dienten dazu, die Grundlinien der historischen Entwicklungsprozesse dieser Zeit so plausibel wie möglich nachzuzeichnen. Dagegen beruht das folgende Kapitel vorrangig auf der Interpretation von Texten. *Ilias* und *Odyssee*, um deren Aussagekraft und Wert als historische Quelle für die sozialen und politischen Strukturen der frühen griechischen Gesellschaft es im folgenden geht, sind die ältesten überlieferten literarischen Werke in griechischer Sprache. Sie werden seit der Antike einem Dichter mit dem Namen Homer zugeschrieben, über dessen Person es keinerlei zuverlässige Nachrichten gibt. Eine erste Niederschrift dieser Texte durch einen oder mehrere Dichter erfolgte um 700, also zu einer Zeit, als die Griechen erst seit wenigen Generationen über eine eigene Schrift verfügten.

1. Die Entstehung des Alphabets

Einer Diskussion des besonderen Charakters dieser Texte müssen einige Informationen zur Entstehung des griechischen Alphabets vorausgeschickt werden. Das 8. Jahrhundert, in das diese Innovation gehört, war in vielerlei Hinsicht eine Zeit des Neuanfangs. Dabei waren das Vordringen einer agrarisch orientierten Wirtschaftsweise und die Konsolidierung größerer Gruppen als Siedlungsgemeinschaften nur ein Aspekt eines umfassenden Veränderungsprozesses. Zugleich läßt sich eine Intensivierung der Kontakte zum Orient und zur Levante diagnostizieren, die auch in den ‹Dunklen Jahrhunderten› niemals völlig abgebrochen waren. Zeugnis davon legen vor allem die bereits erwähnten Beigaben in dem fürstlichen Grab von

Lefkandi ab, die zum Teil aus Phönikien, Ägypten und Zypern stammen. Exotische Beigaben in athenischen Gräbern des 9. und des 8. Jahrhunderts können zudem als Indizien für eine ungebrochene Tradition der Seefahrt seit der mykenischen Zeit angesehen werden. Ebendieser Kontext der Extensivierung und Intensivierung des Austausches stellt zugleich eine wesentliche Voraussetzung für eine wirkliche Neuerung des 8. Jahrhunderts dar: Um oder kurz nach 800 entstand nämlich das griechische Alphabet als modifizierte Übernahme der westsemitischen Konsonantenschrift. Im Gegensatz zur Silben- und Symbolschrift der Linear B-Tafeln bestand dieses Alphabet aus einer begrenzten Anzahl von Zeichen für Konsonanten und Vokale – letztere stellen die entscheidende Neuerung dar, durch die die Griechen das reine Konsonantensystem der Phönikier abwandelten und ihrer Sprache anpaßten. Die weniger als 30 Zeichen waren weitaus leichter zu erlernen als etwa die ägyptischen Hieroglyphen oder die mesopotamische Keilschrift, und vor allem waren sie universell und flexibel anwendbar. Mit ihnen ließ sich alles, was man sagte oder hörte, einfach und genau notieren.

Bis zur Einführung dieses Alphabets muß das archaische Griechenland als eine orale Gesellschaft angesehen werden. Jeder Grieche, ob er nun im Mutterland, auf den Inseln der Ägäis, in den Siedlungen des kleinasiatischen Festlandes oder gar in den neu entstehenden Gemeinden in Süditalien oder Sizilien lebte, sprach seinen heimatlichen Dialekt. Die bunt wirkende, die geographische und politische Kleinräumigkeit widerspiegelnde Landschaft von Dialektgruppen und einzelnen Dialekten läßt dabei interessante Rückschlüsse auf die griechische Ethnogenese zu. Darin haben sich die Bevölkerungsbewegungen und Verschiebungen der ‹Dunklen Jahrhunderte› manifestiert. Zu Beginn des 8. Jahrhunderts dürfte sich die Situation jedoch weitgehend verfestigt haben, wobei die Unterschiede zwischen den einzelnen Dialekten nicht überbewertet werden sollten. Gleich ob sie nun Attisch-Ionisch, Boiotisch oder Lakonisch, Zyprisch oder Lesbisch sprachen – die Griechen konnten überall und jederzeit miteinander kommunizieren, sie verstanden einander und sie waren sich auch im klaren darüber, daß sie in dieser Hinsicht bei aller Vielfalt eine Einheit bildeten.

Karte 2: Griechische Dialekte

Die genauen Umstände der Entstehung des Alphabets sind weiterhin Gegenstand einer lebhaften Forschungsdebatte. Ihre zentralen Aspekte lassen sich in drei Fragen bündeln: 1. Wer erfand das Alphabet? 2. Wo wurde es entwickelt? 3. Welchem Zweck sollte es zunächst dienen? Heute geht die Forschung davon aus, daß das griechische Alphabet von einem einzelnen griechisch-sprachigen ‹Erfinder› oder einer kleinen Gruppe von ‹Erfindern› entwickelt wurde, die miteinander in unmittelbarem Austausch standen. Auf der Basis sprachgeschichtlicher Untersuchungen läßt sich ein langwieriger Prozeß einer allmählichen Übernahme an unterschiedlichen Orten und in unterschiedlichen Kontexten mittlerweile ausschließen. Weitaus weniger Einigkeit herrscht dagegen bei der Frage nach dem ‹Wo›, also nach dem Ort der Übernahme. In dieser Hinsicht sind immer noch zahlreiche Optionen denkbar. Eine

‹Erfindung› des Alphabets läßt sich nämlich unter anderem auf Euboia, auf den Inseln Rhodos, Kreta oder Zypern sowie in Al Mina, einer Siedlung an der Mündung des Orontes, durchaus plausibel begründen. Zu favorisieren ist dabei wohl ein Ort, der nicht nur an einem Schnittpunkt verschiedener Handelswege liegt, sondern zugleich belastbare archäologische Indizien für ein dauerhaftes Zusammenleben von Griechen und Phönikiern in einem bilingualen Ambiente bietet. Beide Voraussetzungen wären beispielsweise in Al Mina gegeben, wo in dem entscheidenden Zeitraum griechische Händler und/oder Söldner angesiedelt waren. Es bleibt die Frage nach dem ‹Warum›, deren Beantwortung wesentlich von dem Charakter der frühen Texte in griechischer Sprache abhängig ist. Das nach derzeitigem Wissen früheste Zeugnis in griechischer Sprache ist eine Inschrift aus der Nekropole Osteria dell'Osa bei Gabii in Mittelitalien, die auf die Zeit um 775 zu datieren ist. Ihr folgen aus dem Zeitraum zwischen 750 und 650 etwa 100 Inschriften aus dem gesamten griechisch-sprachigen Raum. Die Mehrzahl dieser Zeugnisse findet sich auf den Überresten von Keramikgefäßen verschiedenster Art, in die die Namen ihrer Besitzer, Weihinschriften, zuweilen auch Verse, die sich um Trinken, Tanzen und Sex drehen, eingekratzt sind. So trägt ein großes unbemaltes Vorratsgefäß, das auf Kreta gefunden worden ist, die Inschrift: «Erpetidas, der Knabenliebende, dieser (bin ich).» Auf einem Aryballos (Schöpfgefäß) aus dem süditalischen Kyme sind die Worte zu lesen: «Ich bin die Lekythos der Tataie. Wer mich stiehlt, soll blind werden.»[1]

Ebenso wie bei dem berühmten Nestorbecher aus Pithekoussai und der Dipylonkanne aus Athen handelt es sich bei diesen weniger bekannten Stücken also um Inschriften, die Persönliches, Privates und Individuelles betreffen. Damit ist natürlich noch keine Schriftkultur entstanden, die schon alle Lebensbereiche, private wie öffentliche, religiöse wie profane, die gesamte Mentalität, Denk- und Ausdrucksweisen durchdrungen hätte. Diese Texte bildeten nur isolierte Komponenten der Schriftlichkeit in einer Kultur, die noch Jahrhunderte – bis in die Zeit Platons – wesentlich mündlich bleiben sollte. Der Charakter der frühen Inschriften läßt dabei den Schluß zu, daß das neue Medium zunächst dafür eingesetzt wurde,

Nachrichten über größere regionale Entfernungen zu übermitteln. So ist etwa an die Kommunikation zwischen Händlern, die Kennzeichnung von Waren auf Transporten und den Austausch zwischen Emigranten und Daheimgebliebenen zu denken. All das beantwortet natürlich noch nicht die Frage, was die Dichter von *Ilias* und *Odyssee* nur wenige Dekaden später dazu bewogen hat, sich dieses neuen Mediums zu bedienen. Einige der frühen Inschriften, wie etwa der Nestorbecher und die Dipylonkanne, lassen zwar die Vermutung zu, daß das neue Alphabet besonders geeignet für die Niederschrift von Hexametern war. Doch das rechtfertigt noch nicht den Schluß, daß das Alphabet vorrangig zur Verschriftlichung mündlicher Dichtung entwickelt wurde. Plausibler erscheint vielmehr die Annahme, daß die Dichter das neue Medium bald nach seiner Erfindung nutzten, weil es von Anfang an einen gewissermaßen überregionalen Charakter hatte und damit über einzelne Landschaften und Siedlungszonen hinauswies. Die Träger der frühen Inschriften und ihre Botschaften sowie die Sagen und Mythen, die die Epen transportieren, sind dabei Teil einer panhellenischen aristokratischen Kommunikation, die sich in ebendieser Epoche in den überregionalen Heiligtümern und bei den Spielen konkret materialisierte. Wie tragfähig eine solche Hypothese wirklich ist, kann allerdings erst eine genauere Analyse des Entstehungsprozesses der Texte zeigen.

2. Sänger und Sagen

Sie aber streckten die Hände, das Essen lag fertig vor ihnen.
Aber sobald das Verlangen nach Essen und Trinken verflogen,
Sprach den Demodokos an der einfallsreiche Odysseus:
«Dir, Demodokos, gilt ja vor allen Menschen mein Lobpreis,
Ob dich die Muse gelehrt, die Tochter des Zeus, ob Apollon.
Du singst wirklich vollendet das Lob der Achaier; man meint fast,
Selber warst Du dabei oder hörtest schon einen, der dort war,
Was sie taten und litten und wie sich gemüht die Achaier.
Auf zu was anderem! Sing vom Gefüge des hölzernen Pferdes!

Dieses erbaute Epeios mit Hilfe Athenes: als Falle
Brachte es dann auf die Burg der hehre Odysseus; er hatte
Ganz es mit Männern gefüllt, die Ilion schließlich zerstörten.
Kannst Du mir wirklich erzählen davon und in richtiger Weise,
Dann soll gleich alle Welt durch mich die Kunde erfahren,
Wie ein gütiger Gott mit göttlichem Sang dich begabte.»
Sprachs und der andere begann von der Gottheit mächtig getrieben.[2]

Diese Schilderung des Auftritts des Sängers Demodokos ist Teil des 8. Gesangs der *Odyssee*, der epischen Erzählung der abenteuerlichen, zehn Jahre währenden Heimreise des Odysseus von Troja nach Ithaka. Der von Odysseus erbetene Vortrag des Demodokos soll Episoden jenes mythischen Krieges gegen Troja zum Gegenstand haben, von dem die *Ilias* handelt. Irgendwann um das Jahr 700 wurden die circa 16000 Verse der *Ilias* und die 12000 Verse der *Odyssee* erstmals niedergeschrieben. Die *Ilias*, die später in 24 Gesänge unterschiedlicher Länge eingeteilt wurde, erzählt dabei eine der berühmtesten Geschichten aller Zeiten – den Krieg der vereinigten Griechen (auch Achaier oder Danaer genannt) unter der Führung des Königs von Mykene, Agamemnon, gegen das heilige Ilion oder Troja, die Stadt des Königs Priamos. Unmittelbarer Gegenstand des Epos sind 51 Tage im zehnten und letzten Jahr der Belagerung Trojas. Die zurückliegende Zeit und die Vorgeschichte – darunter auch das berühmte Parisurteil und die Entführung der schönsten Frau aller Zeiten, der Zeus-Tochter Helena, durch den trojanischen Prinzen – werden ihrerseits als erzählte Zeit eingeflochten. Und auch der Untergang der Stadt selbst sowie das berühmte Motiv vom trojanischen Pferd kommen in diesem Epos nicht unmittelbar vor, sondern werden nur gelegentlich als andeutende Vorgriffe und als Rückblende in der *Odyssee* erwähnt. Hauptstrang der Erzählung ist die Auseinandersetzung zwischen dem König Agamemnon und dem in seiner Ehre gekränkten Helden Achilleus, dessen beleidigter Rückzug aus dem Kampf, die daraus resultierenden militärischen Rückschläge und schließlich sein Wiedereintritt in den Kampf und die Wendung des Kriegsglücks zugunsten der Griechen. Die später ebenfalls in 24 kanonische Gesänge eingeteilte *Odyssee* erzählt die sagenhafte Geschichte von der Heimkehr des Troja-Helden Odysseus in seine Heimat, die Insel Ithaka, wo seine ebenso treue wie kluge Frau Penelope ihn sehnsüchtig erwartet. Seit dem Aufbruch der Griechen nach Troja sind mittlerweile zwanzig Jahre vergangen, und der Untergang der Stadt liegt auch schon zehn Jahre zurück. Der ‹vielduldende› Odysseus irrt seitdem über die See, verfolgt vom Zorn des mächtigen Meeresgottes Poseidon. Er übersteht den Besuch auf der Insel der menschenfressenden Kyklopen, wird durch Nymphen wie Kirke und Kalypso vom rechten Weg abgelenkt und durch die wohlwollende Göttin Athene schließlich immer wieder auf Kurs gebracht. Die Komposition der *Odyssee* ist dabei noch weitaus komplexer und raffinierter als die der *Ilias*. Ein paralleler Handlungsstrang berichtet in den ersten Gesängen von der Suche des Telemachos, des Sohnes des Odysseus, nach seinem verschollenen Vater. Und das alles spielt sich vor dem Hintergrund der finsteren Machinationen der Bewerber um die Hand der Penelope ab, die sich Besitztümer und Vorrangstellung des angeblich toten Odysseus aneignen wollen. Erst ab dem 13. Gesang vereinigen sich die Erzählstränge. Odysseus kehrt nach Ithaka zurück und nimmt dort den Kampf um seine Frau, sein Hab und Gut und seine Macht auf, der mit der Tötung der ruchlosen Freier endet.

Die Verschriftlichung dieser Erzählungen galt in der Homerforschung lange Zeit nur als Endpunkt einer um 700 bereits jahrhundertelangen Überlieferungsgeschichte. Auf der Basis der Untersuchungen von Milman Parry und Albert B. Lord, die die Texte der Epen in den dreißiger Jahren des 20. Jahrhunderts n. Chr. mit der lebendigen mündlichen Volksepik der Serbokroaten verglichen, wurden *Ilias* und *Odyssee* nämlich der Gattung der ‹oral poetry›, also der mündlichen Dichtung, zugeschrieben. Sie wurden demnach von professionellen Sängern, sogenannten *aoidoi* – wie etwa dem oben genannten Demodokos –, aus einem Reservoir von traditionellen Geschichten und Motiven für ein je aktuelles Publikum nicht nur immer wieder memoriert und rezitiert, sondern dabei beim Vortrag jeweils neu komponiert und auf diese Weise über Generationen tradiert. Dabei bedienten sich die Sänger bestimmter mnemotechnischer Hilfsmittel, wie sie auch für die mündliche Dichtung anderer Sprachen, Epochen und Kulturen typisch sind. Konkret heißt das, daß die Vortragenden ein standardisiertes Repertoire metrisch und semantisch vielfältig verwendbarer Bauelemente – stereotype Wortverbindungen, vorgeprägte Verse und ganze Versgruppen – benutzten, um ihre Lieder von den mythischen Heroen zu strukturieren. Eine Analyse der Phrasen und Textblöcke dieser homerischen Kunstsprache hat ergeben, daß sie teilweise sehr alt sind und bis auf die mykenische Zeit zurückgehen. Durch sie soll also auch in den verschriftlichten Texten auf jeden Fall noch etwas von der Sprache, den Konzepten und den Themen der Vorzeit erhalten geblieben sein.

Eine Interpretation der Epen auf der Basis dieser ‹oral poetry›-Forschung läßt die Autoren der Texte von *Ilias* und *Odyssee* hinter einer Gruppe von anonymen Sängern zurücktreten. Sie negiert in gewisser Weise den literarischen Charakter der Texte und verweist auf den Prozeß ihrer stetigen Veränderung und Anpassung an die wechselnden Interessen und Bedürfnisse der Zuhörer der mündlichen Rezitationen. Eine kritische Auseinandersetzung mit diesem Deutungsansatz hat jedoch ergeben, daß sich bis heute kein anderer mündlich tradierter Text hat finden lassen, der in Umfang und Qualität den homerischen Epen vergleichbar wäre, die sich darüber hinaus durch ihren komplexen Aufbau von Dichtungen wie etwa der serbokroatischen Volksepik unterscheiden. Es kommt hinzu, daß mündlich tradierte ‹Erinnerung› mit nur einigermaßen brauchbarer Genauigkeit nicht weiter als drei Generationen zurückreicht. *Ilias* und *Odyssee* werden deshalb heute jeweils als kreative Schöpfungen eines außerordentlichen Dichters interpretiert, der an die kulturspezifischen Sagentraditionen der unmittelbar vorausgehenden drei bis vier Generationen anschloß und auf dieser Basis in einem Ambiente der Schriftlichkeit Werke von dramatischer Komplexität und hohem ästhetischen Reiz komponierte, indem er Sagen, Mythen und die Heldengeschichten einzelner Landschaften zu einer großen Geschichte zusammenführte. Für den Historiker, der es sich zur Aufgabe gemacht hat, die Geschichte der archaischen Zeit zu schreiben, gewinnen die Texte damit noch einmal eine ganz neue Bedeutung. Denn es geht jetzt nicht mehr vorrangig darum zu fragen, welche Art von ‹Geschichten› sie überliefern und wie es um die Faktizität und Historizität der erzählten Ereignisse wie etwa den Krieg um Troja bestellt ist. Wenn die Epen als bewußte Konstruktion einer heroisierten Vergangenheit gedeutet werden, mit denen der Dichter seiner Gesellschaft eine Geschichte gab, werden sie zu bedeutenden Zeugnissen für die auktoriale Gegenwart, die auf neue Weise Einblick in die Welt der Verfasser geben. Denn *Ilias* und *Odyssee* dienen dann ja nicht mehr dazu, eine irgendwie erinnerte Vergangenheit weiterzutragen und zu bewahren. Sie zielen vielmehr darauf ab, aus dem Repertoire der Sagen und Mythen mit Blick auf die aktuellen Interessen und Bedürfnisse bewußt eine Vergangenheit neu zu erschaffen und zu gestalten, die dabei zugleich ‹intentional› für die Erklärung und Legitimierung der Gegenwart eingesetzt wird und Optionen für die Gestaltung der Zukunft formuliert.

3. Epos, Archäologie und Realität

Mit dieser neuen Deutung der Epen wird zugleich die Frage, wie die Historiker mit diesen Texten umzugehen haben, was sie aus ihnen überhaupt lernen können (und was nicht) und welche Art von Gesellschaft sie konkret widerspiegeln, auf neue Weise virulent. Dabei ist die Vorstellung, daß *Ilias* und *Odyssee* als sorgfältig tradierte Erinnerung an die mykenische Epoche zu verstehen seien, schon seit einigen Dekaden obsolet. Die reich ausgestatteten Gräber und die luxuriösen Paläste dieser Ära, an denen sich unübersehbar eine Neigung zu glanzvoller Statusdemonstration erkennen läßt, schienen ja nur vordergründig das passende Ambiente für die pompösen, luxusliebenden Helden vom Schlage eines Achilleus oder Agamemnon zu sein. Bei genauerer Analyse hat sich jedoch herausgestellt, daß das allgemeine Bild, das die Epen zeichnen, keine Übereinstimmungen mit der mykenischen Zivilisation zeigt. Die relativ einfachen Verhältnisse, die sie zumal in den unbetonten ‹Hintergrundschilderungen› beschreiben, in die die heroischen

Episoden des erzählerischen ‹Vordergrundes› eingebettet sind, sind von der komplexen gesellschaftlichen, politischen und ökonomischen Organisation des Palastsystems weit entfernt und gründlich verschieden. Eine Konfrontation der Epen mit der materiellen Hinterlassenschaft der letzten drei bis vier Generationen vor ihrer Verschriftlichung, die von dem Vergleich singulärer Artefakte mit einzelnen, in den Texten beschriebenen Objekten absieht und sich statt dessen auf allgemeine Tendenzen und Strukturen konzentriert, bestätigt diesen Befund. Alle wesentlichen Innovationen dieser Epoche, die Intensivierung der Beziehungen zur Levante und nach Unteritalien, die Kolonisation, die Entstehung figürlicher Malerei, der Bau monumentaler Tempel, die Entwicklung panhellenischer Heiligtümer, die Zunahme von Weihgaben in diesen Heiligtümern und schließlich der Bau von Befestigungsanlagen sind nicht nur archäologisch nachweisbar, sondern ausnahmslos auch in den Epen bezeugt. Insgesamt läßt sich daraus schließen, daß das allgemeine Ambiente, in dem die Helden agieren, sowie die Charakterisierung der sozialen Hierarchien, der institutionellen Ordnung und der Wertewelt ein Bild von der gesellschaftlichen Wirklichkeit der Zeit ihrer schriftlichen Fixierung um 700 vermitteln. Dieses Bild ist in sich konsistent, und es ist außerdem aus anthropologischer Sicht plausibel, weil es dem anderer Gesellschaften in einem vergleichbaren Stadium der sozialen Evolution entspricht.

Dabei hat die Homerforschung natürlich längst erkannt, daß wir es in den Epen grundsätzlich mit zwei Zeitstufen zu tun haben: Da ist zum einen die auktoriale Gegenwart des ausgehenden 8. Jahrhunderts, und da ist zum anderen die konstruierte Vorzeit, in der die heroischen Geschichten und Mythen angesiedelt sind – und diese Vorzeit stellte man sich natürlich ganz anders vor als die reale Gegenwart. Folglich mußte diese Andersartigkeit in den Epen auch immer wieder markiert und hervorgehoben werden. Es mußte – wie die moderne Forschung es formuliert – ‹epische Distanz› geschaffen werden: Die Erzählung mußte zeitgemäß, ja modern genug sein, um verstanden zu werden, und sie mußte zugleich altertümlich genug sein, um als Erzählung vom Leben und Sterben der Helden einer heroischen Vorzeit überzeugend zu wirken. Eine

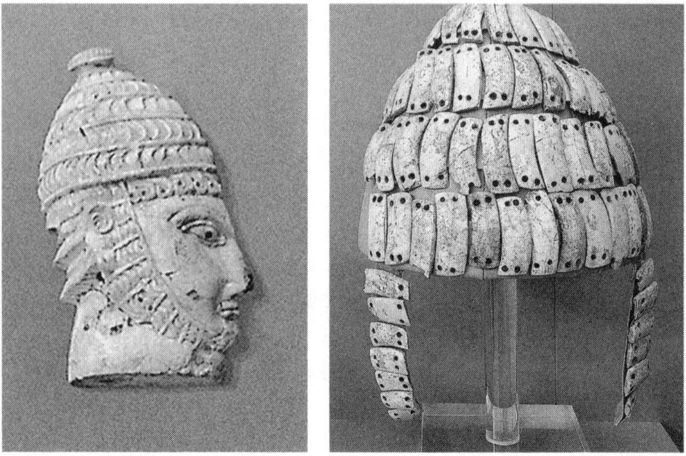

Abb. 7: Eberzahnhelm

solche archaisierende Patina schuf der Dichter etwa durch jene bereits erwähnten, zum Teil sehr alten, vorgeprägten Phrasen und Verse. Einen ähnlichen Zweck erfüllten auch die Beschreibungen von Objekten, die ganz eindeutig der materiellen Kultur früherer Epochen angehörten und um 700 deshalb faszinierend fremdartig wirken mußten: Streitwagen, ein Helm, aus Eberzähnen gefertigt, Bronzewaffen und ein Schild «so groß wie ein Turm». Dabei läßt sich feststellen, daß eine solche Evozierung der Vergangenheit durch die Beschreibung von konkreten Objekten vor allem anhand von Gegenständen erfolgt, die den Dichtern und ihrem Publikum selbst als Überreste vergangener Zeiten bekannt gewesen sein könnten, weil sie als singuläre Exemplare die Zeiten überdauert hatten. Diese Gegenstände fungieren dementsprechend nicht als ‹Alltagsgegenstände› in den Händen normaler Sterblicher, sondern sie werden in den Texten ungewöhnlich ausführlich beschrieben, was schlaglichtartig die Distanz zwischen der Gegenwart des Erzählers und der epischen Vergangenheit beleuchtet. Dabei versteht es sich fast von selbst, daß die Menschen, die diese Gegenstände besaßen, weitaus stärker gewesen sein müssen als die Menschen der Gegenwart – eben Halbgötter und Heroen, deren außergewöhnliche Kraft und Tapferkeit durch diese Gegenstände prononciert hervorgehoben wurde. Mit diesen Anachronismen, Archaisierungen und Übertreibungen idealisierte und heroisierte der Dichter die Verhältnisse der Vorzeit auf verständliche Weise und evozierte bei seinen Adressaten das Bild einer ruhmvollen Vergangenheit, in der vieles schöner und größer, heroischer und glanzvoller war.

Die Beschreibungen mykenischer Artefakte und die allfälligen Archaisierungen schmälern insgesamt allerdings keineswegs den Wert der Epen als historische Quelle für Gesellschaft, Kultur und Mentalität der Zeit um 700 – ja, sie lassen sie auf einer anderen Ebene der Analyse geradezu zu einem Zeugnis von besonderer Authentizität werden. Ebenso wie die Epen insgesamt sind diese Textpassagen ein eindringliches Zeugnis dafür, daß sich um die Mitte des 8. Jahrhunderts in den griechischen Siedlungen ein neuartiges Interesse an der Geschichte und an einer Anbindung der eigenen Gegenwart an die Vorzeit entwickelte. So begann in auffälliger zeitlicher Koinzidenz mit der Niederschrift der Epen eine signifikante Intensivierung der religiösen Aktivitäten an alten mykenischen Kultstätten und bronzezeitlichen Gräbern. Vor allem in Attika, in der Argolis und auch in Messenien wurden die alten Begräbnisstätten erneut als Grablegen genutzt. Zudem wurden dort Weihgaben deponiert, die auf regelrechte Kulte an den Gräbern schließen lassen. So wurden etwa am Tholosgrab von Menidi in Attika, an den Gräbern in Volimedia in Messenien und auch in Mykene selbst, am sogenannten Grab der Klytaimestra, seit der Mitte des 8. Jahrhunderts Weihgaben deponiert. In Prosymna in der Argolis zeigt die Verteilung der Kultreste, daß bei so gut wie allen mykenischen Gräbern im späten 8. und frühen 7. Jahrhundert kultische Aktivitäten in Form von Trankopfern und Votivgaben stattfanden. Dies ist von den Archäologen als ein Hinweis darauf gedeutet worden, daß in spätgeometrischer Zeit geradezu nach alten Gräbern gesucht worden ist. Im gleichen Zeitraum wurden dann auch Heroenkulte unabhängig von mykenischen Gräbern eingerichtet. So wurde etwa für Agamemnon nicht weit von den Ruinen des Palastes von Mykene – der Sage nach sein vormaliger Herrschersitz – ein besonderer Kult installiert. Die Kultaktivität am Agamemnoneion erstreckte sich vom späten 8. Jahrhundert bis zur ersten Hälfte des 5. Jahrhunderts. Menelaos und Helena wurden in einem Heiligtum in Therapne nahe bei Sparta kultisch verehrt – in unmittelbarer Nähe der Überreste eines mykenischen Herrensitzes, der als ihr in den Epen so glanzvoll beschriebener Palast gegolten haben könnte. In Eleusis zog man in spätgeometrischer Zeit um eine Gruppe von neun mittelhelladischen Gräbern eine Umfassungsmauer und teilte einen Kultbezirk ab. Es handelt sich dabei um ebenjene Gräber, die mehr als 800 Jahre später dem Pausanias gegenüber als diejenigen der ‹Sieben gegen Theben› bezeichnet wurden. Man sah sie also als die Begräbnisstätten von Helden der Generation vor dem trojanischen Krieg an.[3] Wenn dieser Befund insgesamt auch schwierig zu interpretieren ist und viele Fragen offen läßt, so demonstriert er doch eindrucksvoll das Interesse an der Vergangenheit und das Bemühen um die Herstellung von Verbindungslinien zwischen dieser Vergangenheit und der eigenen Zeit, die sich dann sozial, politisch und ideologisch instrumentalisieren ließen. Die Motive für die Aufnahme solcher kultischer Aktivitäten mögen ganz unterschiedlich gewesen sein. Sie können etwa auf die Initiative einer aristokratischen Familie zurückgehen, die ihre Vormachtstellung dadurch zu legitimieren suchte, daß sie auf diese Weise ihre Abkunft von Heroen reklamierte und damit ihren Stammbaum gewissermaßen in die mykenische Zeit hinein verlängerte. In anderen Fällen könnte es sich durchaus auch um die kollektiven Aktivitäten ganzer Siedlungsgemeinschaften gehandelt haben, die durch Weihgaben und kultische Zeremonien an alten Gräbern und mykenischen Ruinen etwa der Vorrangigkeit ihrer territorialen Ansprüche im Streit mit ihren Nachbarn Ausdruck geben wollten.

4. Die gesellschaftliche Ordnung

Eine historische Interpretation der Epen, die den oben aufgeführten methodischen Vorgaben folgt, zeigt, daß die Epen eine deutlich stratifizierte Gesellschaft widerspiegeln, in der sich eine Elite (*agathoi*, *aristoi*) deutlich von der Masse der freien Bauern (*laoi*, *demos*) abhebt. Die Angehörigen dieser Elite, die in sich wiederum gegliedert ist und deren Spitzengruppe Helden vom Kaliber eines Agamemnon, Achilleus, Hektor, Odysseus und Alkinoos bilden, zeichnen sich zunächst durch vornehme Abkunft aus. Die epischen Helden zeigen (ebenso wie die Aristokraten des ausgehenden 8. Jahrhunderts) Interesse an ‹Geschichte› – und das heißt zunächst ganz konkret: an ihrer eigenen Herkunft und ihrer Position in der mit den Göttern beginnenden Reihe ihrer Vorfahren. So wird von der Mehrzahl der Helden zumindest der Name des Vaters und häufig auch der des Großvaters genannt. Manche von ihnen – wie etwa Glaukos und Diomedes – können die Reihe ihrer Vorfahren über vier und mehr Generationen zurückverfolgen. Andere, wie beispielsweise Idomeneus, reklamieren für ihre Familie sogar einen göttlichen Ahnherrn oder stammen selbst direkt von den Göttern ab wie etwa Achilleus oder Aineias. Sie alle rezitieren gern und oft ihre umfangreichen Genealogien und rühmen sich dabei insbesondere der Kriegstaten ihrer Vorfahren in einer großen Vergangenheit, die für sie Anspruch und Verpflichtung darstellen, sich ebenfalls auf diesem Feld hervorzutun. So kann etwa Hippolochos seinem Sohn Glaukos vor dem Kriegszug nach Troja die Ermahnung mit auf den Weg geben, «immer der Erste zu sein», um dem *genos* seiner Väter keine Schande zu machen.[4] Auffällig ist jedoch, daß sich in *Ilias* und *Odyssee* solche Hinweise auf die Abkunft von einer illustren Ahnenreihe immer auf den einzelnen Heros beziehen: Sie haben keine andere Funktion, als seine Ansprüche auf Prominenz im Vergleich zu anderen Standesgenossen zu untermauern und ihm einen hohen Rang in der stets prekären Hierarchie der Helden zu sichern. Diese Art der Präsentation der Heroen als ahnenstolze Einzelpersönlichkeiten reflektiert also ein Stadium des gesellschaftlichen Entwicklungsprozesses, in dem sich die Vorstellung noch nicht verfestigt hatte, daß die Elite als Gruppe einen deutlich nach unten abgeschlossenen Stand darstellt, der primär durch sein Geblüt von der Masse geschieden ist: Aus vornehmer Abkunft resultierte noch keine ‹Automatik› der Standeszugehörigkeit.

Diesem Befund entspricht eine Binnengliederung der homerischen Gesellschaft in einzelne Häuser – *oikoi*. Mit dem Terminus *oikos* wird in den Epen einerseits ganz konkret ein Wohnhaus bezeichnet, andererseits wird er verwendet, um in einem umfassenden Sinne alle zu einem Hauswesen gehörenden Personen und Besitztümer zu benennen: Der *oikos* ist also zugleich soziale und wirtschaftliche Einheit. In einem solchen Haushalt lebt zunächst einmal die Kleinfamilie des Oikosherrn, also seine Frau und seine unverheirateten Töchter und Söhne, sowie in einzelnen Fällen die verheirateten Söhne mit ihren Familien. Töchter verlassen bei ihrer Verheiratung das väterliche Haus, um bei ihren Ehemännern zu wohnen. Gelegentlich ist die Integration von Witwen und Waisen und von unehelichen Kindern des Oikosherrn in die *oikoi* bezeugt. Eine Gemeinschaft wie die im Hause des trojanischen Königs Priamos, wo es nicht weniger als fünfzig Gemächer gegeben haben soll, in denen seine Söhne mit ihren Ehefrauen lebten, und zwölf weitere, in denen die Töchter mit ihren Ehemännern wohnten, stellt auch in den Epen eine Ausnahme dar. Hier ist auf jeden Fall mit dichterischen Übertreibungen oder auch mit Anklängen an orientalische Verhältnisse zu rechnen. Spätestens nach dem Tode des Vaters löst sich die Oikosgemeinschaft der Epen auf. Die Söhne bilden also keine Erbengemeinschaft, sondern teilen die Ländereien und die übrigen Besitztümer unter sich auf und gründen jeweils einen eigenen *oikos*. Daneben sind auch einzelne Fälle bezeugt, bei denen besonders reiche Oikosbesitzer ihren Söhnen schon zu Lebzeiten – etwa zum Zeitpunkt ihrer Heirat – einen Anteil am Land und am Viehbestand übergaben und ihnen ein neues Haus bauten. Konflikte zwischen den Generationen konnten auf diese Weise verhindert werden. Jeder einzelne *oikos* war eine weitgehend autarke Wirtschaftseinheit. Der Oikosherr war der alleinige Besitzer des Landes, des Viehbestandes und aller anderen Reichtümer, die sich in den Vorratskammern stapelten. Auch kultisch bildeten die einzelnen *oikoi* autarke Gemeinschaften. Wie etwa die *oikoi* des Odysseus und des Peleus, des Vaters des Achilleus, zeigen, besaßen einzelne Hausgemeinschaften jeweils einen Hausaltar, an dem der Hausherr dem Zeus Herkaios, dem Schützer von Haus und Hof, Freunden und Schutzflehenden opferte. Für die Bestattung der Verstorbenen waren Eltern, Ehegatten und Brüder – also die unmittelbaren Familienangehörigen – zuständig. Entferntere Verwandte, wie etwa Onkel und Vettern, leisteten zwar gelegentlich Unterstützung bei der Blutrache, aber auch bei dem Personenkreis, der an solchen Unternehmungen beteiligt war, handelte es sich um eine begrenzte Gruppe. Verwandtschaftsbeziehungen waren somit für das Individuum durchaus von Bedeutung, sie waren in ihrer Ausdehnung aber begrenzt. Weitverzweigte Abstammungsgemeinschaften spielen in der in den Epen beschriebenen Welt jedenfalls keine Rolle: Sie bestimmen weder die Beziehungen des einzelnen Oikosherrn zu seinesgleichen noch seine Position und seine Einflußmöglichkeiten auf der Ebene des Gemeinwesens, in dem er mit seiner Familie ansässig ist. Diese in *Ilias* und *Odyssee* beschriebenen Verhältnisse entsprechen der Lebensweise in den griechischen Poleis späterer Jahrhunderte, und es kann kein Zweifel daran bestehen, daß sie die gesellschaftliche Realität der Zeit der Verschriftlichung der Texte widerspiegeln.

Neben den Familienangehörigen gehören einem aristokratischen Haushalt in den Epen auf Dauer außerdem noch zahlreiche Knechte und Diener an. Es ist in der Forschung weiterhin umstritten, welchen Status diese Bediensteten hatten, ob sie Freie oder Sklaven waren. In neueren Arbeiten ist jedoch die These formuliert worden, daß der Status der persönlichen Freiheit in den Epen noch keine allzu große Bedeutung hatte. Wichtig waren vielmehr die Zuordnung zu einem *oikos* und die Stellung, die man in diesem *oikos* einnahm. Darin lag der entscheidende Unterschied zu den Saison- und Gelegenheitsarbeitern, die die Dichter von *Ilias* und *Odyssee* ebenfalls kennen. Einzelne aristokratische *oikoi* verfügten über eine große Zahl von Bediensteten, die in unterschiedlichen Bereichen eingesetzt wurden. Die Männer bearbeiteten das Land und hüteten das Vieh, wobei sich im Hinblick darauf bereits eine Differenzierung nachweisen läßt, da etwa Rinderhirten von Schaf- und Ziegenhirten unterschieden wurden. Die Aufsicht führte ein Oberhirte. Die Frauen wuschen die Wäsche und holten das Wasser vom Brunnen. Sie halfen bei der Geburt und fungierten als Ammen für die Neugeborenen. Besonders verdiente Dienerinnen, die der

Familie jahrelang treu gedient hatten, konnten in die Position der ‹Beschließerin› aufrücken, die der gesamten Haushaltsführung vorstand und den anderen Frauen die Arbeit zuwies. Weitaus bescheidenere Verhältnisse herrschten auf dem kleinen Gutshof des Laertes, des Vaters des Odysseus, der seine Hausgewalt noch zu Lebzeiten an seinen Sohn übergeben hatte. Er hat ein eigenes kleines Gut als Altenteil behalten, das außerhalb des Siedlungszentrums von Ithaka lag, und wohnt dort in einem «gut eingerichteten Haus», das er nur selten verläßt. Außer ihm lebt in diesem ländlichen *oikos* noch ein Dienerpaar mit seinen sechs Söhnen. Sie bewohnen die Nebengebäude und teilen sich die Arbeit. Während die Frau den Haushalt versorgt, arbeiten der Mann und die sechs Söhne unter der Aufsicht des Laertes auf dem Feld und im Garten.[5]

Neben dem Gesinde leben außerdem noch eine Reihe von Gefolgsleuten im Haus des Oikosherrn – und zwar teils auf Dauer, teils periodisch. *Ilias* und *Odyssee* bezeichnen diese freien Männer als *hetairoi*. Hinter diesem Terminus verbirgt sich ein komplexes und vielschichtiges System von personalen Beziehungen, die im einzelnen nur schwer auf einen Nenner zu bringen sind. Die *hetairoi* gehören häufig der gleichen Altersgruppe an. Sie begleiten den Herrn bei Beutezügen und Kaperfahrten und folgen ihm in den Krieg, wo sie etwa seinen Streitwagen lenken und seine Pferde pflegen. Während der Kriegszüge teilen die *hetairoi* ein Zelt, essen und trinken gemeinsam. Da sie in fester Treue verbunden sind, kommen sie einander im Kampf zu Hilfe, pflegen die Verwundeten und bergen die Toten. In Friedenszeiten übernehmen die *hetairoi* im Haushalt ihres Anführers allerlei Dienstleistungen: Sie bedienen etwa bei Gastmählern und helfen bei der Vorbereitung von Festen. Für den Unterhalt dieser Gefolgsleute bieten die Oikosherren einen nicht unbeträchtlichen Teil ihrer materiellen Ressourcen auf. Die Anzahl der Gefolgsleute, die sie opulent bewirten können, demonstriert besonders sinnfällig die materielle Prosperität des *oikos* und damit den Rang seines Besitzers – und zwar gerade auch im Rahmen einer gewissen Hierarchie innerhalb der Elite, die sich in dieser spezifischen Art von Gefolgschaftswesen jedenfalls auch manifestiert. Der Fortbestand dieser Beziehungen ist an die Person des Führers, die Ressourcen seines *oikos*, seine Großzügigkeit und vor allem an den Erfolg seiner militärischen Unternehmungen gebunden. Diejenigen Helden verfügen über die zahlreichste und auch stabilste Gefolgschaft, die ihren Freunden und Anhängern die größten Chancen zur individuellen Auszeichnung und zur persönlichen Bereicherung bieten können. Hier zeigt sich sinnfällig die Verschränkung zwischen Reichtum, individueller Tüchtigkeit und Status, die in den Epen überall präsent ist.

Reichtum ist in der homerischen Gesellschaft gleichzeitig Voraussetzung und Konsequenz der Überlegenheit in allen anderen Bereichen des Lebens. Seinem Erwerb dienen die meisten Aktivitäten der Helden. Denn wenn es in dem mythischen Krieg gegen Troja auch vordergründig um eine schöne Frau, um männliche Ehre und unsterblichen Ruhm geht, so scheint hinter diesen Szenarien doch immer wieder eine ganz andere, profane Realität durch: In der Dichtern und Publikum vertrauten Welt des ausgehenden 8. Jahrhunderts waren kriegerische Unternehmungen zumeist nicht mehr als Beutezüge mit begrenztem Radius oder Nachbarschaftsfehden um Viehherden und fruchtbare Äcker – sie dienten also vornehmlich der Akquisition oder der Verteidigung von Reichtümern. Und letztlich manifestiert sich selbst der große panhellenische Kriegszug der Griechen gegen die Trojaner in der *Ilias* konkret ja auch in dem Kampf um die fruchtbare Ebene, die zwischen der Stadt des Priamos und dem Lager der Griechen liegt. Besitz demonstriert in dieser Gesellschaft also stets auch die militärische Tüchtigkeit des Besitzers. Reichtum und Erfolg im Krieg lassen sich nicht voneinander trennen: Wer erfolgreich im Kampf war, war auch reich und angesehen und umgekehrt.

Konkret besteht der Reichtum der Helden im Epos vor allem in Feldern, Weideland und Viehherden. Ihre Landgüter liegen innerhalb oder in der Nähe der Siedlungen, und sie haben das fruchtbarste Land zu ihrer Verfügung. Ihre Landstücke sind in der Regel groß genug, um bereits zu Lebzeiten oder nach dem Tode unter die Nachfahren verteilt zu werden. Gelegentlich wird auch davon berichtet, daß ein verdienter Sklave mit einem Stück Land belohnt wird, das er selbständig bewirtschaften kann. Da in den Epen jeder Hinweis auf Konflikte zwischen Armen und Reichen fehlt, die sich um Land und seine Verteilung drehen, spricht einiges dafür, daß zur Zeit der Verschriftlichung der Texte noch genügend unkultiviertes Land zur Verfügung stand. Was die Wirtschaftsweise anlangt, so berichten zahlreiche Passagen der Epen von Getreideernten und Weinlesen auf den Landgütern der Anführer. Es wird explizit hervorgehoben, daß zum Palast des Phaiakenkönigs Alkinoos ein großer und sehr ertragreicher Obst- und Gemüsegarten gehört. Auf dem wesentlich bescheideneren Gutshof des Laertes werden neben Getreide auch Wein, Oliven und eine große Vielfalt von Gemüse und Obst (z. B. Birnen, Äpfel und Feigen) angebaut – Kulturen, die intensive und kompetente Pflege brauchen, bevor sie den gewünschten Ertrag bringen. Wenn die Dichter einen Helden wegen seines ungewöhnlichen Reichtums besonders hervorheben wollen, zählen sie jedoch die stattliche Anzahl seiner Viehherden auf. So soll Odysseus – dessen Reichtum weder in Ithaka noch auf dem Festland von dem irgendeines anderen Helden übertroffen worden sei – insgesamt 59 Herden von Rindern, Schafen, Schweinen und Ziegen besessen haben. Der Held Erichthonios, der als «der reichste aller sterblichen Männer» angesehen wurde, soll 3000 Stuten besessen haben.[6] Die Epen reflektieren also auch in diesem Bereich eine Gesellschaft im Wandel. Die Helden zählen ihren Reichtum nach Vieh, dessen Besitz sozial höher bewertet wird als der von Land. Ihre Gastmähler werden als Schlachtfeste beschrieben, bei denen riesige Mengen von Fleisch konsumiert werden, und der demonstrative Verzehr von Fleisch bei Opfern und Festen hat hohe symbolische Bedeutung. Gleichzeitig finden sich zumal in der *Odyssee* aber auch zahlreiche Hinweise auf die Bedeutung des Akkerbaus, der in der Realität um 700 schon seit einigen Generationen die Lebensweise in den griechischen Gemeinwesen bestimmte.

Auch das Haus, in dem der homerische Held mit seiner Familie und seinen Gefolgsleuten lebt und seine Gastfreunde bewirtet, spiegelt seinen Reichtum und seinen Rang unmittelbar wider. Die Epen beschreiben Anwesen, die aus einem ummauerten Innenhof, Stallungen, Vorratskammern, einer Vorhalle und dem sogenannten

Megaron bestehen, einer ausgedehnten Halle mit ringsum verlaufenden Sitzbänken und einer zentralen Herdstelle. Zumal in der *Odyssee* wird darüber hinaus immer wieder die luxuriöse, ja geradezu prächtige Innenausstattung der Wohnhäuser geschildert. Die Dichter statten sie stets mit silberbeschlagenen Möbeln, Purpurdecken und zahlreichen kunstvoll gearbeiteten Gefäßen aus Edelmetall aus. Das Haus des Menelaos in Sparta etwa war so prächtig mit derartigen Luxusgegenständen möbliert, daß der staunende Telemachos es in Anbetracht all des glänzenden «Erzes und Elfenbeins», «des Goldes, Silbers und Bernsteins» mit dem «Inneren der Halle des Zeus auf dem Olymp» vergleicht. Außerdem berichten die Epen von großen Mengen an kostbaren Stoffen und unverarbeiteten Metallen, von Dreifüßen, Becken und edlen Waffen sowie von «duftenden Ölen und Fässern voller alter süffiger Weine», die sich in den Vorratskellern stapeln.[7] Der Wert dieser Luxusgüter – so betonen sie im Hinblick auf die Kessel und Dreifüße immer wieder – bestehe eben nicht in ihrem praktischen Nutzen, sondern gerade darin, daß sie noch nie gebraucht waren.

Zumal bei diesen vollmundigen Beschreibungen der materiellen Güter der epischen Helden ist ein Abgleich mit dem archäologischen Befund methodisch notwendig, um den Aussagewert der ‹epischen Schilderungen› für die auktoriale Gegenwart der Dichter im ausgehenden 8. Jahrhundert zu klären. Dafür bieten sich vor allem die in Emporio auf Chios und in Zagora auf Andros ausgegrabenen geometrischen Megaronhäuser an, die aufgrund ihrer Größe, ihrer Ausstattung und ihrer zentralen Lage innerhalb der Siedlung als Wohnhäuser der jeweils führenden Persönlichkeiten angesehen werden können. Die entsprechenden Häuser in Emporio waren bis zu 10 Meter lang und 50 Quadratmeter groß. Das größte von ihnen maß sogar 18,75 mal 6,85 Meter. Der Zugang erfolgte über einen Vorplatz, der zum Wohnraum gerechnet werden kann. Die Türen waren bis zu 1,30 Meter breit und hatten eine glatte Schwelle. Die Wände bestanden wahrscheinlich in voller Höhe aus sorgfältig gemauerten Bruchsteinen. Flache Lehmdächer wurden von hölzernen Stützen im Innenraum getragen. Herde aus flachen, aufrecht gestellten Steinplatten befanden sich bei einigen

Häusern in der Raummitte, in anderen Fällen an der Wand oder auch in der Vorhalle. Die geometrischen Häuser in Zagora waren von einem öffentlichen Platz aus durch schmale Türen zu betreten. Sie hatten bis zu 60 Zentimeter starke Wände aus Bruchstein, Lehmfußböden und Lehmdächer. Die Mehrzahl der Häuser waren Einraumhäuser. Dort kochte, aß und schlief die Familie, und dort bewahrte sie auch ihre Vorräte auf, und zwar auf an den Wänden entlanglaufenden Podesten mit Vertiefungen in der Oberseite, in die steinerne Vorratsgefäße (*pithoi*) hineingestellt wurden. Allerdings gab es in Zagora auch größere Wohneinheiten mit breiterem Hof und zusätzlichen Räumen. Die größte Einheit umfaßt circa 256 Quadratmeter. Im Megaron, dem Zentralraum dieses Hauses, befand sich in der Mitte ein großer Herd, an den Wänden boten umlaufende Bänke Platz für die Familie und Besucher, die sich dort vielleicht zu Beratungen der Gemeinschaftsangelegenheiten, auf jeden Fall aber zum Mahl versammelt haben, wie die zahlreichen dort aufgefundenen Tierknochen und Muschelschalen vermuten lassen. Dieser Raum ist auch aufgrund der feineren Keramik, die dort gefunden wurde, von den Archäologen als Bankettraum interpretiert worden. Die hier gefundenen Pithoi waren zum Teil sehr kostbar mit qualitativ hochwertigen Reliefs geschmückt, ihre Bildfelder waren mit mythologischen Szenen reich dekoriert. Diese Gefäße stellten zweifellos einen großen Wert dar und waren nur für Familien der Führungsschicht erschwinglich. Die glücklichen Besitzer stellten sie im zentralen Raum ihres *oikos* aus, in dem jeder Besucher sie sehen und als Zeichen der Tüchtigkeit, des Reichtums und des Ranges des Hausherrn interpretieren mußte. Trotz der handfesten Unterschiede zwischen den geometrischen Häusern und ihrer Ausstattung und dem Glanz und Luxus der in den Epen beschriebenen Paläste lassen sich also doch funktionale Übereinstimmungen diagnostizieren: Sowohl die geometrischen Pithoi als auch die Luxusgüter in den Epen dienten primär dazu, im Kontext des Hauses den Reichtum und den Status ihres Besitzers zu demonstrieren.

Der vielfältige Reichtum der Helden erscheint bereits in den Epen als Basis für die Herausbildung eines besonderen ‹adligen›

Abb. 8: Zagora auf Andros, Rekonstruktion des Raumes H 19 (Pithoi mit Vorräten, präsentiert auf Podesten an den Wänden des repräsentativsten Raumes des zusammenhängenden Komplexes)

Lebensstils. Die Dichter räumen der ausführlichen Schilderung der Merkmale dieses Lebensstils – wie etwa der Beschäftigung mit Jagd und Pferdezucht, der Ertüchtigung in einer Reihe von sportlichen Disziplinen, der Ausrichtung von Gastmählern und dem Austausch von Geschenken – breiten Raum ein. Ja, sie stellen sie sogar prononciert als ein wesentliches Unterscheidungsmerkmal zwischen ihr und den anderen gesellschaftlichen Schichten heraus. So berichten die Dichter immer wieder von den üppigen Festlichkeiten, die die Oikosherren für ihre Standesgenossen ausrichten. Besonders großartige Feste veranstaltete man beim Besuch auswärtiger Standesgenossen und bei Hochzeits- und Begräbnisfeierlichkeiten – also immer dann, wenn man mit einer größeren, über den Rahmen der eigenen Siedlungsgemeinschaft hinausgehenden ‹Öffentlichkeit› rechnen konnte. Den Gästen wurde bei solchen Gelegenheiten geradezu demonstrativ der gesamte Überfluß präsentiert, den der *oikos* zu bieten hatte: Sie wurden zunächst gebadet, mit kostbaren Ölen gesalbt und in wertvolle Gewänder gekleidet. Während der gesamten Dauer ihres Aufenthalts wurden sie immer wieder so opulent wie möglich bewirtet. Im Anschluß an die Mahlzeiten unterhielt man die Gäste mit Gesang, Leierspiel und Tanz. Solche Darbietungen – wie etwa der oben geschilderte Auftritt des

Demodokos – gehörten notwendig zum Festmahl im adligen *oikos*. Bei Festlichkeiten dieser Art pflegten sich Gastgeber und Gäste zudem in zahlreichen sportlichen und musischen Wettkämpfen miteinander zu messen. Bei den Leichenspielen der Epeier zu Ehren des Amarynkeus etwa – von denen der greise Nestor im 23. Gesang der *Ilias* berichtet – maßen sich die Teilnehmer im Faustkampf, Ringen, Laufen, Speerwerfen und Wagenrennen. Er brüstet sich damit, wie es ihm damals als jungem kräftigem Mann keiner habe gleichtun können von den Epeiern, den Pyliern und den «stolzen Aitolern».[8] Für die Sieger in diesen Wettkämpfen wurden wertvolle Preise ausgesetzt: Man kämpfte um Dreifüße, Becken, Edelmetalle, Pferde etc., also um all jene Gegenstände, die bereits als die wesentlichen Prestigeobjekte genannt wurden. Diese Kampfpreise nahmen später einen besonderen Platz in den Megaronhallen und den Vorratskammern der Oikosherren ein, und man verwies mit besonderem Stolz auf ihre Herkunft.

Bezeichnenderweise sind es gerade diese in der epischen Schilderung des adligen Lebensstils so prominenten Elemente, die etwa auch auf der attisch-geometrischen und protokorinthischen Keramik zur Darstellung kommen, die ihrerseits wiederum selbst zu den Gebrauchs- bzw. Luxusgegenständen der gesellschaftlichen Elite gehörte. Seit der Mitte des 8. Jahrhunderts finden sich auf den Krateren, Amphoren etc. immer wieder Darstellungen von Kriegern und Zweikämpfen, von Jagd, Sport und Kampfspielen, Tanz und Reigen, von feierlichen Umzügen der Waffenträger zu Fuß, zu Wagen und zu Pferde und von Totenklagen und Leichenfeiern. Daß zudem die Geschichten, von denen die Epen berichten, in diesem Medium ebenfalls äußerst präsent waren, zeigt sich daran, daß seit dem letzten Drittel des 8. Jahrhunderts Motive wie etwa der Raub der Helena, das trojanische Pferd oder die Blendung des Polyphem auf den Keramikgefäßen abgebildet waren. Und auf einer attisch-spätgeometrischen Schale ist schließlich ein gekentertes Schiff dargestellt, auf dessen Kiel ein einzelner Mann sitzt. Rund um das Schiff im Meer treiben seine Gefährten, die sich in ihrer Not teilweise noch am Schiffsrumpf festzuhalten versuchen – möglicherweise eine bildliche Umsetzung jener berühmten Szene

Abb. 9: Spätgeometrische Kanne mit Darstellung eines Schiffbruchs. München, Staatliche Antikensammlungen und Glyptothek

in der *Odyssee*, in der das Schiff des Helden nach einem Frevel seiner Gefährten an den Rindern des Sonnengottes in einem gewaltigen Sturm untergeht.

Ein weiterer Aspekt dieser ‹Adelskultur› war der von den Dichtern der Epen immer wieder beschriebene Austausch von Geschenken. Kostbare Kleider, Edelmetalle, Schmuck, Dreifüße, aber auch Pferde, Maultiere und ‹dienende Frauen› zirkulierten bei allen möglichen Gelegenheiten zwischen den Helden. Sie wurden dem scheidenden Gast mit auf die Reise gegeben und bei Hochzeitsfeierlichkeiten zwischen den beteiligten Familien getauscht. Sie dienten aber auch der Belohnung von loyalen Freunden, der Besänftigung von Gegnern und der Versöhnung von Standesgenossen, deren Ehre man gekränkt hatte. Als Beispiel für den Umfang und die Vielfalt der Gaben, von denen die Epen berichten, seien hier nur die Versöhnungsgeschenke genannt, die Agamemnon dem Achilleus anbietet, um ihn zum Verbleib im griechischen Heer zu bewegen: Er stellt seinem Widersacher für den Fall, daß dieser sich zu einer Wiederaufnahme des Kampfes entscheiden sollte, sofort zehn Talente Gold, sieben bisher noch nicht benützte dreifüßige Kessel, zwanzig schimmernde Becken, zwölf Pferde, die beim Wettlauf bereits mit Preisen ausgezeichnet worden waren, und sieben Frauen in Aussicht – Gaben, die von Achilleus bekanntlich nicht akzeptiert wurden, weil er nicht bereit war, die Verpflichtungen zu honorieren, die aus ihrer Annahme selbstverständlich resultiert hätten.[9] Es entspricht der diesem Ideal zugrundeliegenden gesellschaftlichen Norm, daß die Empfänger sich ihrerseits durch gewisse Gegenleistungen – sei es wiederum durch Geschenke oder etwa durch militärische Unterstützung – in entsprechendem Maße revanchierten. Der Wert der Gaben, die man austauschte, demonstrierte jeweils zugleich den sozialen Status von Gebern und Empfängern: Je reicher und angesehener ein Mann war, desto mehr kostbare Geschenke mußte er verteilen, um seine Überlegenheit und seinen Anspruch auf Respekt und Vorrang sinnfällig zu demonstrieren. Andererseits bestimmten Ansehen und Prestige eines Mannes auch die Anzahl und den Wert der Geschenke, die er von denen erwarten konnte, die seinem Selbstwertgefühl Genüge tun und ihn in seiner Ehre nicht kränken wollten. In Wert und Umfang der jeweils ausgetauschten Geschenke manifestierte sich ebenso wie in den Ergebnissen der zahlreichen Wettkämpfe eine gewisse Hierarchie innerhalb der Elite. Im komplexen Zusammenspiel von ‹Geben› und ‹Nehmen› spiegelt sich der intensive Kampf um Prestige und Status, die in dieser Gesellschaft immer wieder neu verhandelt werden. Ein solcher ‹Gabentausch›, den anthropologische Untersuchungen als Strukturelement zahlreicher vorstaatlicher Gesellschaften erwiesen haben und den erstmals Moses Finley als Strukturelement auch der frühgriechischen Gesellschaft herausgearbeitet hat, muß von eigentlichen Handelsgeschäften unterschieden werden. Während beim Handel Bedarf an bestimmten Gütern und Profitstreben zum Zustandekommen des Austausches führen, ist der stets auf ‹Reziprozität› basierende Gabentausch Teil eines umfassenden Gefüges von gesellschaftlichen, religiösen und vorpolitischen Normen und Ritualen und dient zunächst allein der Stiftung und Bekräftigung sozialer Bindungen.

Die Ausrichtung von prächtigen Gastmählern und die mit ihnen verbundenen Wettkämpfe, aber auch der Austausch von Geschenken erfüllen in der von den Dichtern geschilderten Gesellschaft vielfältige Funktionen. So stellen alle diese Aktivitäten auf der einen Seite ein wesentliches Unterscheidungsmerkmal zwischen den *basileis* und den *laoi*, also den aristokratischen Anführern und dem Volk, dar. Sie demonstrieren die Fähigkeit zur Muße und bringen damit soziale Überlegenheit zum Ausdruck. Auf der anderen Seite sind diese Praktiken aber auch für die Beziehungen der Helden untereinander konstitutiv. So spiegelt sich gerade in diesen zentralen Elementen des adligen Lebensstils auch das starke kompetitive Element im Ethos dieser Elite. Die epischen Helden waren stets bestrebt, beim Zusammentreffen mit ihren Standesgenossen ihre materiellen Ressourcen und ihre individuellen Qualitäten sichtbar zu demonstrieren und sich mit anderen zu messen. Gastmähler, Wettkämpfe und Gabentausch boten allen Beteiligten gleichermaßen Gelegenheit, sich in der Konkurrenz mit anderen auszuzeichnen und auch vor einer breiteren Öffentlichkeit von sich reden zu machen. In welchem Maße den Helden gerade daran gelegen war, wird etwa deutlich, wenn der Phaiakenkönig Alkinoos den Odysseus direkt dazu auffordert, über die erhaltenen Geschenke und über die Leistungen der zahlreichen Wettkämpfer daheim lobend zu berichten, wenn einmal «ein anderer Held im Saal bei ihm speist» und seine Ehefrau und die Kinder dabeisitzen.[10] Gastlichkeit, Geschenketausch und athletische Wettkämpfe sind somit einerseits als die in Friedenszeiten praktizierten funktionalen Äquivalente von konkreten kriegerischen Auseinandersetzungen um Beute, Vorherrschaft und Überlegenheit anzusehen. Diese Zeremonien und Rituale haben aber andererseits auch eine nicht zu unterschätzende integrierende Funktion: Die aus ihnen resultierende selbstverständliche Reziprozität des Besuchens, Gebens und Nehmens schuf Verpflichtungen, stiftete Bindungen und erneuerte bestehende Loyalitäten, denen sich der einzelne ohne Verlust von Ehre und Ansehen nicht entziehen konnte. Gastlichkeit und Gabentausch müssen somit auf jeden Fall als unverzichtbares Moment der Binnenbeziehungen innerhalb der Gesellschaft angesehen werden.

In welchem Maße dieser von den Dichtern geschilderte besondere adlige Lebensstil allerdings tatsächlich die Verhältnisse in der auktorialen Gegenwart des ausgehenden 8. Jahrhunderts widerspiegelt, ist in der Forschung immer wieder lebhaft diskutiert worden. Ein Abgleich mit der archäologischen Hinterlassenschaft der Zeit macht dabei deutlich, daß die Unterschiede zwischen dem von den Dichtern beschriebenen Luxus und der materiellen Kultur der letzten drei Generationen vor der Niederschrift der Texte nicht überbewertet werden sollten: Natürlich ist in diesem Bereich verstärkt mit poetischen Ausschmückungen zu rechnen. Doch die gesellschaftliche Elite des 8. Jahrhunderts verfügte durchaus schon über kostbare Besitztümer wie etwa die Beigaben reich ausgestatteter Gräber in Eleusis, im euboischen Eretria und in der Argolis zeigen. So fanden sich in dem sogenannten Isisgrab in Eleusis neben der Fayencestatuette der ägyptischen Göttin, die ihm seinen Namen gegeben hat, drei Fayenceskarabäen, eine Kette aus Elfenbein, goldene Ohrringe, insgesamt zehn Ringe aus Silber, Bronze und Eisen und zwei Armreifen. Den sterblichen Überresten des Kriegers aus der Argolis, dessen Bestattung um 725 zu datieren ist, gab man unter anderem Helm und Panzer aus Bronze, bronzene Ringe und Nadeln, einige Gegenstände aus Eisen, drei goldene Ringe und ein Goldblatt mit ins Grab. In dem Grab in Eretria scheint die Asche des Verstorbenen auf eine purpurne Substanz gebettet gewesen zu sein. Das Grab enthielt unter anderem Kessel, Waffen, goldene Fibeln und ein Golddiadem mit Tier- und Blumenmotiven – Luxusobjekte, die denen durchaus nicht unähnlich sind, mit denen die Dichter ihre Helden in (episch) großer Zahl und außergewöhnlicher Pracht ausstatten. Trotz dieser Übereinstimmungen ist es methodisch auf jeden Fall geboten, zwischen der Historizität der in den Epen beschriebenen Formen, Zeremonien und Rituale des adligen Lebensstils und der Glaubwürdigkeit der quantitativen Angaben über den Umfang der diesem Lebensstil zugrundeliegenden materiellen Ressourcen zu differenzieren. Die epischen Übertreibungen der Zahl der Luxusgüter im Besitz der Helden sind dabei wohl als Teil der allgemeinen Strategie der Dichter zur Idealisierung der heroischen Frühzeit und zur Überhöhung ihrer Helden anzusehen – und diese Angaben finden im archäologischen Befund eben auch keine Entsprechung. Der demonstrative Umgang mit diesen Luxusgütern, ihr Einsatz bei den Ritualen des Gabentausches und des Agons entspricht dagegen jenen Praktiken, die für Jahrhunderte die Lebensweise des griechischen Adels und seine Selbstdarstellung in einer sich über die Zeiten wandelnden Öffentlichkeit bestimmten.

5. Die politische Ordnung

Die *oikoi*, in denen die homerischen Helden und ihre Familien und Anhänger leben, sind Teil von Siedlungen, die die Dichter als *poleis* bezeichnen. In ihren Texten finden sich somit die frühesten Belege für jenen Terminus, der dann – Jahrhunderte später, am Ende eines langen und komplexen Entwicklungsprozesses – zum Schlüsselbegriff für eine politische Ordnung wird, die als kulturspezifische Besonderheit der antiken griechischen Welt gilt. In den Epen ist die Polis bereits allgegenwärtig. Die Trojaner, das «hundertstädtige Kreta» mit seinem Hauptort Knossos, die Völker des Schiffskatalogs in der *Ilias* und selbst das kleine ländliche Ithaka haben Poleis. Dessen König Odysseus findet auf seinen berühmten Irrfahrten überall «Städte von Menschen». Sogar die Märchenvölker wie die Laistrygonen und die Kimmerier am äußersten Rand der bewohnten Welt, am Ufer des Okeanos beim Eingang zur Unterwelt, wo niemals die Sonne scheint, leben natürlich in Poleis. Die Helden bewegen sich dabei mit großer Selbstverständlichkeit in dieser Welt von Poleis. Ja, die Polis ist sogar eine wichtige Bezugsgröße für ihre Identität: «Wer bist du, woher kommst du, was ist die Polis deiner Eltern?», lautet die Standardfrage, die regelmäßig an Fremde gerichtet wird, vor allem natürlich an Odysseus, wenn er wieder einmal unerkannt an neuen Ufern gelandet ist. Darüber hinaus herrschen die Helden als ‹Könige› über Poleis – wie etwa Agamemnon über Mykene und Priamos über Troja. Und nicht zuletzt zerstören sie als Kämpfer und Heerführer immer wieder Poleis. Das Attribut «Städtebezwinger» ist bezeichnenderweise eines der häufigsten schmückenden Beiwörter für Helden vom Kaliber eines Achilleus oder Odysseus.[11]

Die Passagen, in denen die Texte von den Eroberungen, Plünderungen und Brandschatzungen von Troja und anderen Städten berichten, nennen dabei bereits ein wesentliches Merkmal der homerischen Poleis: Der Kampf um die Polis ist nämlich zuallererst einmal der Kampf um ihre Mauern. Für die Angreifer gilt es zunächst einmal, Mauern, Türme und Tore zu erobern. Die Verteidiger können sich immer noch hinter die Mauern zurückziehen, wenn die Schlacht für sie ungünstig verläuft. Denn die Mauer macht die Polis zu einem besonders geschützten Raum, gesichert gegen eine Außenwelt, die von Kampf und Tod beherrscht wird. Wenn sie fällt, sind die Schwächsten der Gesellschaft – Kinder, Frauen und Greise, die selbst nicht (mehr) aktiv in das Geschehen eingreifen können – dem Untergang preisgegeben und werden als Beute der Eroberer versklavt. Die Gemeinschaft wird in einem solchen Fall insgesamt ausgelöscht – und zwar gnadenlos und unwiderruflich, wie etwa der trojanische Held und Königssohn Hektor seiner Gattin Andromache in eindringlichen Bildern prophezeit, wenn er ihr schildert, was an jenem Tag geschehen wird, «an dem das heilige Ilion fällt». Denn dann werden «die erzumschirmten Achaier» seiner geliebten Frau «die Freiheit rauben» und die Weinende wegführen in das Land der Feinde, wo sie als Sklavin für «eine fremde Gebieterin» Wasser vom Brunnen holen und am Webstuhl arbeiten muß. Ein solches Schicksal kann nur abgewendet werden, wenn die Mauern erfolgreich verteidigt und die Integrität des Raumes bewahrt werden.[12]

Die homerische Vorstellung der Polis darf aber keineswegs auf die Funktion einer bloßen Fluchtburg reduziert werden, die nur im Ausnahmefall einer existentiellen Bedrohung Gestalt annimmt. Die Mauer ist auch eine Metapher für die Einhegung eines Raumes, der damit von einer Siedlungsgemeinschaft in Besitz genommen und für die zu ihr gehörenden Menschen (und auch ihre Götter) dauerhaft reserviert wurde. Die Einfriedung ist dabei nur der erste Schritt, wie die Erzählung von der Entstehung der Phaiakenstadt Scheria zeigt: Deren gottgleicher Gründer Nausithoos «zog eine Mauer um die Polis, baute Häuser und schuf Tempel der Götter und verteilte die Äcker». Die Polis als Raum ist also durch ihre bewußte, planvolle Ausgestaltung gekennzeichnet: Troja, Sparta, Athen und andere der (homerisch formuliert) «großen», «reichen» und «schön gebauten» Poleis bestehen nicht nur aus den Häusern und Grundstücken ihrer Bewohner, sondern haben auch «breite Straßen» und «weite Plätze», zuweilen eine ausgebaute Akropolis und Häfen wie beispielsweise Ithaka, die Heimat des Odysseus, wo die Berge bis dicht an die Bucht heranreichen und «starkes Gewoge von außen» nicht einmal bei «widrigen Winden» in den Hafen hineinlassen, dessen Ende ein Ölbaum und eine Nymphengrotte markieren.[13]

Vor allem haben homerische Poleis durchweg einen (auch im übertragenen Sinne) zentralen Platz, einen speziell reservierten ‹öffentlichen Raum›, der von den Dichtern der Epen als ‹Agora› bezeichnet wird. Selbst die provisorische Gemeinschaft der Griechen im Schiffslager vor Troja hat nicht nur Mauern, Türme und Tore; ebenso wie eine echte Polis hat dieses Lager eben auch eine Agora. Diese öffentlichen Räume werden häufig als besonders sorgfältig gestaltet charakterisiert: Sie sind gepflastert und mit steinernen Ehrenplätzen oder planvoll arrangierten Sitzreihen ausgestattet, und neben ihnen oder auch direkt auf ihnen liegen die heiligen Bezirke, die Opferstätten und die Tempel für bestimmte Gottheiten wie Athene, Apollon oder Poseidon, die als die Schutzgottheiten der Poleis fungieren. Schon bei den Dichtern der Epen bezeichnet der Begriff ‹Agora› sowohl diesen Platz selbst als auch seine wichtigste ‹öffentliche› Funktion: die Versammlung der Gemeinschaft. Hier wird debattiert und gestritten, und hier ist auch der Ort des Rechts, der Rechtsprechung und der friedlichen Streitbeilegung. Hier finden Feste, athletische Spiele und religiöse Zeremonien statt, bei denen die ganze Bevölkerung präsent ist und viele sogar aktiv teilnehmen.

In den einzelnen Poleis, die Schauplatz und Hintergrund der heroischen Aktionen waren und deren innere Ordnung die Dichter zum Teil recht ausführlich schildern, hatte jeweils ein König die führende Position inne. Er wird in *Ilias* und *Odyssee* als *basileus* bezeichnet, was im späteren Griechisch ‹König› bedeutet. So ist Agamemnon König von Mykene, Menelaos ist König von Sparta, und Odysseus ist *basileus* von Ithaka. Dieses epische ‹Königtum› ist im Prinzip erblich, doch es wird immer wieder auch von besonderen Situationen – wie etwa der Abwesenheit oder dem Tod eines *basileus* – berichtet, in denen sein Sohn nicht ohne weitere Auseinandersetzungen mit anderen ‹Thronanwärtern› die väterliche Position übernehmen kann. So besitzt Telemachos jedenfalls keinen sicheren Anspruch auf die ‹Thronfolge› in Ithaka, obwohl er der einzige legitime Erbe des Odysseus ist. Antinoos, einer der Freier der Penelope, die die Herrschaft dort anstreben, wünscht sich ausdrücklich, Zeus möge nicht ausgerechnet Telemachos «zum König auf Ithakas Insel» erheben, «obschon er vom Vater es erbte». Auch in Troja, wo die Familie des Priamos seit Generationen das Königtum innehat, ist eine solche Erbfolge nicht selbstverständlich. Hektor fleht dementsprechend die Götter an, seinem Sohn Astyanax möge es eines Tages tatsächlich einmal vergönnt sein, «als König über Ilion zu herrschen».[14] Die Texte sind in diesem Punkt also durchaus ambivalent. Im übrigen wird der Terminus *basileus* keineswegs ausschließlich für die Helden gebraucht, die in ihren Gemeinwesen der Sache nach eindeutig eine singuläre Führungsposition einnehmen. Die Epen differenzieren begrifflich nicht zwischen dem König und anderen Angehörigen einer mehrköpfigen Führungsschicht. In Troja wird neben Priamos auch Alexandros als *basileus* bezeichnet. Unter all den Heroen, die an der Spitze des gesamtgriechischen Heeres vor Troja stehen, ist Agamemnon zwar der Anführer und somit der ‹königlichste› (*basileutatos*), doch die Anführer aller einzelnen Kontingente dieses Heeres werden individuell und kollektiv ebenfalls als *basileus* bzw. *basileis* bezeichnet. Im Land der Phaiaken ist Alkinoos nur einer von insgesamt dreizehn Königen.

Die mangelnde begriffliche Differenzierung zwischen dem König und seinen aristokratischen Standesgenossen, die sich in der Ambivalenz des *basileus*-Begriffs zeigt, findet ihre Entsprechung in der Verteilung der öffentlichen Aufgaben, Rechte und Pflichten unter die Angehörigen der Führungsschicht. Sowohl in der *Ilias* als auch in der *Odyssee* übt der König zwar an zahlreichen Stellen die öffentlichen Funktionen des Gemeinwesens aus. So vollzieht der *basileus* etwa im Namen der Gemeinde Opfer und Gebet. Er hat das

Recht, den Ältestenrat, in dem jeweils die Oberhäupter (*gerontes*) der anderen ranghohen Familien sitzen, und die Volksversammlung einzuberufen, wann immer er es für richtig hält. Und nicht zuletzt gehört auch die Rechtsprechung zu den Aufgaben des Königs. So zählt bei der Charakterisierung des guten Königs in der *Odyssee* gerade die Fähigkeit zur Wahrung der ‹guten Gesetze› (*eudikias*) zu den notwendigen Eigenschaften des vorbildlichen *basileus*. Zu den zahlreichen Qualitäten des Königs Nestor, des Herrn von Pylos, gehört es auch, daß er eben mehr als andere «Recht und Vernunft kennt».[15]

Alle diese öffentlichen Funktionen werden gelegentlich aber auch von anderen *basileis* – entweder allein oder als Kollektiv – ausgeübt. So können neben Agamemnon auch andere *basileis* wie etwa Achilleus die Heeresversammlung einberufen. Noch nicht einmal die Rechtsprechung wird in den Epen konsequent als exklusives königliches Privileg dargestellt. Den Dichtern war ja neben der Rechtsprechung durch den einen *basileus* auch ein Verfahren bekannt, bei dem sich mehrere *basileis* auf der Agora versammelten, um dort in Anwesenheit des gesamten Volkes Recht zu sprechen. So üben in der Gerichtsszene der Schildbeschreibung in der *Ilias* etwa die Oberhäupter der ranghohen Familien gemeinsam die schiedsrichterliche Tätigkeit aus. Auch die Pflege der friedlichen Beziehungen zu den Führern der anderen Gemeinwesen ist in *Ilias* und *Odyssee* nicht allein dem einen *basileus* vorbehalten. Die einzelnen *basileis* eines Gemeinwesens können durchaus unabhängig von ihrem König gastfreundschaftliche Beziehungen zu Königen und mächtigen *basileis* anderer Städte unterhalten. Und auch die Organisation von Kriegs- und Beutezügen liegt häufig in der Hand von einzelnen. So rühmt sich Odysseus in einer seiner fulminanten Lügengeschichten, in der es um seine angebliche illegitime Abkunft von einem kretischen Fürsten geht, zahlreicher äußerst erfolgreicher Beutezüge, die er gemeinsam mit seinen Gefolgsleuten auf eigene Initiative hin unternommen haben will. Diese eigenständigen Unternehmungen brachten ihm so immensen Reichtum und so großes Ansehen ein, daß er schließlich (wie er behauptet) neben dem König Idomeneus zum Anführer des kretischen Heeres gegen

Troja bestimmt wurde. Er befehligte dort offensichtlich völlig unabhängig von diesem ein eigenes Aufgebot und machte mit seinen Leuten auch auf eigene Faust Beute. Auch eine selbstverständliche Pflicht der anderen *basileis*, dem König Heeresfolge zu leisten, scheint es in der von den Dichtern geschilderten Gesellschaft weder auf der Ebene der einzelnen Gemeinwesen noch für das gesamtgriechische Heer gegeben zu haben. Als Odysseus in den Kampf gegen Troja zog, folgten ihm nur seine Anhänger. Zahlreiche *basileis* von Ithaka blieben jedenfalls in der Heimat zurück. Agamemnon und Menelaos mußten die Könige anderer Griechenstädte bitten, ja teilweise sogar überreden, ihnen beim Kampf gegen die Trojaner militärische Unterstützung zu leisten. Agamemnon hatte als Oberbefehlshaber des gesamtgriechischen Heeres dann ja auch keineswegs uneingeschränkte Zugriffsmöglichkeiten auf die Kontingente der einzelnen griechischen Führer. Selbständigkeit und Ungebundenheit der *basileis* gegenüber dem König und gegenüber der Gemeinschaft, in der sie lebten, gingen also so weit, daß jeder einzelne von ihnen in Krieg und Frieden letztlich ungehindert seine eigenen Interessen verfolgen und seinen eigenen Aktivitäten nachgehen konnte, wenn er nur mächtig und erfolgreich genug war. Dem König standen jedenfalls keine Möglichkeiten offen, seinen aristokratischen Standesgenossen etwas gewissermaßen ‹qua Amt› zu befehlen oder zu verbieten.

Aufgrund ihrer Vorrangstellung genießen sowohl der König als auch andere herausgehobene *basileis* eine Reihe von unterschiedlichen Privilegien. So stand dem König und auch anderen hervorragenden Helden bei den gemeinsamen Mahlzeiten ein Ehrenplatz zu. Er hatte bei solchen Gelegenheiten stets Anspruch auf die besten Fleischstücke, und sein Becher wurde auch stets als erster wieder mit Wein gefüllt. König zu sein brachte aber darüber hinaus auch noch eine Reihe von weiteren konkreten Vorteilen mit sich. Der *basileus* hatte nach einem erfolgreich abgeschlossenen Kriegszug allein das Recht auf die Verteilung der Beute. Ihm standen vor allen anderen Helden stets die erste Wahl zwischen den Beutestücken und auch der größte Beuteanteil zu – ein Privileg, das durchaus zu Konflikten führen konnte, wie der Streit zwischen Agamemnon und Achilleus über die Sklavin Briseis zeigt, der fatale Konsequenzen für das griechische Heer haben sollte. Die Gemeinschaft stellte dem König außerdem ein besonderes Landgut zu seiner persönlichen Verfügung. Darüber hinaus wurden Angehörige der freien Unterschichten gelegentlich zu materiellen Leistungen gegenüber dem König herangezogen. Der *basileus*, der aufgrund seiner herausgehobenen Position zu besonderer Großzügigkeit gegenüber seinen aristokratischen Standesgenossen verpflichtet war, bewirtete seine Gäste mit Wein auf Kosten des Volkes und mit Speisen, die er zuvor beim Volk eingesammelt hatte. Die Einwohner jener sieben Städte, die Agamemnon dem Achilleus als Kompensation für die durch ihn erlittene Beleidigung anbietet, sollen diesen sogar «wie einen Unsterblichen mit Geschenken ehren».[16] ‹Geschenke› dieser Art scheinen allerdings nur von Fall zu Fall geleistet worden zu sein. Es spricht jedenfalls nichts dafür, daß es sich bei ihnen um regelmäßige Abgaben in fester Höhe etwa zum Unterhalt des königlichen Haushaltes gehandelt hat. Zudem waren die Chancen zur materiellen Bereicherung auf Kosten des Volkes keineswegs in jedem Fall dem König allein vorbehalten. Mancherorts konnten offensichtlich auch die anderen *basileis* von ihnen profitieren. Seine herausgehobene Position garantierte dem König in der von den Epen geschilderten Gesellschaft also auch nicht den Besitz bestimmter Privilegien, über die die anderen Angehörigen der Elite nicht verfügen konnten und die ihn eindeutig über sie hinausgehoben hätten. Zahlreiche Beispiele aus *Ilias* und *Odyssee* zeigen zudem, daß die Vorherrschaft der Könige insgesamt prekär und instabil und durch die konkurrierenden Ansprüche anderer *basileis* einer permanenten Bedrohung ausgesetzt war.

Dieses Nebeneinander zwischen dem einen *basileus* und den anderen *basileis* reflektiert einen gesellschaftlichen Wandlungsprozeß, bei dem eine hierarchisch strukturierte Elite mit einem um seine stets prekäre Vorrangstellung kämpfenden *primus inter pares* von einer kollektiven Führungsschicht abgelöst wird, die gemeinsam herrscht. Es spricht einiges dafür, daß sich dieser Prozeß noch innerhalb der aktuellen Erinnerungsspanne der Dichter abgespielt hat. In den Texten finden sich jedenfalls noch Merkmale eines früheren Zustandes, der nun offenbar als ‹heroischer› galt und deshalb zur Kennzeichnung der Position besonders herausgehobener Heldengestalten verwandt wurde. Auch dürfte dieser Prozeß zum Zeitpunkt der Niederschrift der Texte noch nicht ganz abgeschlossen gewesen sein. Daß sein Ergebnis jedenfalls noch nicht allgemein akzeptiert und deshalb Gegenstand intensiver Diskussionen war, zeigt sich etwa daran, daß die Handlung der *Ilias* schließlich nicht durch den Konflikt zwischen Griechen und Trojanern, sondern durch den Streit zwischen Achilleus und Agamemnon bestimmt ist. Ihre zentralen Fragen lauten: Hat der oberste Heerführer Agamemnon Macht über den prinzipiell ranggleichen Achilleus? Wo liegen die Grenzen der Autorität des einen *basileus* über die anderen *basileis*?

Wegen ihrer Konzentration auf die Welt der Heroen widmen die Dichter der Epen der Rolle breiterer Schichten der Bevölkerung im öffentlichen Raum relativ wenig Aufmerksamkeit. Neuere Untersuchungen haben allerdings gezeigt, daß man daraus nicht auf eine generelle Bedeutungslosigkeit dieser Schichten im politischen und militärischen Leben schließen darf. Hinter der Verherrlichung der Macht, der Leistung und der Ansprüche der Führungsschicht enthüllt die aufmerksame Lektüre nämlich genügend Hinweise auf eine andere Wirklichkeit. So sind die freien Bauern selbst in der *Ilias* unverzichtbar. Vordergründig und gattungsbedingt monopolisieren die Einzelkämpfer mit ihren lose gruppierten Gefolgsleuten zwar die Schlachtfelder, und in manchen Szenen scheinen die *laoi*, also die freien Bauern, dementsprechend nicht mehr zu sein als Futter für deren Lanzen und Speere. Dahinter scheint jedoch an vielen Stellen ein anderer Modus der Kriegführung durch, bei dem auch die *laoi* aktiv und intensiv in die Kämpfe involviert sind. Sie kämpfen in einer Aufstellung, die bereits Ähnlichkeit mit der späteren Phalanx – der dicht gestaffelten, einheitlich bewaffneten Kampfformation – zeigt, und führen in Massenschlachten die Entscheidung herbei. Zwischen den Anführern und den Soldaten besteht dementsprechend ein auf wechselseitiger Abhängigkeit gegründetes Verhältnis gegenseitigen Respekts. Die Führer behandeln ihre Mannen deshalb in der Regel fürsorglich und freundschaftlich.

Das gleiche Muster zeigt sich auch im ‹zivilen› Bereich. Zumal die unbetonten Hintergrundschilderungen der Epen lassen erkennen, daß in den einzelnen Gemeinwesen auch außerhalb der aristokratischen *oikoi* ein aktives Gemeinschaftsleben herrschte. Vor allem in der *Odyssee* ist immer wieder die Rede davon, daß sich die Männer regelmäßig auf der Agora einfinden, um Neuigkeiten auszutauschen und über alles Mögliche zu beratschlagen. Die Frauen kommunizieren in den öffentlichen Waschhäusern und in Tempeln und Heiligtümern miteinander. Gelegentlich treffen sich alle Einwohner zu Bestattungen oder zu festlichen Hochzeitszügen, bei denen es üblich war, daß der Bräutigam die Braut durch die Straßen der Stadt zu seinem Haus geleitete und daß die Frauen von ihren Häusern aus zuschauten. Zentraler Teil des Gemeinschaftslebens waren darüber hinaus religiöse Feste, bei denen den Göttern durch die Gemeinschaft Opfer dargebracht wurden. So berichtet der Dichter der *Odyssee* etwa von einem Stieropfer, das dem Gott Poseidon von Nestor, dem König von Pylos, seinen Söhnen und «allen anderen Pyliern» dargebracht wird. Sie haben sich zu diesem Zweck versammelt und füllen immerhin neun Sitzreihen zu je 500 Sitzen auf einem eigens dafür reservierten Platz direkt am Meer.[17]

Neben diesen informellen alltäglichen oder festlichen Treffen werden aber auch formelle Zusammenkünfte (*agorai*) aller Männer des Volkes (*demos*) geschildert, die schon wesentliche Elemente der Volksversammlung der klassischen Polis aufweisen. So erscheint etwa der Ablauf solcher Versammlungen in den entsprechenden Textpassagen bereits als klar geregelt: Zunächst einmal müssen sie formgerecht einberufen werden – und zwar durch eine allgemeine Bekanntmachung der Herolde. Die Teilnehmer versammeln sich dann am frühen Morgen auf dem öffentlichen Platz in der Mitte der Stadt und setzen sich dort nieder. Dabei liegt sogar die Sitzordnung fest – ranghöhere Teilnehmer nehmen im Zentrum Platz, die anderen entsprechend weiter an der Peripherie. Für die Einhaltung dieser Regeln sorgen die Herolde, die überhaupt für die rechte

Ordnung des Ablaufs der Versammlung zuständig sind. Und sie sind es auch, die den Rednern das Wort erteilen und ihnen die Aufmerksamkeit der Versammelten sichern, indem sie ihnen den Stab des Redners übergeben und sie dann in die Mitte der Versammlung treten lassen. Es ist die Aufgabe der Redner, in der Debatte die verschiedenen Positionen und möglichen Varianten des Handelns herauszustellen. Sie müssen dabei durch Überredung möglichst breite Zustimmung herstellen. Rhetorische Fähigkeiten nehmen deshalb im Wertesystem der Elite einen hohen Rang ein: Versammlungen gelten den Dichtern sogar gleichberechtigt mit dem Krieg als entscheidendes Feld der Bewährung für den Helden. Denn in der Regel reden natürlich nur die *basileis* und die Oberhäupter der führenden Familien. Nur in seltenen Ausnahmen kann auch ein einfacher Mann aus dem Volk das Wort ergreifen – wenn es sein muß, auch gegen den Wunsch der Könige, denn, so heißt es an einer Stelle ausdrücklich, «in der Agora ist es rechtens, den König zu bekämpfen».[18] Und am Ende der Versammlung fällt dann auch eine Entscheidung, die der *basileus* öffentlich verkündet. Dabei handelt es sich allerdings nicht um einen formalen Beschluß, über den abgestimmt wird und der dann schließlich aufgrund eines Mehrheitsvotums einen automatischen Durchsetzungsanspruch hat. Vielmehr schließt die Entscheidung häufig an den Beitrag des letzten Redners an, der seinerseits all das zusammengefaßt hat, was sich während der Versammlung als eine Art von kollektivem Konsens herausgestellt hat. So ein Konsens stellt sich allerdings in der Regel keineswegs von selbst ein, geschweige denn kann er vom König befohlen werden. Der Konsens muß in der Versammlung erst hergestellt, ja mühsam erarbeitet werden. Eben deswegen ist die so oft hervorgehobene Rednergabe so wichtig: Es geht ja nicht darum, eine knappe Mehrheit zu gewinnen, sondern durch Überredung und Überzeugung in öffentlicher Debatte breiteste Zustimmung und Einigkeit herzustellen, die erst den kollektiven Konsens ausmachen. Genau das ist nämlich das Ziel jeder Versammlung, und diesem Ziel dient ihre besondere Ordnung. Der einzige Weg zu diesem Ziel ist der gehegte und kanalisierte Streit mit Worten: die offene Kontroverse um die verschiedenen denkbaren Positionen in und zu einer Sache, um die sich daraus ergebenden möglichen Varianten des Handelns, um die Vor- und Nachteile, das Für und Wider und die potentiellen Konsequenzen der einen oder anderen Verhaltensweise. Der Konsens muß also aus dem spezifischen Diskurs einer Versammlung entstehen, damit er überhaupt als Festlegung der ganzen Gemeinschaft in einer Sache allgemein anerkannt und damit bindend werden kann. Dabei kommt es gar nicht so sehr auf das jeweilige konkrete Resultat an. Es ist die spezifische Art und Weise der Herstellung dieses Konsenses, die für die homerische Polis besondere Bedeutung hat: In einem eigenen Verfahren und an einem eigens dafür reservierten Ort in ihrer Mitte legt sich hier die Gemeinschaft als Ganze auf einen Entschluß fest, stellt ihre innere Einigkeit und Integrität wieder her und erneuert sich damit als Gemeinschaft.

Die Materien, mit denen die in den Epen geschilderten Versammlungen befaßt werden, sind bereits vielfältig. Neben Streitschlichtung, Rechtsprechung und der öffentlichen Verteilung von Kriegsbeute wird das Volk auch bei allen anderen Entscheidungsprozessen herangezogen, die die Gemeinschaft insgesamt betreffen, also als ‹öffentlich› angesehen werden. Bei diesen Belangen gilt die durch die Versammlung hergestellte Öffentlichkeit sogar als erwünscht und notwendig, und sie gewinnt natürlich noch weiter an Gewicht, wenn die *basileis* sich uneinig sind. Überhaupt wird generell erwartet, daß die Führer zustimmende oder ablehnende Äußerungen der versammelten *laoi* ernst nehmen und sich in ihrer Entscheidung daran orientieren. Jedenfalls rücken die Dichter immer wieder Konflikte in den Mittelpunkt der Handlung, die eben daraus resultieren, daß der einzelne *basileus* den Willen des Kollektivs ignoriert und seine ‹privaten› Interessen verabsolutiert. Schon die Wahl des Streites zwischen Agamemnon und Achilleus als Ausgangspunkt für die Handlung der *Ilias* zeigt ja, daß egoistisches Beharren auf Einzelinteressen in den Texten als Fehlverhalten mit dramatischen Konsequenzen für die Gemeinschaft interpretiert wird. Neben den ‹kompetitiven› Werten – dem individualistisch ungebundenen Streben nach Ruhm und Ehre, das vordergründig die heroische Lebenswelt bestimmt und das deswegen in der älteren Forschung allzu einseitig betont wurde – propagieren die Epen also durchaus schon ‹kooperative›, auf das Wohl der Gemeinschaft bezogene Verhaltensweisen. Auch Helden wie Hektor, der es als seine Pflicht ansieht, sich für die bedrohte Stadt Troja und alle ihre Bewohner einzusetzen, erscheinen als positive Rollenmodelle und Identifikationsfiguren. Helden wie Agamemnon und Achilleus, die die vitalen Interessen der Gemeinschaft selbstherrlich ignorieren, werden in zahlreichen Szenen öffentlich gerügt und auf diese Weise nachhaltig kritisiert.

6. Fallstudie: Scheria

Am Ende seiner zehnjährigen Irrfahrt läßt der Dichter der *Odyssee* seinen vielduldenden Helden an der Küste von Scheria stranden – allein, nackt, schmutzverkrustet und erschöpft.[19] Doch an diesem Ort bahnt sich ein Ende seiner Leiden an, wie schon bald deutlich wird. Denn die wunderschöne Königstochter Nausikaa, die ihn auf Geheiß der Göttin Athene am Strand auffliest, geleitet ihn nun in die Stadt der Phaiaken – ein Gemeinwesen, das der Dichter kunstvoll und facettenreich als eine ideale Polis beschreibt. Dabei ist Scheria eine Neugründung, die von ihrem Stifter gewissermaßen *uno actu* geschaffen wurde: Der «gottgleiche Nausithoos» – so will es die Erzählung – soll die Siedlung von Anfang an so gestaltet haben, daß sie die besten Voraussetzungen für ein sicheres, friedliches und harmonisches Zusammenleben der Menschen bot.[20] Und dazu gehörten nach den Vorstellungen des Dichters und seiner Zeitgenossen zunächst einmal die turmbewehrten Mauern, die sie von einer feindlichen Außenwelt abgrenzten und ihren Bewohnern im Inneren einen intakten Raum boten. Darüber hinaus errichtete der Gründer Häuser und Straßen und teilte das Land innerhalb und außerhalb der Stadt unter die Phaiaken auf. Deren religiösen und profanen Bedürfnissen als Gemeinschaft dient auch das Zentrum der Stadt: die Agora. Dort steht der Tempel für Poseidon, und um ihn herum erstreckt sich der Versammlungsplatz, der mit Steinen gepflastert ist, die man von weither holte. Dort nehmen die Männer auf «glatten steinernen Sitzen» Platz, wenn sie sich zu Beratungen zusammenfinden, und dort treffen sie sich zu fröhlichen Festen mit Musik und Tanz und zu allen möglichen Wettkämpfen. Nahe der Agora befindet sich auch der Platz, wo man das Gerät der «schwarzen Schiffe» instand hält, die Segel, die Taue und die Ruderblätter. Denn die Phaiaken sind Seefahrer, die «stolz das graue Meer durchfahren». Ihnen liegt nichts an «Bögen und Köchern». Und so umschließt dann auch ein schöner Hafen die Stadt auf beiden Seiten, an dessen schmalem Zugang ein jeder einen Liegeplatz für sein Schiff hat.[21]

Odysseus erster Weg führt ihn in den Palast des Alkinoos, eines Nachfahren des Nausithoos, der seine Herkunft auf den Meeresgott Poseidon zurückführt. Dessen Haushalt beschreibt der Dichter als den typischen *oikos* eines *basileus*. Neben Alkinoos leben dort seine Frau Arete, seine unverheiratete Tochter Nausikaa und fünf seiner Söhne, von denen zwei bereits verheiratet sind. Auch Nausikaa steht kurz vor der Verheiratung, und die Vorbereitung der Gewänder, die die Teilnehmer des Hochzeitszuges – die Braut und die Jünglinge, die sie führen werden – tragen sollen, sind bereits im Gange. Dabei erwartet die Gemeinschaft offensichtlich, daß die Tochter des Königs einen jungen Mann aus einer der ‹besten› Familien der Stadt freit. Übles Gerede und Schande wären die Folge, wenn sie etwa auf die Idee käme, selbständig einen Mann aus der Fremde zum Gatten zu erwählen.[22] Neben den unmittelbaren Familienangehörigen leben im *oikos* des Alkinoos noch eine Reihe von Bediensteten und Sklaven. Die Aufsicht über die Frauen führt die greise Eurymedusa. Sie war einst von den Phaiaken aus Apeira entführt und dann dem Anführer Alkinoos als Ehrengabe übergeben worden. Den fünfzig ‹Dienerinnen›, die im Haus leben, sind bereits klare Funktionen zugeteilt. So sind zwei von ihnen für das Wohl der Königstochter Nausikaa verantwortlich. Sie haben ihr Nachtlager vor ihrer Tür aufgeschlagen und bewachen ihren Schlaf. Einige der anderen Frauen sitzen mit Arete in der großen Halle am Herd und drehen das Spinnrad, und wiederum andere sind für das Mahlen des Getreides zuständig. Männliche Bedienstete stellen die Zugtiere und die Wagen bereit.[23]

Die stattliche Zahl der Bediensteten und die differenzierte Arbeitsteilung unter ihnen lassen bereits auf den großen Reichtum des Alkinoos schließen. Zu seinen Besitztümern gehören ein fruchtbarer Hain an der Peripherie der Siedlung sowie ein üppiger Gemüsegarten, der auf allen Seiten mit einer festen Umfriedung umgeben ist. Dort wachsen alle möglichen Früchte wie Birnen, Äpfel und Feigen, und es gibt einen ertragreichen Weingarten.[24] Natürlich verfügt Alkinoos auch über das größte und prächtigste Haus auf Scheria. Kein Gebäude, so betont der Dichter, ist von ähnlicher Bauart wie dieser Palast. Er beschreibt dann auch ausführlich die Haupthalle mit ihrem von Säulen getragenen Dach, die erzverkleideten Mauern, goldenen Türen, silbernen Pfeiler und Balken. Und schließlich schildert er eindrücklich die häusliche Szene, die den Odysseus bei seiner Ankunft erwartet: das Megaron mit seinem Herdfeuer, an dem über Tag die Frau des Hauses und die Bediensteten an Spindel und Webstuhl arbeiten, die Altäre mit ihren goldenen Statuen und Fackeln, die Lehnstühle mit ihren «herrlich gewobenen Decken», den König, die Königin, ihre Söhne und ihre Gäste, die dort beim Mahl und beim Wein sitzen und den Göttern gerade das letzte Trankopfer spenden wollen, bevor sie sich zu Bett begeben.[25] Das Haus des Alkinoos – so zeigt sich hier – ist nämlich keineswegs nur das traute Heim seiner Familie, sondern zugleich einer der Orte, an dem sich ‹die Besten› aller Phaiaken und ‹die Alten› regelmäßig versammeln. Sie essen und trinken dort, halten Sitzung und beraten. So ist es denn auch keineswegs Alkinoos selbst, der den Ankömmling zuerst anspricht, sondern der greise Echeneos, einer der führenden Männer von Scheria, der durch seine große Beredsamkeit hervorsticht und dadurch, daß er «Altes und Vieles» weiß. Er setzt zu einer Rede an, «als sei er auf der Agora», und ermahnt den Hausherrn, den Fremden freundlich aufzunehmen und ihm einen Ehrenplatz, Speisen und Trank anzubieten. Und erst als er gesprochen hat, wird jener tätig und veranlaßt das Gewünschte. Alkinoos ergreift nun das Wort. Und auch er spricht – «so als sei er auf dem Versammlungsplatz» – und verkündet, daß er am nächsten Tag eine größere Zahl von «Alten» in seinem Hause zusammenrufen will, um Odysseus festlich zu bewirten, Opfer an die Götter zu bringen und über seine Heimfahrt zu beraten.[26]

Am Morgen des nächsten Tages findet jedoch zunächst eine öffentliche Versammlung auf der Agora statt. Die Herolde rufen zu diesem Treffen einen größeren Kreis von Männern, denn die Beratung kann erst anfangen, «als alle da sind und keiner fehlt». Das Wort ergreift dann Alkinoos, der König. Neben ihm, so betont der Dichter, herrschen «ausgezeichnet als *basileis*» zwölf führende Männer auf Scheria, doch Alkinoos, der dreizehnte, nimmt noch einmal eine Sonderstellung ein. In seinen Händen «liegen die Obmacht und die Gewalt unter den Phaiaken», und der *demos* «gehorcht ihm, als sei er ein Gott».[27] Dabei bildet die Rede des Alkinoos auf der Agora keinesfalls den Auftakt zu einer Diskussion, wie es bei anderen Versammlungen, von denen die Dichter der *Ilias* und der *Odyssee* berichten, ja durchaus der Fall ist. Denn der König verkündet den Versammelten nur, was er in bezug auf den Fremden beschlossen hat: Odysseus, so berichtet er, sei in sein Haus gekommen und habe ihn um Geleit gebeten, das er ihm nun gewähren wolle. Das Schiff, das den Helden in seine Heimat zurückbringen wird, soll bereits am nächsten Tag auslaufen. Und an dieser Stelle kommt nun auch die Gemeinschaft ins Spiel, denn seine Mannschaft soll sich aus 52 «jungen und trefflich bewährten Männern» zusammensetzen, die aus dem *demos* der Phaiaken zu wählen sind und unverzüglich mit den Vorbereitungen beginnen sollen. Wenn diese ihre Arbeit getan haben, sollen sie sich um das Festmahl kümmern, das wiederum im Hause des Alkinoos und auf seine Kosten stattfinden soll. Danach endet die Versammlung, ohne daß ein weiterer Redner das Wort ergriffen hätte.[28]

Bei dem anschließenden Festmahl, bei dem sich «Junge und Alte» in allen «Hallen, Höfen und Räumen» des Palastes des Alkinoos versammeln, fährt der König alles auf, was sein *oikos* zu bieten hat: Er opfert ein Dutzend Stück Kleinvieh, vier Paar Schweine und zwei Rinder, die zusammen eine ebenso köstliche wie üppige Mahlzeit ergeben. Auf das Mahl folgt ein Vortrag des blinden Sängers Demodokos und schließlich fordert Alkinoos die jungen und edlen Phaiaken zu einem sportlichen Agon auf der Agora auf, bei dem sie sich im Faustkampf, im Ringen, im Springen und im Laufen messen sollen, damit der fremde Gast in seiner Heimat von ihrer Überlegenheit in diesen Disziplinen künden kann. Den Höhepunkt des Wettkampfes bildet schließlich ein Agon im Tanzen, den die Söhne des Königs unter sich austragen – begleitet vom frenetischen Beifall der Menge, die sich auf der Agora versammelt hat. Und nachdem die Phaiaken den Odysseus von ihrer Gastfreundlichkeit und ihren athletischen Fähigkeiten überzeugt haben, fordert Alkinoos die zwölf anderen *basileis* auf, dem scheidenden Gast auch noch großzügige Geschenke mit auf den Weg zu geben: Ein jeder, so befiehlt er, möge ein Tuch, ein Gewand sowie ein Talent Gold und schließlich auch noch einen Dreifuß und ein Becken herbeiholen lassen – Ehrengaben, die alle *basileis* beim *demos* wieder eintreiben können, wie Alkinoos betont, «denn hart wäre es», wenn ein einzelner den Gast «ohne Erstattung beschenkte». Er selbst gibt noch seinen «herrlichen und goldenen Becher» hinzu, damit Odysseus in Zukunft alltäglich seiner gedenke, wenn er daheim auf Ithaka den Göttern ein Opfer darbringt. [29]

7. Fazit

Dieser Befund wirft abschließend noch einmal die Frage nach den Motiven für die Verschriftlichung der Epen und nach den Gründen für den jahrhundertelangen kulturellen Einfluß von *Ilias* und *Odyssee* auf. Wurden diese Texte genialer Dichter im Medium der Schrift so nachhaltig konserviert, weil sie so facettenreich und differenziert eine Welt im Stadium eines umfassenden Wandels widerspiegeln und dabei die Interessen aller – also der *basileis* und des *demos* – bedienten? Resultiert ihre zentrale Bedeutung für die griechische Ethnogenese aus der Tatsache, daß sie neben affirmativen Passagen, die Glanz und Glorie der Führungsschicht am Beispiel ihrer imaginierten Vorfahren demonstrieren, auch kritische Passagen enthalten, die durch die Propagierung gemeinschaftsbezogener Verhaltensnormen die Bedeutung der Führungsschicht für die Gemeinschaft betonen und ihre Integration einklagen? Die Fallstudie zu Scheria läßt eine solche Deutung noch einmal plausibler erscheinen: Denn schließlich ist die ideale Stadt der Phaiaken in jeder Beziehung eine Polis im Werden und im Wandel. Mit Alkinoos und den anderen zwölf *basileis*, den ‹Besten› und den einflußreichen ‹Ältesten›, den *laoi* und dem *demos* beschreibt der Dichter eine deutlich stratifizierte und differenzierte soziale und politische Gemeinschaft. Die Macht liegt scheinbar noch beim König, doch er übt sie stets in Gegenwart und in permanenter Kommunikation mit den anderen gesellschaftlichen Gruppen aus. Mit der weitläufigen, schön ausgestalteten Agora hat Scheria bereits ein öffentliches Zentrum, auf dem sich vielfältige politische, sakrale und festliche Aktivitäten der gesamten Gemeinschaft abspielen, deren Mitglieder dort auf intensive Weise miteinander interagieren. Zwar dient auch der Palast des Alkinoos noch als ein Ort, an dem Rat gehalten und Herrschaft ausgeübt wird – vermutlich ein Reflex eines früheren Entwicklungsstadiums, in dem das Haus des Führers noch Schauplatz aller wesentlichen Akte des Gemeinschaftshandelns war. Doch letztlich gewinnt in Scheria jede Entscheidung nur durch die Verhandlung auf der Agora und in Gegenwart aller Phaiaken ihre Legitimität und bindende Geltung. Die Versammlung der Phaiaken verfügt damit über eine gewissermaßen ‹passive Souveränität›. Wie stark diese Vorstellung im kollektiven Bewußtsein bereits verankert war, zeigt sich nicht zuletzt daran, daß sowohl der greise Echeneos als auch Alkinoos im königlichen Palast «so sprechen, als seien sie auf der Agora». Sie entsprechen damit Erwartungen und Ansprüchen an öffentliches Verhalten, deren Erfüllung zur Zeit der Verschriftlichung der Epen für die griechischen Poleis bereits selbstverständlich war – und zwar nicht nur im friedlichen Scheria, sondern auch in den von Konflikten und Krisen geschüttelten Gemeinschaften auf Ithaka und im griechischen Heerlager vor Troja.

IV. NEUE UND FREMDE WELTEN

Während die *Odyssee* im vorausgehenden Kapitel als Zeugnis für die Entstehung und Entwicklung der frühen Poleis betrachtet worden ist, soll dieses Epos im folgenden als Spiegel der maritimen Exploration im Westen und der Begegnung mit fremden Völkern gelesen werden. Denn die *Odyssee* berichtet ja nicht nur und nicht einmal in erster Linie von Penelope, Telemachos und den Freiern in Ithaka, von Alkinoos und den Phaiaken in Scheria. Im Zentrum der Erzählung stehen vielmehr die Irrfahrten des Odysseus und seine Erlebnisse in jenen fremden Ländern, in die ihn der Zorn des Meeresgottes Poseidon treibt. Dabei beschreiben die Dichter der Epen das Land weit im Westen – jenseits der Insel Ithaka, des Ausgangs- und Endpunkts der Irrfahrten des Odysseus – als Heimat verführerischer Göttinnen und menschenfressender Giganten. Der unglückliche Held, der nach dem Willen der Götter nach dem Untergang Trojas nicht in seine Heimat zurückkehren sollte, war dort etwa auf Kirke getroffen, die Tochter des Sonnengottes Helios und einer sterblichen Frau. Die redebegabte Göttin mit den schönen Locken und der wohltönenden Stimme wußte um die Kunst, Menschen zu verzaubern und in Tiere zu verwandeln. So hatten es die Gefährten des Odysseus allein dem Charme und der Klugheit ihres Anführers zu verdanken, daß sie ihr Leben fortan nicht in der Gestalt von Schweinen fristen mußten. Doch Kirke muß darüber hinaus noch über andere Qualitäten verfügt haben, denn schließlich hielten es Odysseus und seine Mannen ein ganzes Jahr auf ihrer Insel aus, genossen ihre opulente Gastfreundschaft und machten sich dann in jeder Hinsicht gut erholt wieder auf die Reise.[1] Weniger glücklich endete dagegen ihr Aufenthalt im Lande der Kyklopen – an sich ein paradiesischer Platz, denn dort, so heißt es in der *Odyssee*, «wuchs alles ungesät und ungepflügt: Weizen und Gerste und Reben, die einen Wein von großen Trauben tragen». Doch in diesem Land, in dem Milch und Honig flossen, lebte eine

Gruppe von unzivilisierten und gewalttätigen Individualisten. Sie hatten kaum Ähnlichkeit «mit brotessenden Männern» und scherten sich nicht um Götter und Gesetze. Ihr Anführer Polyphem – ein riesiger Kerl, der aussah «wie eine bewaldete Felskuppe» und über schier unbegrenzte körperliche Kräfte verfügte – tötete mehrere der Gefährten des Odysseus auf brutale Weise und verzehrte sie dann zum Abendessen. Er verschlang sie wie ein Löwe, so heißt es im Text, und ließ nichts übrig, «nicht Eingeweide noch Fleisch noch markerfüllte Knochen».[2] Das war eine wahrlich schauerliche Geschichte, die die Zuhörer ebenso in Angst und Schrecken versetzt haben dürfte wie die Mär von den Sirenen, die alle vorbeifahrenden Seefahrer mit ihrem süßen Gesang bezauberten und dabei auf einem Haufen von verfaulenden Knochen saßen – den sterblichen Überresten ebenjener Männer, die ihren Versuchungen nicht hatten widerstehen können.[3]

1. Die ‹Kolonisation› in Raum und Zeit

Die Entstehung und Verschriftlichung dieser ebenso faszinierenden wie furchteinflößenden Geschichten gehört in die gleiche Epoche wie die Ereignisse, die in der Forschung traditionell unter dem Begriff der ‹großen griechischen Kolonisation› zusammengefaßt werden. Man versteht darunter üblicherweise eine um die Mitte des 8. Jahrhunderts einsetzende Welle von wohlorganisierten Auswanderungen von Gruppen von Männern aus den Städten des Mutterlandes und von den Inseln der Ägäis. Den Anfang machte wohl eine Handvoll Griechen, die um 750 ihre Heimat auf der Insel Euboia verließen und nach Westen fuhren, um dort auf einem Hochplateau im Nordwesten der Insel Ischia im Golf von Neapel eine neue Siedlung mit dem Namen Pithekoussai zu gründen. Im Laufe der nächsten zwei Jahrhunderte brachen immer wieder neue Gruppen auf, um sich an den Küsten des Mittelmeeres und des Schwarzen Meeres niederzulassen und dort ihr Glück zu versuchen. Der Gründung von Pithekoussai folgte nur wenige Jahre später die von Kyme an der nördlichen Küste des Golfs von Neapel. Zwischen 735 und 705 gründeten Siedler aus Chalkis, Korinth, Megara, Achaia und Sparta unter anderem Naxos, Leontinoi, Katane, Syrakus und Megara Hyblaia auf Sizilien sowie Rhegion, Sybaris, Kroton und Tarent in Süditalien. Um die Mitte des 7. Jahrhunderts zogen Kolonisten aus Chalkis und Eretria in den nördlichen Ägäisraum und ließen sich an der thrakischen Küste, auf der Chalkidike und auf den Inseln Samos und Samothrake nieder. Bürger aus Megara und Milet besiedelten schon seit dem Ende des 8. Jahrhunderts die sogenannte Propontis, das Gebiet des Marmarameeres. Sie gründeten dort unter anderem Parion (709), Kyzikos (1. Hälfte 7. Jh.), Kalchedon (ca. 685) und Byzantion (ca. 660). Im gleichen Zeitraum drangen Griechen aus Milet sogar bis in das Gebiet des Schwarzen Meeres vor: Die bekanntesten Städte dort sind Istros (657) und Olbia (647). Auswanderer von der Insel Thera gründeten 632 Kyrene an der Küste von Nordafrika, und Phokaier ließen sich um 600 schließlich in Massilia (heute Marseille) nieder und kontrollierten von dort aus die gesamte Region bis zur mittleren Rhône.

2. Texte und Steine

Über den Ablauf der Gründung und die weitere Entwicklung der einzelnen Kolonien informieren literarische Quellen wie die *Historien* des Herodot und die Skizze des Thukydides zu der wechselvollen Geschichte der Besiedlung Siziliens. In augusteischer Zeit schließlich referiert der Historiker und Geograph Strabon in den einschlägigen Kapiteln seiner *Geographika* die Berichte älterer Autoren und erzählt detailreich von der Geschichte griechischer Städte an den Küsten des Adriatischen und Tyrrhenischen Meeres. Gemeinsam ist diesen Texten, daß sie erst Jahrhunderte nach den berichteten Ereignissen geschrieben wurden, und zwar in einer Zeit, in der das Interesse an den alten Lokalgeschichten wieder wuchs. Die exponentielle Zunahme dieser Geschichtswerke seit dem 5. Jahrhundert läßt dabei einen schwer abzuschätzenden Prozeß der Vereinheitlichung und Rationalisierung älterer Traditionen

Karte 3: Das Zeitalter der griechischen Kolonisation (8. bis 5. Jahrhundert)

vermuten – ein Vorgang, der die relative Uniformität erklärt, mit der die frühe Entwicklung der Kolonien geschildert wird. Denn die Geschichte der Etablierung einer Kolonie folgt dort stets einem einheitlichen Grundmuster, das die Autoren jeweils mehr oder weniger ausführlich ausschreiben. Ob Herodot, Thukydides oder Strabon – sie alle sehen in der Gründung einer neuen Siedlung in fernen Ländern und an fremden Küsten einen wohlgeplanten und strukturierten Akt, der sich in mehreren klar definierten Schritten vollzog. So plausibel und stimmig Gründungsgeschichten dieser Art im einzelnen auch immer erscheinen mögen, so dürfen sie wegen ihrer großen zeitlichen Distanz zu den tatsächlichen Ereignissen und wegen des literarischen Genres, dem sie angehören, auf keinen Fall einfach zum Nennwert genommen werden. Auch die Lokalgeschichten, wie sie beispielsweise Antiochos von Syrakus um die Mitte des 5. Jahrhunderts über Sizilien und Italien verfaßt hat, stehen grundsätzlich im Verdacht der Projizierung der aktuellen Verhältnisse auf die dunkle Epoche der Frühgeschichte. Ihr teleologischer Charakter ist notorisch und darf deshalb bei der Bewertung der Authentizität ihrer Darstellung keinesfalls außer acht gelassen werden. Es ist deshalb von besonderer Bedeutung, daß in jedem einzelnen Fall die mittlerweile reiche archäologische Hinterlassenschaft herangezogen wird, um die literarische Überlieferung kritisch zu überprüfen. Diese Zeugnisse, vor allem Hunderte von frühgeometrischen und geometrischen Keramikscherben, eine bunte Mischung aus allen möglichen Produktionsstätten im Mutterland, auf den Inseln der Ägäis und in Ionien, aber auch die Überreste antiker Mauern, Tempel und Häuser, die die Ausgräber freigelegt haben, ergeben ein Bild vom Charakter der frühen Siedlungen, das zum Teil deutlich von demjenigen abweicht, das man auf der Basis der literarischen Evidenz gezeichnet hatte – und das gilt für jedes Stadium der Planung und Anlage der neuen Siedlungen.

3. Gründung und Entwicklung der Kolonien

Schon die Gründe, die in dieser Epoche so viele Griechen zur Auswanderung veranlaßten, sind in der Forschung neuerdings wieder Gegenstand einer lebhaften Diskussion. Die traditionelle (auf den literarischen Quellen beruhende) Deutung, daß die andauernden ökonomischen und politischen Krisen und Konflikte der Städte im Mutterland so viele Griechen zur Emigration veranlaßten, ist dabei weitgehend obsolet geworden. So bestreiten zumal Archäologen, die die Siedlungsstrukturen des 8., 7. und 6. Jahrhunderts im Mutterland und auf den Inseln der Ägäis erforschen, daß eine andauernde ökonomische Krise, die durch Übervölkerung und daraus resultierender Landnot verursacht wurde, plausibel als Hauptursache für die Kolonisationsbewegung angesehen werden kann. Zwar ist in der archaischen Zeit durchaus mit einem sukzessiven Anstieg der Bevölkerung zu rechnen. Das demographische Wachstum in Chalkis und Eretria, Korinth, Megara, Achaia und Sparta dürfte jedoch kaum solche Dimensionen angenommen haben, daß es eine Abwanderung größerer Gruppen tatsächlich erforderlich machte. So ist das Territorium von Korinth etwa 900 Quadratkilometer groß und weitaus fruchtbarer, als man lange angenommen hat. Es gibt keine archäologischen Belege für eine intensive Besiedlung des Hinterlandes. Und doch gilt Korinth als die Mutterstadt zahlreicher Kolonien. Dagegen war in Athen – wo die Elegien Solons für die Zeit um 600 eine intensive soziale und ökonomische Krise bezeugen – die Aussendung von Kolonistenzügen offensichtlich keine Option. Siedlungen wie Athen und Sparta zeigen vielmehr, daß gegebenenfalls auch eine Binnenkolonisation die Probleme lösen konnte. Eine andere Lösung wählten die Bewohner der Insel Aigina, die erst 520 die erste Kolonie gründeten und bis dahin ihre schmalen Erträge durch Beutezüge und Piraterie aufbesserten – eine in dieser Epoche durchaus verbreitete Lösungsstrategie, bei der die «tüchtigsten Männer» sich engagierten, «um eigenen Gewinn zu erzielen und Nahrung für die Schwachen».[4]

Die Emigration aus den Städten des Mutterlandes und von den Inseln der Ägäis wird daher in der neueren Forschung eher als Teil der Geschichte einer Epoche angesehen, in der die Menschen bereits seit Generationen regelmäßig das Mittelmeer überquerten und dementsprechend bereits ein reicher Fundus von Kenntnissen über seine Küsten und ihre Bewohner existierte. Die Motive, die die einzelnen Emigranten dazu veranlaßten, ihr Glück an fremden Küsten zu suchen, mögen dabei durchaus unterschiedlich gewesen sein: Manche Gruppen werden ihre Heimat verlassen haben, weil dort *stasis*, also Bürgerkrieg, herrschte und die unterlegene Gruppe ins Exil gehen mußte. Andere werden sich der Initiative einzelner Aristokraten angeschlossen haben, die auf eigene Faust loszogen und hofften, sich bei solchen Unternehmungen jenseits der Enge und Begrenztheit ihrer Heimat neue Handlungsspielräume zu erschließen und Reichtum und Macht zu gewinnen. Wiederum andere mag die blanke Abenteuerlust getrieben haben. Als gemeinsame Unternehmungen homogener Gruppen, die von den Heimatstädten organisiert wurden, erfolgten Koloniegründungen zumindest in der frühen Phase jedenfalls nur in Einzelfällen. Sie basierten dann auf einer kollektiven Entscheidung der Bürgerschaft, die in einer ‹Satzung› des zentralen Beschlußorgans festgehalten wurde und damit für jeden einzelnen verbindlich war. Einige wenige späte, inschriftlich erhaltene Gründungsbeschlüsse wie diejenigen der Theraier über Kyrene und der Ostlokrer über Naupaktos zeigen das breite Spektrum von Einzelaspekten, die in einem solchen Fall in Satzungen festgelegt werden konnten. So dürften solche Gründungsbeschlüsse neben einer formellen Willenserklärung der Bürgerschaft, einen Siedlerzug auszusenden, häufig schon Bestimmungen für die Auswahl des Anführers (*oikistes*) enthalten haben. Manche werden auch den Modus der Rekrutierung der Kolonisten festgelegt und die Grundsätze der Rechtsordnung der neuen Stadt formuliert haben.

Bei den Anführern der Kolonistenzüge handelte es sich in aller Regel um Aristokraten. Die Gründer von Ambrakia, Leukas und Anaktorion waren Söhne des korinthischen Tyrannen Kypselos. Die Spartaner Theras und Dorieus, die beide mit Kolonistenzügen außer Landes gingen, gehörten den Königsfamilien ihrer Heimatstadt an. Nur die Angehörigen dieser Schicht, die seit der frühesten Zeit Erfahrung in der Planung und Durchführung von Unternehmungen hatten, die über die Grenzen der eigenen Siedlungsgemeinschaften hinausführten, waren ja überhaupt für die Übernahme der schwierigen und risikoreichen, bei entsprechendem Erfolg aber auf jeden Fall ruhmvollen Aufgabe eines Oikisten geeignet. Denn der Oikist gilt den Autoren der literarischen Gründungsgeschichten gleichzeitig als militärischer Anführer des Zuges und als Organisator der neuen Kolonie, der für die Etablierung der religiösen, gesellschaftlichen und politischen Ordnung der Stadt zuständig war. Ob die Oikisten nach ihrem Tode durch ein Grab im Zentrum der Siedlung geehrt wurden, ist aufgrund der materiellen Hinterlassenschaft allerdings ebenso zweifelhaft wie regelmäßige, etwa jährlich stattfindende Kultfeiern an diesen Gräbern. Einzig für Battos, «den Gründer und König» von Kyrene, ist ein solcher Bestattungsplatz auf der Agora nachgewiesen, an dem er später «wie ein Heros vom Volk verehrt wurde», wie es Pindar in seiner 5. *Pythischen Ode* besingt, die allerdings erst zu Beginn des 5. Jahrhunderts verfaßt wurde.[5]

Die erste Aufgabe eines Oikisten bestand in manchen Fällen wohl in einer Reise zum Apollon-Heiligtum nach Delphi. Apollon galt als der Gott aller Kolonisten, und das dortige Orakel wurde vor der Aussendung eines Zuges befragt. Dabei ging es nicht nur darum, den Oikisten mit der erforderlichen göttlich sanktionierten Autorität zu versehen, die es ihm gestattete, neben der neuen Siedlung für die Menschen auch neue Heiligtümer und Tempel für die Götter einzurichten. Es spielte vielmehr auch eine Rolle, daß es sich bei einer Koloniegründung schließlich um die Aneignung fremden Landes handelte – und eine solche Okkupation ließ sich für die Griechen nur rechtfertigen, wenn sie mit dem Segen der Götter erfolgte. Wie stark das Bedürfnis nach einer solchen Legitimierung gelegentlich war, zeigen auch einige Gründungssagen, nach denen das okkupierte Land in der Vorzeit schon einmal von einem griechischen Heros (wie beispielsweise Herakles) in Besitz genommen worden war. Eine solche Einordnung in einen akzeptierten Mythos ließ die Besiedlung durch die Kolonisten dann als rechtmäßige Wiederherstellung eines ursprünglichen Zustandes erscheinen.

Die Züge der Erstsiedler dürften sich normalerweise aus höchstens 100 bis 200 Männern im wehrfähigen Alter zusammengesetzt haben, die auf Schiffen zu ihrem neuen Siedlungsort fuhren. So sollen die Kolonisten aus Thera dem Bericht des Herodot zufolge in nur zwei Fünfzigruderern in Richtung auf die libysche Küste aufgebrochen sein.[6] Viele der Kolonien fingen klein an und wuchsen zunächst nur langsam. In Megara Hyblaia auf Sizilien siedelten um 725 nur etwa 250 Menschen. Ihre Zahl stieg bis um 500 auf circa 2300 an. Pithekoussai auf Ischia hatte dagegen um 700 schon etwa 4000 Einwohner. Neuere Untersuchungen schätzen, daß zwischen 750 und 650 insgesamt etwa 30000 Menschen umsiedelten – was sich auf nicht mehr als 1 bis 2 Prozent der Bevölkerung des Ägäisraumes beläuft.

Bei der Rekrutierung der Siedler muß man mit einem breiten Spektrum an Möglichkeiten rechnen. In der Regel wurden zunächst Freiwillige aufgerufen, sich an dem Zug zu beteiligen. Der Gründungsbeschluß der Theraier zeigt allerdings, daß die Abwanderung aus der Heimat gelegentlich sogar unter Zwang erfolgte. In der erwähnten Satzung verpflichtete die Bürgerschaft sich nämlich selbst, aus jeder Familie einen Sohn in die Kolonie zu schicken, und es wurden zugleich scharfe Sanktionsdrohungen formuliert, die diejenigen treffen sollten, die sich diesem Beschluß widersetzten: Ihr Besitz sollte Gemeingut werden, sie selbst und alle diejenigen, die sie aufnahmen und versteckten, sollten mit dem Tode bestraft werden.[7] Der Aufruf zur Emigration richtete sich in vielen Fällen wohl gleichzeitig an die Bürger mehrerer Poleis. Nur so ist es zu erklären, daß Städte wie Chalkis, Eretria, Megara oder Milet binnen weniger Dekaden mehrere Kolonistenzüge entsenden konnten. Die zahlreichen Keramikscherben aus unterschiedlichen Herkunftsregionen, die sich in manchen Kolonien gefunden haben, bestätigen diesen Befund. Dabei lebten die griechischen Siedler in ihren neuen Heimatstädten keineswegs nur mit den Emigranten aus anderen Poleis des Mutterlandes und der Ägäisinseln zusammen. Sie teilten sich den neuen Raum vielmehr auch mit Indigenen, Etruskern und Phönikiern. So waren in Pithekoussai auf Ischia, das archäologisch gut erschlossen ist, bereits am Ende des 9. Jahrhunderts Familien ansässig, deren einzelne Mitglieder ursprünglich aus Kampanien, Etrurien, Latium, Nordafrika, Sardinien, Euboia, Korinth, Nordsyrien und Phönikien stammten. Der militärische Charakter des ersten Zuges, die Tatsache, daß man stets gewaltsame Konflikte mit der einheimischen Vorbevölkerung zu gewärtigen hatte, spricht dagegen, daß die Erstsiedler von Frauen begleitet wurden. Nach der schwierigen Gründungsphase ließ man die Frauen nachkommen oder heiratete einheimische Mädchen.

Wenn der Zug dann in der Zielregion angekommen war, galt es erst einmal, nach einem geeigneten Platz Ausschau zu halten. Dabei mögen den Kolonisten häufig die Kenntnisse und Erfahrungen von Fernhändlern und von Abenteurern aller Art zugute gekommen sein, die diese Gegend zuvor bereist hatten. In anderen Fällen steuerte wohl auch die Priesterschaft in Delphi wertvolle Informationen bei. Denn an diese Instanz wandten sich viele Oikisten, hier hörte man vom Erfolg oder Mißerfolg früherer Siedlungsversuche. Ein Blick auf die Koloniegründungen der archaischen Zeit zeigt, daß den Griechen eine der Küste vorgelagerte Insel, eine Halbinsel, eine Landzunge oder das Land zwischen der Mündung zweier Flüsse als idealer Platz für die Anlage einer Siedlung erschien. Sie suchten also ein Areal, das gut zu verteidigen war, das sichere Anlegeplätze, eine ausreichende Wasserversorgung und vor allem ein fruchtbares Umland bot. Ein gutes Beispiel für einen Ort, der alle diese Kriterien erfüllte, ist Syrakus mit seinem doppelten Hafen, der Inselfestung Ortygia und dem fruchtbaren Boden im Umland. Von Bedeutung für die Auswahl des Ortes war auch die Frage, ob die Griechen in der Region auf eine große und gut organisierte Urbevölkerung stießen. Dabei ist die in der älteren Forschung häufig formulierte These, daß die Griechen bei der Auswahl der Orte stets große Vorsicht walten ließen und sich schnell wieder zurückzogen, wenn mit Widerstand gegen ihre Ansiedlung zu rechnen war, mittlerweile obsolet. Auch in dieser Frage verweist zumal der archäologische Befund auf ein breites Spektrum von denkbaren Varianten.

Da die Geschichte der Planung und Anlage einer Siedlung in den literarischen Quellen in keinem Fall vollständig überliefert ist, kann dieser Vorgang nur gewissermaßen ‹idealtypisch› aus einzelnen Informationen bei verschiedenen antiken Autoren rekonstruiert werden. Auch dabei muß selbstverständlich bei jedem einzelnen Stadium wenn möglich auch auf die archäologische Hinterlassenschaft Bezug genommen werden: Der für die Kolonie ausgewählte Platz wurde zunächst mit einer Verteidigungsanlage umgeben. Frühe Maueranlagen sind etwa für Siris und Leontinoi archäologisch nachgewiesen. Dann war es wohl die Aufgabe des Oikisten, das Areal für die Errichtung von Heiligtümern und Tempeln zu reservieren. Dabei scheint man markante höhergelegene Plätze an der Peripherie bevorzugt zu haben, die nicht nur weithin sichtbar und gut zu verteidigen waren, sondern darüber hinaus auch eine eindeutige Abgrenzung des sakralen Bereiches ermöglichten. Auch die zentralen öffentlichen Räume, also die Versammlungsplätze für Volk und Rat, steckte man wohl schon in einem frühen Stadium ab. Ein gutes Beispiel dafür bietet die trapezförmige Agora von Megara Hyblaia im Zentrum der wichtigsten Straßen. Dann erfolgte als nächster Schritt die Aufteilung des restlichen Landes an die einzelnen Kolonisten. Hier ist der Befund widersprüchlich und schwierig zu deuten. Vor allem läßt sich nicht mehr mit Sicherheit ausmachen, ob die Kolonisten in der Regel gleich große Landstücke erhielten oder ob einzelne Familien, wie etwa die des Oikisten, im Hinblick auf Größe und Qualität des Landes bevorzugt wurden. Die Aufteilung des Landes in gleich große *kleroi* (Landlose) ist ein Konzept, das frühen Autoren wie Homer oder Solon durchaus schon vertraut war. Auch die Anlage regelmäßiger, von einem mehr oder weniger orthogonalen Straßennetz durchzogener Stadtanlagen wie etwa in Megara Hyblaia, in Kroton und anderswo legt es nahe, mit einer weitgehenden Gleichförmigkeit und Gleichartigkeit des verteilten Landes zu rechnen. In anderen Kolonien ist dagegen eine soziale Stratifizierung schon bald nach der Gründung archäologisch nachweisbar. So lassen sich etwa die in ihrer Ausstattung deutlich über dem üblichen Niveau liegenden ‹fürstlichen Gräber› von Pithekoussai und Kyme mit ihren aufwendigen Waffen und wertvollen Metallbeigaben als Indizien dafür interpretieren, daß dort einige aristokratische Familien von vornherein besser ausgestattet wurden – eine Regelung, die ja letztlich nur die gesellschaftliche Hierarchie der Gemeinwesen des Mutterlandes reproduziert hätte. Und auch in Megara Hyblaia gab man nach 700 die gleichförmige Bauweise des 8. Jahrhunderts auf und errichtete neben den uniformen Einraumhäusern auch solche, die über zwei bis drei Räume verfügten. Um ein begründetes Urteil darüber abgeben zu können, welcher Verteilungsmodus am weitesten verbreitet, welcher Regel und welcher Ausnahme war, sind nicht nur weitere archäologische Befunde, sondern auch eine Verbreiterung unserer Kenntnisse über die Entwicklung der Kolonien nach Abschluß der Gründungsphase erforderlich.

Auch bei der Frage nach den Beziehungen der Griechen zur Vorbevölkerung läßt sich kein einheitliches Grundmuster feststellen. Berichte über Kämpfe mit den Thrakern im nördlichen Ägäisraum zeigen, daß es keineswegs immer gelang, bislang unbesiedelte Plätze für Neugründungen zu finden, an denen nicht mit feindlichen Reaktionen der ansässigen Indigenen zu rechnen war. Ähnliche Konflikte ergaben sich gelegentlich offenbar auch bei der Kolonisation im Westen. In Syrakus und in Leontinoi kam es daraufhin wohl zu einer Vertreibung der Ureinwohner.[8] Die erste griechische Siedlung ist dort jedenfalls auf den Resten eines sikelischen Dorfes errichtet worden. In anderen Fällen deutet alles darauf hin, daß die Kolonisten die ansässige Bevölkerung unterwarfen und versklavten. So finden sich auf dem Friedhof von Pithekoussai direkt neben den Gräbern griechischer Familien solche, die plausibel als die letzten Ruhestätten von Sklaven interpretiert worden sind – möglicherweise Angehörige der von den Griechen unterworfenen Vorbevölkerung. In Heraklaia am Pontos soll sich der lokale Stamm der Mariandynoi den Kolonisten sogar freiwillig untertan gemacht haben. Als Gegenleistung dafür, daß sie auf ihren Feldern arbeiteten, sorgten die Griechen für den Lebensunterhalt der Indigenen und gewährten ihnen militärischen Schutz.[9] In Syrakus wurden die Güter der Führungsschicht von den sogenannten Killikyrioi bewirtschaftet. Ihr Status wird von Aristoteles mit dem anderer versklavter Völker verglichen.[10] Andere Beispiele weisen in eine ganz andere Richtung. Massilia wurde auf Einladung der dort bereits ansässigen Indigenen errichtet, und seine Bevölkerung pflegte zu beiderseitigem Nutzen friedliche Beziehungen zu ihnen. Die Gründung von Olbia scheint von den in dieser Region beheimateten Skythen zumindest geduldet worden zu sein. Im Fall von Kyrene sollen es die Indigenen selbst gewesen sein, die den Griechen nach zwei mißglückten Versuchen schließlich den geeigneten Platz für ihre Siedlung zeigten. Hier setzten die Probleme erst später ein, als die Kolonie durch den Zuzug weiterer Siedler stark anwuchs. Den literarischen Gründungsversionen ist gemeinsam, daß die griechischen Siedler und die indigene Bevölkerung jeweils als deutlich voneinander zu unterscheidende Gruppierungen mit je eigenen, potentiell konkurrierenden Interessen dargestellt werden. Wenn daraus Konflikte resultierten und zu kriegerischen Auseinandersetzungen eskalierten, waren es stets die Griechen, die die Oberhand behielten. Die unerschütterliche Gewißheit von ihrer Überlegenheit ist ein Grundmuster der literarischen Aufarbeitung der frühen Geschichte dieser Kolonien.

Anders als bei den Kontakten zur Urbevölkerung zeigt sich bei den Beziehungen der Kolonien zu ihren jeweiligen Mutterstädten eine größere Einheitlichkeit. Im Gegensatz zu modernen Kolonialreichen wie dem britischen Empire gründeten die griechischen Städte in archaischer Zeit keine Kolonien, um durch sie neu erschlossene Territorien und ihre Einwohner zu beherrschen. Eine Kolonie war von ihrer Gründung an eine eigenständige Stadt. Jeder Kolonist gab das Bürgerrecht seiner Heimatstadt auf und wurde Bürger der neuen Siedlung. Zwar glichen die Institutionen der Neugründungen gelegentlich denen der Mutterstädte. Es finden sich von Fall zu Fall die gleichen Kulte, der gleiche Kalender, die gleichen Dialekte, die gleiche Schrift, gleichnamige Magistraturen und Unterabteilungen der Bürgerschaft. Das Bewußtsein, daß sich die Gräber der Vorfahren noch im Mutterland befanden, schuf Verbindungslinien auf der persönlichen Ebene. Auch galten Kolonien und Mutterstädte im Kriegsfall in späteren Jahrhunderten als natürliche Verbündete. All das bedeutet allerdings keineswegs, daß es über die Gründungsphase hinaus in jedem Fall andauernde lebhafte Beziehungen und einen kontinuierlichen Austausch zwischen den beiden Städten gegeben hätte. Das gängige Bild nostalgischer Anhänglichkeit der Kolonien an die Mutterstädte ist in letzter Zeit vielmehr durch neuere archäologische Untersuchungen ebenfalls ins Wanken geraten. So hat etwa ein Vergleich der Bestattungspraxis in den sizilischen Kolonien Gela, Syrakus und Megara Hyblaia mit den entsprechenden Riten in den Mutterstädten Korinth, Rhodos und Megara ergeben, daß man in diesen Fällen keineswegs dauerhaft an den aus der Mutterstadt importierten Bräuchen festhielt. In Syrakus begannen die Familien der Elite schon bald nach der Gründung, ihre Verstorbenen in Sarkophagen zu bestatten. Sie demonstrierten damit ein hohes Maß an kultureller Unabhängigkeit von der Heimatstadt und setzten zugleich neue Standards für die ganze Region. Denn auch das nahegelegene Megara Hyblaia gab nun die von der Mutterstadt übernommene Praxis auf und orientierte sich statt dessen an der Nachbarstadt. Bald begann sich sogar ein regelrechter Wettbewerb mit Syrakus zu entwickeln: In Megara Hyblaia bettete man nämlich nicht nur die zu Lebzeiten Reichen und Vornehmen in Sarkophage, sondern ließ zunehmend auch den Angehörigen breiterer Schichten eine solche aufwendige Bestattung zukommen und demonstrierte dadurch Überlegenheit. Interaktion und Austausch zwischen den Kolonien konnten also schon bald nach der Gründung an die Stelle der Imitation mutterländischer Sitten treten.

Durchaus vergleichbare Schlußfolgerungen läßt eine komparative Analyse der von den Kolonien gestifteten Weihgaben in den Heiligtümern des Mutterlandes zu. Auffälligerweise finden sich nämlich nur sehr wenige koloniale Votive in den lokalen Heiligtümern der Mutterstädte. In Perachora bei Korinth etwa liegt der Anteil von Objekten italischer Provenienz bei gerade einmal 2,5 Prozent. Im panhellenischen Heiligtum von Olympia bemißt sich der Anteil von Weihgaben aus dieser Region dagegen auf knapp 9 Prozent. Und in Olympia engagierten sich Kolonien wie Gela, Metapont und Sybaris auch mit monumentalen Bauten. Alle drei Städte errichteten dort in der ersten Hälfte des 6. Jahrhunderts Schatzhäuser und versuchten, sich durch ihre Größe, Ausstattung und dauernde Erweiterung gegenseitig zu übertreffen. Die Bewohner der Kolonien sahen also offenbar nur einen solchen Treffpunkt der Eliten aus ganz Griechenland als adäquates Forum für eine möglichst eindrucksvolle Demonstration ihres neuen Reichtums und ihrer Macht an. Überhaupt konnten sich manche Neugründungen hinsichtlich ihrer Bevölkerungsdichte, Befestigungsanlagen und Tempel schon bald mit den Städten des Mutterlandes messen. Kolonien wie Kyrene, dessen Reichtum an Getreide, Pferden und Schafen sprichwörtlich war, und Agrigent, das mit dem Olympieion einen Tempel plante, der dreimal so groß werden sollte wie der Parthenon in Athen, belegen Prosperität und panhellenische Konkurrenzfähigkeit der Neugründungen.

4. Fallstudie: Metapont, Siris und Incoronata

Die idealtypische Rekonstruktion der Gründung und Entwicklung einer Kolonie auf der Basis der literarischen Überlieferung und einzelner archäologischer Befunde soll im folgenden durch eine konkrete Fallstudie überprüft werden. Besonders gut geeignet für eine solche Studie erscheinen Metapont und Siris – benachbarte Siedlungen am Golf von Tarent, die sowohl literarisch als auch archäologisch gut bezeugt sind. Zunächst zu den literarischen Zeugnissen: Siris, so berichtet der Geograph Strabon, sei ursprünglich durch die Trojaner gegründet worden. Diese Art von Ursprungsmythos teilte die Stadt mit zahlreichen anderen in Süditalien – und zwar sowohl mit griechischen als auch mit italischen. Im Fall von Siris, so fährt Strabon fort, werde als Beleg dafür im allgemeinen ein Kultbild der trojanischen Athene angeführt, das die Immigranten aus ihrer Stadt mitgebracht und in der neuen Heimat aufgestellt hätten. Diese Statue soll dann in der weiteren Geschichte der Stadt noch eine höchst mysteriöse Rolle gespielt haben. Als später nämlich eine größere Gruppe von Ioniern in Siris angekommen sei, um sich dort niederzulassen, sei es zu gewalttätigen Auseinandersetzungen mit den dort ansässigen Chaonen gekommen, in deren Verlauf eine Gruppe von Schutzflehenden vom Altar der Athene weggedrängt und getötet worden sei. Die Statue habe angesichts dieses ungeheuerlichen Frevels die Augen geschlossen, und genauso – eben mit geschlossenen Augen – sei sie auch heute noch zu bewundern. Bei den Chaonen, so heißt es an anderer Stelle in den *Geographika*, handelte es sich um eine Bevölkerungsgruppe, die ursprünglich im Norden von Epiros, gegenüber der Insel Korfu angesiedelt war. Die ionischen Einwanderer, die Siris gewaltsam erobert hatten – so ergänzt Athenaios im 2. Jahrhundert n. Chr. die Angaben Strabons –, seien Kolophonier gewesen, die ihre Heimatstadt verlassen mußten, weil sie von den Lydern erobert worden sei.[11]

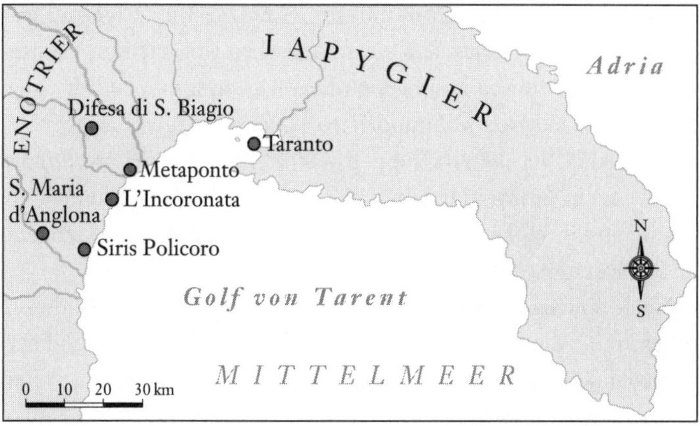

Karte 4: Der Golf von Tarent

Auch Metapont, das nur circa 25 Kilometer von Siris entfernt liegt, soll nach Strabon unmittelbar nach dem Fall von Troja gegründet worden sein. Nestor, der König von Pylos, und seine Mannen hätten sich zuerst dort niedergelassen und das Land so erfolgreich beackert, daß sie dem Apollon von Delphi zum Dank für ihre reichen Ernten und ihren neuen Wohlstand schon bald eine goldene Statue weihten. Doch dann sei die Siedlung von den Samniten, einem italischen Volksstamm, zerstört worden. Als nächstes habe eine Gruppe von Achaiern die Stadt in Besitz genommen. Sie seien von Landsleuten aus dem benachbarten Sybaris aus dem Mutterland herbeigerufen worden. Die Sybariten hätten sich nämlich dringend eine weitere achaiische Stadt in der Region gewünscht, weil sie befürchteten, das fruchtbare Territorium von Metapont könne von den spartanischen Siedlern auf der anderen Seite des Golfes okkupiert werden, mit denen sie von alters her verfeindet waren. Die Achaier, so impliziert der weitere Bericht Strabons, konnten sich trotz einiger kleinerer Scharmützel mit den Tarentinern und mit der indigenen Bevölkerungsgruppe der Enotrier, die weiter im Landesinneren lebte, in Metapont halten und dort eine prosperierende Polis errichten.[12] So verworren diese Gründungsgeschichten von Siris und Metapont auch sein mögen, so lassen sie doch ein einheitliches Grundmuster erkennen: Ihre Verfasser gehen einhellig davon aus, daß die griechischen Kolonien im Westen von großen, ethnisch homogenen Bevölkerungsgruppen mit einer religiös und kultisch wohlfundierten kollektiven Identität gegründet wurden. Ziel dieser Gruppen war es, das Territorium notfalls gewaltsam in Besitz zu nehmen und dort eine Stadt zu gründen, in der sie und ihre Nachfahren auf Dauer als Siedler ihr Auskommen finden konnten.

Nach diesem kurzen Überblick über die literarische Tradition sollen nun die materiellen Relikte aus Siris und Metapont und der umliegenden Region ausgewertet werden, um zu sehen, welches Bild von der frühen Geschichte dieser Siedlungen sich bei der Auswertung dieser Quellen ergibt. Schon im frühen 8. Jahrhundert, so haben intensive Grabungen gezeigt, waren die Küste des Golfs von Tarent und vor allem das anschließende Hinterland dicht von indigenen Volksstämmen besiedelt. Zumal die Siedlungen im Landesinneren waren mit einigen hundert Einwohnern zum Teil schon recht groß. Im Laufe des 8. Jahrhunderts wuchs die indigene Bevölkerung noch einmal ganz beträchtlich, zahlreiche neue Siedlungen wurden gegründet, Wiesen und Wälder wurden in kultivierte Felder verwandelt, Ackerbau und Viehzucht florierten. Metall- und Keramikfunde aus lokaler Produktion zeigen, daß man auch in diesen Handwerkskünsten bereits über Erfahrung und einiges Geschick verfügte. Ein gutes Beispiel für solch eine indigene Siedlung bietet Incoronata, das in der Ebene zwischen Siris und Metapont lag und später zum Territorium von Metapont gehörte. Incoronata wurde von Enotriern bewohnt. Die ursprüngliche Streusiedlung verwandelte sich im Laufe des 7. Jahrhunderts in eine differenzierte proto-urbane Struktur. Eine solide Straße wurde gebaut. Inmitten der kleinen ovalen Hütten der Einwohner wurde ein großes rechteckiges Gebäude errichtet, das von den Ausgräbern als ‹Gemeindehaus› interpretiert wird. Reiche Grabfunde in der nahegelegenen Nekropole reflektieren den Wohlstand und die Kultur der Enotrier in dieser Epoche.

Die frühesten griechischen Funde in dieser Region stammen aus der Zeit um die Mitte des 8. Jahrhunderts. In der Ebene von Metapont haben sich unter den Fundamenten der Wohnquartiere der hocharchaischen Stadt primitive Wohnhütten im indigenen Baustil und einzelne griechische Keramikscherben aus dieser Zeit gefunden. In Siris datieren die frühesten griechischen Keramikfunde in das späte 8. Jahrhundert. In den dortigen Nekropolen wurde ab circa 700 eine allmählich steigende Zahl von Menschen nach griechischen Riten bestattet. Die Beigaben in diesen Gräbern sind teils in griechischen Techniken lokal gefertigt und teils aus Attika, Korinth oder Kleinasien importiert. Die stilistische Heterogenität dieser Keramik schließt die Präsenz einer in sich geschlossenen Siedlergruppe aus einer einzigen Mutterstadt für diese frühe Phase praktisch aus. Die ersten Bewohner von Siris lebten in verstreuten, in den Boden eingegrabenen einfachen Hütten. Erst in der zweiten Hälfte des 7. Jahrhunderts finden sich komplexere Baustrukturen. Man errichtete nunmehr Lehmziegelhäuser, die auf soliden Steinsockeln standen. Um die gleiche Zeit, also etwa um 650, wurde Siris erstmals mit einer Stadtmauer umgeben. Sie bestand ebenfalls aus Lehmziegeln, war circa 4 Kilometer lang und umfaßte ein Areal von 24 Hektar – eine für diese frühe Zeit außerordentliche Gemeinschaftsleistung, die eine beachtliche Organisations- und Kooperationsfähigkeit der Bewohner notwendig voraussetzt. Die große Zahl von korinthischen und attischen Transportamphoren, die in Siris ausgegraben wurden, spricht dafür, daß seine Bewohner einen intensiven Tauschhandel mit vorbeireisenden Griechen und mit den indigenen Volksstämmen im Hinterland betrieben. Der Fund eines Brennofens belegt, daß sich auch Töpfer in Siris angesiedelt hatten.

In Incoronata ließen sich die ersten Griechen am Anfang des 7. Jahrhunderts in unmittelbarer Nachbarschaft der indigenen Siedlung nieder. Sie bauten Häuser, die sich durch ihren rechteckigen Grundriß von dem ovalen Haustyp der Einheimischen unterschieden. Reiche Keramikfunde zeigen, daß die Griechen, die dort lebten, vor allem Töpfer waren. Sie produzierten an ihrem neuen Wohnort weiterhin mit den für ihre Heimat typischen Techniken und Methoden Gefäße von hoher Qualität. Zu ihren Meisterstükken gehörten große Tonbecken auf hohen Ständern mit reichen plastischen Schmuckelementen. Die außerordentliche stilistische und thematische Vielfalt dieser Ornamente belegt, daß ihre Produzenten ihr Handwerk ursprünglich in ganz unterschiedlichen Regionen des Mutterlandes erlernt hatten.

Die kontinuierliche Präsenz von Griechen in dieser Region ab etwa 750 ist durch den archäologischen Befund also sicher belegt. Allerdings führte diese erste Zuwanderung keineswegs zu einer Verdrängung der einheimischen Enotrier – im Gegenteil. Die materielle Hinterlassenschaft aus Incoronata und aus Siris läßt vielmehr darauf schließen, daß die Griechen in beiden Siedlungen zunächst in der Minderheit waren und daß ihre Zahl erst im Laufe der Zeit allmählich anstieg. Darüber hinaus gibt es eine Reihe von Anzeichen dafür, daß die beiden Bevölkerungsgruppen in den ersten Jahrzehnten durchaus friedlich koexistierten und miteinander kooperierten. So lagen in Incoronata die ersten griechischen Häuser direkt an der Peripherie der indigenen Siedlung. Zwischen den beiden Ortsteilen lag eine Nekropole, die im 7. Jahrhundert von Griechen und Indigenen gemeinsam genutzt wurde. Unmittelbar neben den für die indigene Bevölkerung typischen Kistengräbern wurden dort Kinder nach griechischem Brauch bestattet. Ihre sterblichen Überreste sind in importierten griechischen Amphoren zur letzten Ruhe gebettet worden. Als Grabbeigaben finden sich kleine, aber feine protokorinthische Salbgefäße. Auf den Friedhöfen in Siris ist der Befund ganz ähnlich. Auch dort liegen griechische und indigene Grabstätten in unmittelbarer Nachbarschaft. Die friedliche Koexistenz zwischen den Zuwanderern und den Einheimischen beschränkte sich aber keinesfalls auf das Reich der Toten. Auch die Lebenden, so zeigt ein kleines Heiligtum außerhalb der Stadtmauer, kommunizierten in Siris durchaus intensiv miteinander. Dieses Heiligtum wurde seit Anfang des 7. Jahrhunderts kontinuierlich frequentiert. Die Weihgaben, die dort deponiert wurden, belegen eindeutig, daß es an diesem Ort zu einem regelmäßigen Austausch zwischen den verschiedenen Gruppen kam.

Die vielfältigen Kontakte zwischen den Zuwanderern und der einheimischen Bevölkerung führten auch innerhalb der rein indigenen Siedlungen im Landesinneren zu Veränderungen. Diesbezüglich haben archäologische Forschungen unser Bild in den letzten Dekaden ebenfalls modifiziert. Seit der Mitte des 8. Jahrhunderts, so belegt eine Fülle von neuen Daten, besaßen einzelne Mitglieder der indigenen Gemeinschaften im Hinterland von Metapont und Siris importierte griechische Keramikgefäße von guter Qualität. So wurden etwa in Santa Maria D'Anglona, einer enotrischen Siedlung westlich von Siris, einigen Verstorbenen, die ansonsten eindeutig nach den traditionellen Riten ihres Volksstammes beerdigt wurden, protokorinthische Salbfläschchen mit ins Grab gegeben. Zu Lebzeiten mögen diese Gefäße der teuerste Besitz der Enotrier gewesen sein, denn es kann kein Zweifel darüber bestehen, daß die griechischen Artefakte für die Indigenen wertvolle Statusobjekte darstellten. Sie indizierten die Fähigkeit, die Fremden zu kontaktieren und mit ihnen zu interagieren, und begründeten schon dadurch einen Anspruch auf Zugehörigkeit zur Elite. Mancherorts scheint diese neue Klasse von Prestigeobjekten eine soziale Stratifizierung innerhalb der indigenen Gemeinschaften sogar erst hervorgebracht und dann schnell vorangetrieben zu haben. Die griechischen Händler, die Objekte dieser Art lieferten, dürften in den betreffenden Siedlungen gern gesehene Gäste gewesen sein. Es mögen sich im Einzelfall regelrechte Gastfreundschaftsbeziehungen zwischen ihnen und den Anführern der indigenen Siedlungen entwickelt haben. Auch Heiratsbeziehungen zwischen den Griechen und den Töchtern der lokalen Anführer dürften gelegentlich vorgekommen sein. Manch ein griechischer Abenteurer mag den Reizen einer süditalischen Pocahontas erlegen sein.

Die Veränderungen in der materiellen Kultur der Indigenen betrafen übrigens keineswegs nur die Elite. Auch die Besitztümer derjenigen, die sich die exklusiven importierten Artefakte nicht leisten konnten, nahmen in dieser Epoche mehr und mehr ein griechisches Aussehen an. Die lokalen Produzenten der italischen Keramik imitierten ganz offensichtlich die Bemalung der griechischen Gefäße. Sie kopierten typisch griechische Ornamente wie etwa die mäandrierenden Friese und fügten sie in ihre eigenen Dekorationssysteme ein. Ein gutes Beispiel dafür stellen die Iapygier dar, deren Territorium im Nordosten an die Region von Siris und Metapont angrenzte. Sie übernahmen schon im späten 8. Jahrhundert Motive der spätgeometrischen Keramik und im Laufe des 7. Jahrhunderts auch Elemente der griechischen Hausarchitektur wie etwa Steinsockel und Ziegeldächer. Allerdings sollte man sich davor hüten, solche Übernahmen allzu unmittelbar als Indikatoren für einen umfassenden kulturellen Assimilationsprozeß anzusehen. Die Enotrier und die Iapygier wählten aus der materiellen Kultur der Fremden das aus, was ihnen schön und nützlich erschien, und hielten ansonsten an ihren Bräuchen und ihren Lebensformen fest. Von einer allgemeinen ‹Hellenisierung› oder gar ‹Zivilisierung› der indigenen Bevölkerung durch die Griechen, wie sie vor der Folie der Kolonisationsbewegungen späterer Epochen gelegentlich konstruiert worden ist, kann mithin keine Rede sein.

Die Epoche der friedlichen Koexistenz und der für beide Seiten vorteilhaften Kooperation von Griechen und Indigenen ging in den letzten Dekaden des 7. Jahrhunderts zu Ende. Der Charakter der griechischen Gemeinschaften in der Region veränderte sich nun grundlegend. In Siris belegt die steigende Zahl von Bestattungen nach griechischem Ritus, daß der Anteil der Griechen an der Bevölkerung kurz vor 600 sprunghaft zunahm. Die Siedlung konzentrierte sich fortan stärker innerhalb der Begrenzungsmauern und entwickelte dadurch einen deutlich urbaneren Charakter. Vereinzelte Funde von bemalten Dachterrakotten lassen auf die Errichtung eines ersten anspruchsvollen Sakralbaus griechischen Stils schließen. Die indigene Siedlung von Incoronata wurde um 630 gewaltsam zerstört. Schon einige Jahrzehnte zuvor hatten die Bevölkerungszahlen dort allmählich abgenommen. Ob die Enotrier insgesamt vertrieben wurden oder ob einige von ihnen in die griechischen Siedlungen von Siris und Metapont zogen und dort integriert wurden, läßt sich nicht mehr feststellen. Ungefähr zur gleichen Zeit wie Incoronata, also um 630, wurden auch die ältesten Wohnhütten in Metapont selbst zerstört. An ihrer Stelle wurde nun Zug um Zug eine neue Siedlung errichtet. Zunächst wurde ein Wall aus einfachen unbearbeiteten Steinen angelegt, der die zukünftige Stadt von dem übrigen Areal abtrennen sollte. Etwa gleichzeitig wurden im Bereich der späteren Agora die sogenannten *ikria* aufgestellt, eine hölzerne Konstruktion, die heute überzeugend als Teilnehmertribüne auf einem ersten Versammlungsplatz gedeutet wird. Und daß in diesen Jahrzehnten im Bereich des späteren Heiligtums auch bereits eine rege Kulttätigkeit stattfand, belegen eine Reihe von steinernen Ankern, die neben einem primitiven Erdaltar einfach in die Erde gerammt worden waren – auch dies ein höchst symbolträchtiger Akt der Inbesitznahme des Landes durch die Zuwanderer, die weit über das Meer gekommen waren und sich nun dort niederlassen wollten. Nur wenige Jahrzehnte später, um 580, wurde an diesem Ort mit dem Bau des ersten Tempels begonnen. Ihm folgten um 560 die monumentalen Sakralbauten für Hera und Apollon. Auf der Agora wurde um 550 das erste steinerne Ekklesiasterion erbaut, das den Bürgern von Metapont wohl als Versammlungsraum und als Theater diente. Es maß im Durchmesser etwa 62 Meter und bot ungefähr 7500 Menschen Platz. Tempel und Versammlungsgebäude wurden in Arealen errichtet, die von Anfang an deutlich von den Wohnbezirken geschieden waren, die in dieser Zeit ebenfalls neu strukturiert und an einem regelmäßigen orthogonalen Straßennetz ausgerichtet wurden. Erst jetzt – rund zweihundert Jahre nach der Ankunft der ersten Griechen in der Region – war Metapont also eine richtige griechische Polis.

Die archäologischen Zeugnisse – so haben die Beispiele von Metapont, Siris und Incoronata gezeigt – ergeben ein anderes Bild von der Entstehung und Entwicklung der griechischen Siedlungen in Süditalien als die literarische Tradition. Die materiellen Relikte vermitteln den Eindruck, daß kleine, ethnisch heterogene Gruppen von Griechen nach und nach in diese Region immigrierten und sich dort niederließen. Bei den Zuwanderern handelte es sich zunächst vorrangig um Händler, Wanderhandwerker und Exilanten – kurz gesagt: um ein bunt gemischtes Völkchen von Abenteurern aller Art, die sich auf eigene Faust auf Erkundungsfahrt begaben und schließlich irgendwo an einer fremden Küste an Land gingen, um dort ihr Glück zu versuchen. Sie steuerten dabei zunächst ganz gezielt Orte an, an denen sie auf gut entwickelte indigene Kulturen

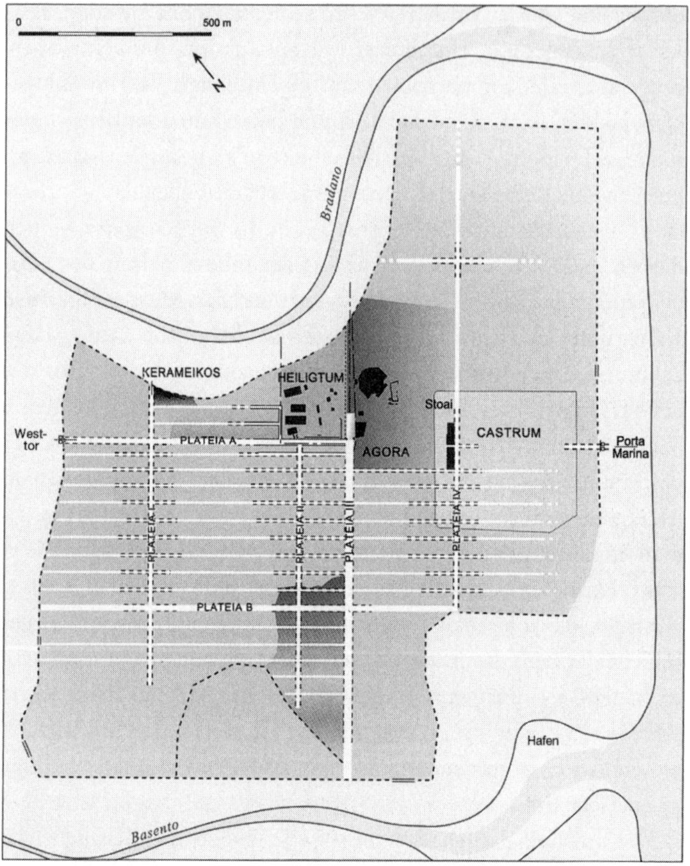

Abb. 10: Stadtplan von Metapont

und Ökonomien trafen, die ihnen eine problemlose Integration zum beiderseitigen Vorteil ermöglichten. In den multikulturellen Siedlungen, die auf diese Weise entstanden, waren die Griechen zunächst wohl eher in der Minderheit. Sie dürften in der Regel durchaus willkommen gewesen sein, weil sie einerseits weitaus perfektere Techniken der Keramikherstellung beherrschten als die Indigenen und andererseits ihre überlegenen Kenntnisse der Schifffahrt und des Warenaustausches im gesamten Mittelmeer in die neuen Gemeinschaften einbrachten. Die friedliche Koexistenz und allseits fruchtbare Kooperation, die sich auf dieser Basis entwikkelte, hatte mancherorts über mehrere Generationen Bestand. Erst am Ende des 7. Jahrhunderts, rund 150 Jahre nach der Ankunft der ersten Griechen, änderte sich das Bild. Größere und kohärentere Gruppen machten sich nun auf den Weg gen Westen, um sich dort auf Dauer niederzulassen. Sie waren Ackerbauern und beanspruchten einen immer größeren Teil des kultivierbaren Bodens – eine Entwicklung, die notwendig zu Konflikten mit den Einheimischen führte. Und erst diese Generation von Immigranten und ihre Nachfahren gründeten auf den okkupierten Territorien typisch griechische Poleis und entwickelten eine spezifisch griechische Identität.

5. Fazit

Die Steine – so hat der Vergleich zwischen der archäologischen Evidenz und der literarischen Tradition ergeben – erzählen eine andere Geschichte als die Worte. Sie lassen die Gründung einer Kolonie nicht mehr als einen singulären Akt erscheinen, sondern vielmehr als einen über Generationen reichenden Prozeß, der mit der Zeit an Dynamik gewinnt. Dabei liegt der außerordentliche Erfolg der Kolonisationsbewegung wohl darin begründet, daß sich die zahlreichen parallelen Gründungsprozesse bündelten und mit dem Prozeß der Polisentstehung zusammentrafen, den sie dann ihrerseits weiter vorantrieben. Die Siedler brachten aus ihren Heimatstädten rudimentäre Formen einer politisch-institutionellen Ordnung mit, die sie in die Lage versetzte, unter ganz unterschiedlichen Bedingungen über alle anstehenden Probleme kollektiv zu beraten und zu entscheiden. Der vielfach wiederholte, aber im Einzelfall durchaus unterschiedlich und mit erheblichen Phasenverschiebungen verlaufende Prozeß des Aufbaus einer neuen Stadt und ihrer Ordnung und die daraus resultierenden Erfahrungen führten zur Entwicklung neuer Modelle der räumlichen, sozialen und politischen Organisation, die sich in der Mittelmeerwelt schnell verbreiteten. Dieser Prozeß hatte dann seinerseits Rückwirkungen auf die weitere Entwicklung der Städte des Mutterlandes. Dort mußten sich die Zurückgebliebenen neu organisieren, und sie mußten sich dabei zugleich mit den Innovationen auseinandersetzen, die in den kreativen Aufbauphasen der neuen Gemeinwesen entwickelt worden waren – ein komplexer Lernprozeß, der seinerseits dazu beigetragen hat, daß die Griechen in der alten und in der neuen Welt auf intensive Weise erfuhren, in welchem Maße die Ordnung der Gemeinwesen selbst zum Gegenstand bewußter menschlicher Gestaltung werden konnte.

Kehren wir abschließend noch einmal zum Ausgangspunkt zurück. Denn was hat das alles eigentlich mit Kirke und den Kyklopen zu tun? Was sagen die faszinierenden und vielfältigen Geschichten über die Abenteuer des Odysseus im Westen eigentlich über die ersten Immigranten und ihre Lebenswelt aus? Und wie ordnen wir diese Informationen methodisch kontrolliert in den Gesamtbefund ein? Die Erzählungen von den Irrfahrten des Odysseus spielen in einer Welt, in der eine hohe Mobilität als selbstverständlich vorausgesetzt wird. Der Dichter der *Odyssee* berichtet immer wieder von wagemutigen Männern – einzelnen oder Gruppen –, die sich freiwillig oder unfreiwillig aufmachen, um die fernen Länder jenseits der vertrauten Welt zu erkunden. Diese Abenteurer setzen sich der Urkraft der Elemente aus, sie meistern Stürme, Schiffbruch und andere Katastrophen – oder sie gehen kläglich unter. Diejenigen, die ihr Ziel erreichen, wagen es, an einer fremden Küste an Land zu gehen und sich einer Begegnung mit den unbekannten Bewohnern zu stellen. Um die reale und die mentale Distanz zwischen der Heimat und der Fremde sinnfällig zu machen, projiziert der Dichter immer wieder extreme Abweichungen vom zivilisatorischen ‹Normalzustand› auf diese Völker an den Randzonen der bewohnten Welt. Die Fremde wird entweder als Paradies oder als Ort des Grauens konzeptualisiert. Die Texte reflektieren dabei eine Fülle von möglichen Erfahrungen mit den Indigenen. Das Spektrum reicht von freundschaftlicher Aufnahme und opulenter Gastfreundschaft bis hin zu gewaltsamer Vertreibung und brutalem Mord. Als eine reale Geschichte der Entdeckung des Westens kann die *Odyssee* wegen der fiktiven Elemente natürlich auf keinen Fall gelesen werden. Aber sie kann sehr wohl als literarische Verarbeitung der Hoffnungen und Ängste verstanden werden, die die Immigranten bei ihren stets ambivalenten und risikoreichen Unternehmungen umgetrieben haben müssen. Darüber hinaus mag ihr Vortrag an den heimeligen Feuerstätten in den mutterländischen *oikoi* die Neugier und die Abenteuerlust des einen oder anderen Zuhörers angestachelt und ihn zur Nachahmung gereizt haben. Erzählter Text und reale Lebenswelt mögen sich auf vielfältige Weise gegenseitig durchdrungen und beeinflußt haben. Eine solche Deutung steht übrigens nicht im Widerspruch zur archäologischen Evidenz. Denn es ist nicht ungebührlich viel rekonstruktive Phantasie vonnöten, um sich vorzustellen, daß auch die ersten Seefahrer, Händler und Töpfer, die etwa in Siris und Metapont an Land gingen, gehofft haben, in ein Land zu kommen, in dem Milch und Honig fließen, und daß sie gleichzeitig befürchtet haben, daß dieses Land von gefährlichen Fremden wie den Kyklopen bewohnt wurde – eine Schreckensvorstellung, die sich in ihrem Fall offensichtlich nicht materialisiert hat. Erst Generationen später sahen ihre Nachfahren – die besitzstolzen Ackerbauern der Poleis des 6. Jahrhunderts – sich dann als die Kinder und Kindeskinder des Nestor und seiner Mannen an, die einst auf der Rückfahrt von Troja das Land erobert und reiche Ernten eingefahren hatten.

V. DIE WELT DER POLIS

Als der Dichter Alkaios um das Jahr 600 die katastrophale Situation in seiner durch Bürgerkriege zerrissenen Heimatstadt Mytilene auf Lesbos beklagte, wies er mit großer Emphase darauf hin, daß es schließlich die Männer seien, die eine Polis ausmachen, denn sie seien ihr «trefflichster Schirm und Schutz». Die von Alkaios formulierte Vorstellung von der Polis als einer Gemeinschaft von wehrfähigen Männern war dabei nur eine von mehreren Varianten, mit der die Dichter der archaischen Zeit den besonderen Charakter der Gemeinschaften zu umschreiben suchten, in denen sie lebten. Andere Autoren sahen eher das Territorium der Polis, ihre Mauern oder ihre Einwohner als ihr wesentliches Charakteristikum an und beschrieben sie als einen heiligen Ort, ein Zentrum von Ordnung und Zivilisation.[1] Eine moderne Definition des Begriffs Polis muß an die Vielfalt und den Variantenreichtum der Formulierungen der antiken Autoren anschließen und die strukturellen Gemeinsamkeiten der Siedlungen aufzeigen, die im Griechischen als Poleis bezeichnet werden.

1. Konzept und Typen des Stadtstaates

In diesem Sinne ist ein Stadtstaat eine in sich geschlossene souveräne und autonome soziopolitische Einheit mit einer nach außen abgeschlossenen Bürgerschaft, mit eigenen Institutionen und Regierungsorganen, einem Mindestmaß fundamentaler Normen und formaler Regeln ihrer Durchsetzung und einer eigenen politisch-ideologischen und religiösen Identität. Eine solche Einheit ist in der Regel von begrenzter Größe. Sie hat also nach den Maßstäben moderner Flächenstaaten ein kleines Territorium und eine bestenfalls nach Tausenden zählende Bevölkerung – die als klassisch geltenden Stadtstaaten Sparta mit Lakonien und Messenien und das bevölkerungsreiche Athen mit Attika waren Ausnahmen mit besonderen Strukturen. Die meisten Stadtstaaten haben ferner ein urbanes Zentrum – wobei wiederum nicht die Maßstäbe moderner Metropolen angelegt werden dürfen. Auch diese zentralen Orte früher Stadtstaaten sind nämlich verhältnismäßig klein, einfach strukturiert und zumeist auch ebenso einfach gebaut. Im griechischen Siedlungsraum sind es oft nur Dörfer, die allerdings ganz unabhängig von ihrer Größe wie in allen anderen Stadtstaaten eine konstitutive Funktion haben. In diesen Zentren sind die wichtigsten Institutionen wie Regierungs- und Gerichtsorgane und die wichtigsten religiösen Einrichtungen wie etwa Heiligtümer angesiedelt. Außerdem liegt dort der Schauplatz der großen Feste und anderer Rituale, die das ganze Volk regelmäßig zusammenführen. Zuweilen ist dieser zentrale Ort durch Mauern von dem ihn umgebenden Land, der *chora*, die auch zum Stadtstaat gehört und als wirtschaftliche Basis und Einzugsgebiet sogar strukturell notwendig ist, abgegrenzt und hervorgehoben.

Vor allem aber entwickeln sich Stadtstaaten niemals isoliert. Es sind immer eine Mehrzahl von Poleis, die sich nicht nur einen größeren geographischen Raum teilen, sondern auch einen gemeinsamen Kulturkreis bilden. In der griechischen Welt sind bis zum Tode Alexanders des Großen im Jahre 323 insgesamt mehr als tausend Siedlungen bezeugt, die explizit als Poleis bezeichnet werden. Wenn der geographische Raum, den die Poleis teilen, auch keine einheitliche politische Ordnung mit einer einzigen Zentralgewalt kennt, so bildet er doch einen Rahmen, in den die einzelnen souveränen Einheiten oder ‹Politien› vielfältig eingebunden sind und der ihnen eine gemeinsame Identität verleiht: Überall in diesem Raum werden die gleichen Götter verehrt, man spricht die gleiche Sprache, bedient sich der gleichen Schrift und der gleichen Systeme von Zahlen, Zeichen und Symbolen. Man teilt auch Denkweisen, Wertvorstellungen und Maßstäbe. Zuweilen spielen dabei gemeinsame kulturelle oder religiöse Zentren eine wichtige Rolle als Verteiler oder Vermittler – wie die sogenannten panhellenischen, also gesamtgriechischen Heiligtümer in Delphi und Olympia. In diesem Rahmen entwickeln sich die Poleis in ständigem

Kontakt miteinander und bilden dabei ähnliche Formen aus – von den politisch-gesellschaftlichen Institutionen über Wirtschaftsweisen bis hin zu Architektur, Baustilen und sogar künstlerischen Bildsprachen. Die Poleis einer Stadtstaatskultur interagieren also in einem Netz von multilateralen Beziehungen miteinander, das nicht nur von Handel, sondern auch von anderen Arten des Austausches von Gütern, Ideen, Errungenschaften und Innovationen getragen und permanent reproduziert wird. Die Intensität des Austausches hat aber regelmäßig noch eine andere Seite. Strukturell ähnliche souveräne politische Einheiten vergleichen sich nämlich und konkurrieren miteinander um Vorrang und Überlegenheit innerhalb ihres Kulturkreises, und zwar durch eine Fülle von Formen der Demonstration von Reichtum und Macht, durch prestigeträchtige Stiftungen, Bauten und andere Monumente. Zugleich rivalisieren diese Einheiten um materielle Ressourcen und Raum: Regelmäßig müssen und wollen diese kleinen souveränen Einheiten expandieren, auf Kosten ihrer Nachbarn größer und reicher werden. Deswegen sind Kriege als eine Form der Interaktion zwischen einzelnen Poleis ein typisches Merkmal aller Stadtstaatskulturen – und das gilt nicht zuletzt auch für das Griechenland der Frühzeit wie der klassischen Epoche.

Auf der anderen Seite gibt es aber entscheidende Unterschiede zwischen den verschiedenen Arten stadtstaatlicher Zivilisationen. Gerade die frühen Hochkulturen, unter ihnen etwa diejenigen Vorderasiens und Altamerikas, waren gesellschaftlich und politisch streng hierarchisch organisiert – mit Adligen, Funktionären, Priestern, die einem göttlich legitimierten Herrscher unterstellt waren, der weit vom Volk entrückt hinter den hohen Mauern eines Palastes residierte. Dort ist der Palast räumlich und ideell das eigentliche Zentrum der Stadt wie des Staates. Ganz anders in der Zivilisation der Polis: im Zentrum dieses Typs stehen einerseits zwar auch Tempel – aber sie sind Orte eines genuin öffentlichen Kultes der Götter der ganzen Polis und daher monumentale Bezugspunkte der religiösen Identität ihrer Bürgerschaft insgesamt. Andererseits ist das Zentrum der Polis schlicht eine freie Fläche, ein öffentlicher Raum für die Gemeinschaft, umgeben und begrenzt von anderen öffentlichen Gebäuden wie den Amtssitzen der Jahresbeamten, Rats- und Gerichtsgebäuden: Dieser eigens reservierte und markierte Platz ist die Agora, die nicht ausschließlich ein Markt, sondern immer in erster Linie der Ort der Versammlung der souveränen Bürgerschaft ist. Diese Variante des Stadtstaates war zwar weder eine exklusive griechische Errungenschaft, noch blieb sie innerhalb des griechischen Kulturraumes selbst die einzige Staatsform: Stämme und Stadtstaaten, Staatenbünde und ‹sympolitische› Zusammenschlüsse wie Bundesstaaten waren und blieben immer gewissermaßen konkurrierende Modelle der politisch-institutionellen Organisation. Und doch entwickelte sich die Polis zu etwas Besonderem und wurde auch in der Antike so wahrgenommen – als Verwirklichung einer genuin politischen Herrschaft durch eine Art der Staatlichkeit, die durch die institutionalisierte Selbstbestimmung und Autonomie einer souveränen Bürgerschaft bestimmt war.

2. Frühe Stadtanlagen

Eine solche konzeptionelle Analyse des Stadtstaates und seiner unterschiedlichen Typen muß nun durch eine differenzierte Untersuchung der Stadtanlagen des 7. und 6. Jahrhunderts verifiziert werden. Dabei sollen neben den literarischen Quellen wiederum auch archäologische und vor allem epigraphische Zeugnisse herangezogen werden, um eine plausible Rekonstruktion der Entwicklung der Polis in dieser Epoche zu ermöglichen. In einer Reihe von griechischen Siedlungen im Mutterland, auf den Inseln der Ägäis sowie in Süditalien und Sizilien lassen sich schon um 700 erste Anzeichen einer planvollen Anlage von städtischen Zentren ausmachen, die ein wichtiges Indiz für die Stadt- bzw. Polisentwicklung darstellen. Das früheste bislang bekannte Beispiel stammt dabei aus dem von den Griechen in dieser Epoche neu erschlossenen Siedlungsraum im Westen: Die noch im 8. Jahrhundert gegründete Kolonie Megara Hyblaia auf Sizilien bestand aus einem regelmäßigen, orthogonalen Netz von Straßen, zwischen denen zumeist trapezförmige, gradlinig begrenzte Landlose entstanden, auf denen dann die einzelnen Häuser errichtet wurden. Am Schnittpunkt der breitesten Straßen von Megara Hyblaia war von Anfang an ein unbebauter Raum reserviert – die Agora, an der später eine Reihe von Tempeln und anderen öffentlichen Gebäuden entstanden. In einigen der gewachsenen oder besser: um 700 zusammenwachsenden Siedlungen des Festlandes – wie etwa in Korinth, Megara und auch in Athen – entstanden dann in der Mitte des Siedlungsareals, bei den Kreuzungen der uralten Straßen öffentliche Plätze, die wohl für Versammlungen prädestiniert waren und auch schon vorher zu diesem Zweck genutzt wurden. Im Laufe des 6. Jahrhunderts wurden diese einfachen Agorai dann zu repräsentativen Anlagen ausgebaut, zunächst wiederum in den Kolonien des Westens und erst später in den Poleis des Mutterlandes. Die älteste architektonisch gestaltete Versammlungsanlage, die bisher archäologisch nachgewiesen werden konnte, das bereits erwähnte monumentale Ekklesiasterion auf der Agora von Metapont, ersetzte um 550 einen abgebrannten hölzernen Vorgängerbau, der offenbar auch schon den typischen politischen, kultischen und festlichen Zwecken einer frühen Agora gedient hatte. Auch wenn diese Anlage als spektakuläre Ausnahme gilt, indiziert sie doch eine allgemeine Tendenz zu Planung und repräsentativer Ausgestaltung der zentralen öffentlichen Räume. In Eretria wurde die Agora offenbar im Zuge einer umfassenden Neugründung der Stadt um die Mitte des 6. Jahrhunderts angelegt. Und auch in Athen wurde die um 600 erweiterte Freifläche nordwestlich der Akropolis, die wahrscheinlich auch ‹die alte Agora› einschloß, vor allem im Zuge der Baupolitik der Tyrannen mit Tempeln, Altären, einer Stoa, öffentlichen Gebäuden und einem Brunnenhaus umgeben. Dort war der Raum der Agora sichtbar durch Grenzsteine (*horoi*) von den übrigen Arealen der Stadt abgetrennt. Die eigentliche Monumentalisierung der Agora, die hier wie andernorts erst in klassischer Zeit ihren Höhepunkt erreichte, war also das letzte Stadium einer langen Entwicklung.

Von den vielfältigen Aktivitäten, die sich in diesen öffentlichen Räumen abspielten, zeugen dann die Texte der zeitgenössischen und späteren Autoren: Bereits die homerischen Poleis hatten ja durchweg einen (auch im übertragenen Sinne) zentralen Platz, einen speziell reservierten öffentlichen Raum, an dem debattiert, gestritten und Recht gesprochen wurde. In dem wenig später verfaßten Hymnos auf die Göttin Demeter ruft der König von Eleusis das Volk in «großer Zahl» auf die Agora, wo allen, jedem einzelnen Mann, die Errichtung eines «reichen Tempels» für die Göttin «mit dem schönen Haar» aufgetragen wird. Für den Dichter Hesiod ist die Agora im heimischen Askra einerseits der Ort, an dem die Anführer der Gemeinde ihr Schiedsgericht halten und die streitenden Parteien «mit freundlich gewinnenden Worten» zu versöhnen und auf eine Einigung festzulegen suchen. Andererseits sieht er in dem öffentlichen Platz in der Mitte der Siedlung aber auch einen Ort, an dem die Bauern ihre Zeit vertun, wenn sie dort hingehen, um «nach Hader zu spähen oder den Händeln zu lauschen». Wer daheim keinen großen Vorrat «vom Korn der Demeter» in der Scheuer hat, soll sich von der Agora fernhalten. «Zanken und hadern», so seine unmißverständliche Botschaft an seinen Bruder Perses, ist nichts für arme Schlucker. Wie die wohlhabenden Bürger von Kolophon die Agora ihrer Stadt für eine besondere Art der Statusdemonstration nutzten, zeigt ein Gedicht des Xenophanes, der anschaulich beschreibt, wie die führenden Männer der Polis, tausend an der Zahl, in prunkvollen Gewändern, «ganz mit echtem Purpur gefärbt», mit «schön verzierten Haaren» und nach kostbaren Salben duftend auf der Agora auftraten. Und daß sich ein Mann wie Alkaios, der seine Heimat in Mytilene auf Lesbos verlassen und ins Exil gehen mußte, leidenschaftlich an jenen Ort zurücksehnt, an dem einst seine Vorfahren im Kreise der Bürger «Rat gehalten haben», braucht nicht eigens erläutert zu werden.[2] Daß die Agora für die griechischen Poleis auch Jahrhunderte später nichts von ihrer zentralen Bedeutung eingebüßt hatte, zeigt schließlich eine Passage aus der *Politik* des Aristoteles, in der es heißt, daß sich auf der Agora die Tempel und Amtsgebäude sowie – idealerweise – die Gymnasien und Sportstätten der jungen Männer befinden sollen. Auch am Ende der klassischen Zeit war die Agora also weiterhin ein reservierter Raum, der der lebendigen Kommunikation zwischen Göttern und Menschen, Jungen und Alten, Bürgern und Beamten gewidmet war.[3]

Zur gleichen Zeit, als die planvolle Reservierung öffentlicher Räume begann, also um die Wende vom 8. zum 7. Jahrhundert, entstanden in einer ganzen Reihe von Siedlungen größere Heiligtümer für die wichtigsten Gottheiten der jeweiligen Gemeinschaften. Diese Götter wurden nun nicht mehr im Palast (wie in mykenischer Zeit), an heiligen Plätzen oder Altären unter freiem Himmel oder im zentralen Raum eines einfacheren Fürstensitzes (wie in den Dunklen Jahrhunderten) verehrt. Sie wandelten sich nun zu ‹poliadischen› (städtischen) Gottheiten, die in eigenen freistehenden Bauten verehrt wurden, die an zentraler Stelle in der Siedlung, etwa auf der Akropolis oder in der Nähe der Agora, errichtet wurden und ausschließlich für den Kult reserviert waren. Diese frühen Tempel konnten – jedenfalls angesichts der Kleinräumigkeit der Siedlungen – als relativ groß und auffällig, ja monumental erscheinen. So war etwa der als ‹Hekatompedos› bezeichnete – also 100 Fuß oder mehr als 30 Meter lange – Apollon-Tempel in Eretria, der noch im 8. Jahrhundert neben einem älteren Vorgängerbau errichtet wurde, ein immerhin 35 Meter langer Apsidenbau. Schon bald, noch vor der Mitte des 7. Jahrhunderts, entstand hier der erste ‹Peripteros› mit Säulenreihen. Apollon waren auch die frühen Tempel in Dreros und Gortyn, im argolischen Asine und in Thermon in Aitolien geweiht. Die Göttin Hera verehrte man in Tempeln in Argos und in Perachora sowie in dem Heiligtum auf dem Fundament der mykenischen Zitadelle von Tiryns. Und ihr war schließlich auch der Tempel in Samos geweiht, der später so großartig ausgebaut wurde, daß der Historiker Herodot ihn im 5. Jahrhundert als eines «der drei gewaltigsten Bauwerke aller Griechen» bezeichnen konnte.[4] Auch Athene als ‹Beschützerin der Polis› hat im frühen 7. Jahrhundert wohl bereits solche Heiligtümer erhalten, so vielleicht auf der Akropolis in Athen und in Smyrna. Dort entstand nur wenige Generationen später schon ein größerer ‹Peripteros›, der dann weiter ausgebaut wurde. An diesen und an anderen Orten begann damit die Entwicklung einer typischen, für Tempel reservierten Architektur mit ihr eigentümlichen Bau- und Dekorationsformen, die dann in die Entfaltung der ‹dorischen›, ‹ionischen› und ‹aiolischen› Ordnungen mündeten.

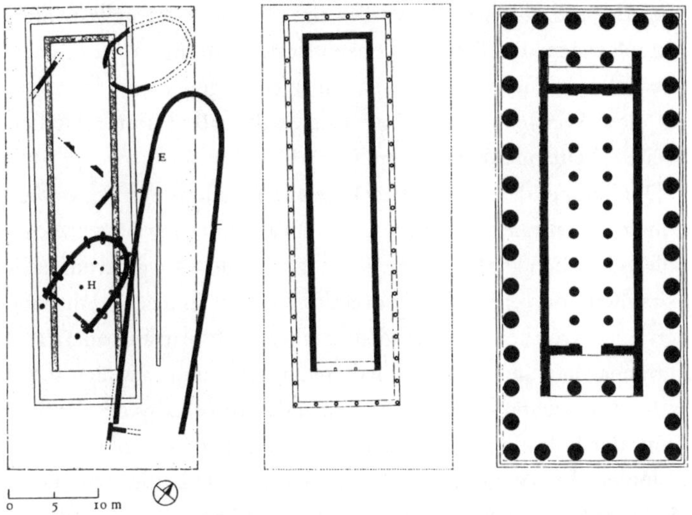

Abb. 11: Heiligtum des Apollon in Eretria, Entwicklungsstufen vom 9. bis zum 6. Jahrhundert

Diese frühen Tempel bildeten in mehr als einer Hinsicht das eigentliche Zentrum der jeweiligen Polis, die sich als solche damit erst zu etablieren begann. Denn zunächst war der Tempel der wichtigsten Gottheit ein Monument, an dem die Identität der Polis als Kultgemeinschaft eine konkrete und später oft weithin sichtbare Gestalt gewann – so wurde etwa der frühe Tempel in Smyrna sogar dadurch repräsentativ hervorgehoben, daß er auf einem eigens angelegten Podium errichtet wurde. Der Bau eines Tempels war also ein Akt der Selbstvergewisserung unter dem Schutz der Gottheit, durch den die innere Integration der die Polis tragenden Gemeinschaft ihrer Bewohner bestätigt und weiter vorangetrieben wurde. Zugleich setzte dieser Akt bereits ein großes Maß an politischer Konsolidierung einer Siedlungsgemeinschaft voraus: Denn sowohl die Idee an sich, der Polis einen solchen Mittelpunkt zu geben, als auch die Realisierung dieser Idee, das Aufbringen der dazu notwendigen Ressourcen und der wohlorganisierte Einsatz von Menschen und Material sind nur als kollektive Leistungen eines gefestigten Gemeinwesens vorstellbar – eine solche Investition überstieg die Möglichkeiten jedes einzelnen *basileus*, sie war intellektuell wie materiell nur als konzentrierte Anstrengung der einzelnen Poleis und ihrer Bürgerschaften zu erbringen, die nicht zuletzt auf diese Weise in einer für agonale Stadtstaatkulturen typischen Weise miteinander konkurrierten.

Die Tempel der archaischen Poleis lagen allerdings keineswegs immer in zentraler ‹urbaner› Lage, etwa auf der jeweiligen Akropolis oder eben an der Agora. Im 8. Jahrhundert – wiederum nach Vorstufen und vereinzelten Vorläufern, die bis in das 11. Jahrhundert zurückreichen – entstanden nämlich auch ‹extraurbane› Heiligtümer, die außerhalb der Siedlungen selbst und zuweilen sogar an der Grenze ihres bewohnten Umlandes (*chora*), also des Territoriums der Polis, liegen konnten. Ferner wurden – vor allem in den Kolonien des Westens – auch ‹suburbane›, das heißt, nahe beim Siedlungskern gelegene Heiligtümer eingerichtet. Zu diesen Kategorien gehören etwa das bereits genannte Heraion in Samos sowie die Hera-Tempel von Perachora und Argos und die Artemis- und Demeter-Heiligtümer in einer Reihe von weiteren Poleis. Ein bei weitem nicht so spektakuläres, aber dennoch vielsagendes sakrales Monument dieser Art befindet sich einige Kilometer von der unteritalischen Kolonie Metapont entfernt bei der Kapelle von San Biagio, also in einer Region der intensiven Interaktion zwischen Griechen und Indigenen. Der Tempel dort war Zeus und Artemis, der Göttin der Felder, gewidmet. Er war mit einem figürlichen Architekturfries geschmückt – dem ersten überhaupt in der ganzen Region. Der Fries, der hoch oben unter dem Dach angebracht, bunt bemalt und weithin sichtbar war, erzählte in einer klar verständlichen, eingängigen Bildersprache einige Schlüsselszenen aus den homerischen Epen. Mit der Plazierung eines solchen Monuments ausgerechnet in dieser Zone des Austausches war zweifellos eine klare Zielsetzung verbunden. Die Kommunikation zwischen den griechischen Zuwanderern und der einheimischen Bevölkerung wurde damit wohl absichtsvoll auf eine neue Ebene transferiert. Die Griechen unterstrichen mit den bunten Bildern von Achilleus, Patroklos und ihrem Auszug in den trojanischen Krieg ihre kulturelle Differenz und ihre Überlegenheit und gaben damit

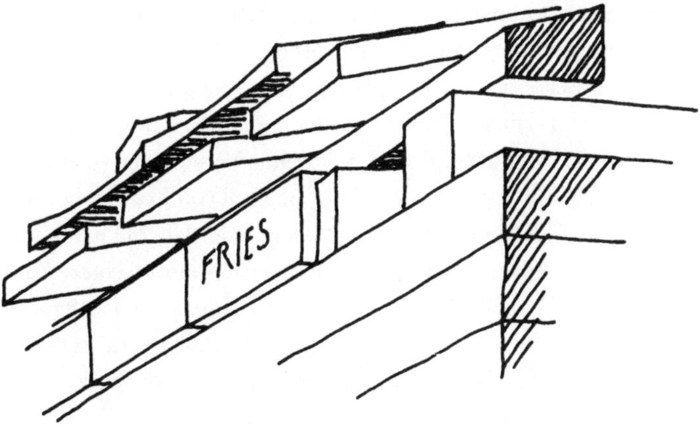

Abb. 12 a: Der Tempel bei der Kapelle von San Biagio

Abb. 12 b: Umzeichnung des Frieses des ältesten Tempels von San Biagio

zugleich ihren neuen territorialen Ansprüchen unübersehbar und unmißverständlich Ausdruck – Ansprüchen, die sich übrigens auch ganz konkret in der Errichtung von einigen neuen von Griechen bewohnten Gehöften in der Nähe dieses Tempels manifestierten.

Diese Entwicklung von Tempelbau und Kulten spiegelt sich auch im Wandel wichtiger kultureller Praktiken wie jener der Weihungen. Während gegen Ende des 8. Jahrhunderts die ‹privaten› Weihungen in Form von Grabbeigaben deutlich zurückgehen, nehmen die Weihgaben in den ‹öffentlichen› Kontexten der poliadischen und vor allem der überregionalen Kultplätze allmählich zu. Diese Entwicklung belegt dabei die weitere Verdichtung der innergriechischen Beziehungen und der Kontakte über den eigenen Siedlungsraum hinaus, die Voraussetzungen und Bedingungen dafür bilden, daß eine Reihe von Heiligtümern in dieser Epoche zu gesamtgriechischen, ‹panhellenischen› religiösen Zentren und Veranstaltungsorten großer Feste wurden. Einige Heiligtümer wie diejenigen des Zeus in Olympia und des Apollon in Delphi entwickelten sich dabei zu Knotenpunkten einer vielfältig wirkungsmächtigen kulturellen und auch politischen Vernetzung. Aber auch die Hera-Heiligtümer von Perachora am Golf von Korinth und auf Samos waren nicht nur von lokaler Bedeutung. Überall nahm seit den letzten Dekaden des 8. Jahrhunderts nicht nur die schiere Zahl kleinerer Weihgaben, deren Spektrum von bronzenen Tierfiguren bis zu einfachen Gewandnadeln reicht, sprunghaft zu, sondern auch die Art und Qualität der Gaben änderten sich markant: In Olympia und in Perachora finden sich Skarabäen aus dem Osten; gerade hier wurden aber auch Objekte geweiht, die aus Italien stammen. Im Heraion von Samos sind Weihgaben aus dem ostgriechischen und phoinikischen Raum besonders häufig – manche stammen sogar aus Phrygien und Assyrien. Und in Delphi und vor allem in Olympia tauchen die großen Dreifußkessel mit eingehämmerten Ornamenten und Pferden als Aufsatzfiguren auf. Sowohl die neuen poliadischen als auch die panhellenischen Tempel sind fortan die Orte, an denen diese Form des demonstrativen Aufwandes – von seiten der Aristokraten wie von seiten der Poleis – eine ganz neue, betont ‹öffentliche› Wirkung entfalten kann. Und sie sind dabei zugleich die neuen Foren der Konkurrenz, vor denen nicht nur einzelne, sondern nun auch ganze Gemeinschaften um Rang und Ansehen rivalisieren.

Wiederum noch im 8. Jahrhundert tritt ein weiterer Aspekt zur Definition der Polis als Raum hinzu. In den gewachsenen bzw. zusammengewachsenen Siedlungen des Mutterlandes – etwa in Athen, Argos und Korinth – wurden die Grabstätten in reservierte Räume außerhalb der Wohnbereiche verlegt, in den Kolonien des Westens wie im ebenfalls erst zu diesem Zeitpunkt gegründeten Eretria auf Euboia wurden die Nekropolen von vornherein deutlich entfernt von den Siedlungen angelegt: Die Toten wurden jetzt überall in einen eigenen, markierten und vom Raum der lebenden Menschen getrennten Ort verwiesen. Schon die frühe Polis hatte also bereits regelmäßig eine vernetzte politisch-religiöse Topographie aus Agorai und Akropolen, zentralen und/oder sub- bzw. extraurbanen Heiligtümern und Nekropolen – eine räumliche Gliederung, die aus abgegrenzten Zonen und reservierten Orten mit symbolischer Bedeutung für die Bürgerschaft und ihre kollektive Identität entstand. Zu dieser Topographie zählten natürlich auch die Mauern, die ja bereits in *Ilias* und *Odyssee* eine zentrale Rolle für Struktur und Integrität der Siedlungen spielen. Sie gehören ebenfalls zu den Monumenten, die die Grenzen zwischen Innenraum und Außenwelt, die Zonen zwischen Zentrum und Peripherie, zwischen dem urbanen Kern der Siedlung und der umliegenden, aber auch noch zur Polis gehörenden *chora* markierten. Allerdings wurden bei weitem nicht alle Poleis in dieser Epoche mit einer Mauer umgeben. Neueren Untersuchungen zufolge verfügten nur etwa 43 Prozent der archaischen Siedlungen über Befestigungsanlagen, und ihre archäologischen Überreste sind zum Teil schwierig zu datieren. Die Mauern von Smyrna, die lange Zeit als die früheste Anlage dieser Art überhaupt galten, gehören in die Mitte des 8. Jahrhunderts. Wenig später wurden Befestigungsanlagen in Melia, Minoa auf Amorgos, Agios Andreas auf Siphnos, Emporio auf Chios, Zagora auf Andros, Asine in der Argolis und – am Beginn des 7. Jahrhunderts – auch in Eretria gebaut. Die geographische Verteilung dieser frühen Maueranlagen und ihre Konzentration auf Siedlungen in Kleinasien und auf den Kykladen mag dadurch begründet sein, daß zumal diese Poleis regelmäßig durch Angriffe ihrer nichtgriechischen Nachbarn und durch Überfälle von Piraten bedroht waren, von denen man nicht erwarten konnte, daß sie die hochformalisierten Konventionen des Hoplitenkampfes respektierten. Am Ende des 6. Jahrhunderts fanden sich dann in zahlreichen Siedlungen im griechischen Mutterland – in Boiotien, Thessalien und Makedonien – Mauerbefestigungen. Selbst wenn mehr als die Hälfte der Siedlungen auch zu dieser Zeit noch nicht über Befestigungsanlagen verfügte, läßt sich doch feststellen, daß Mauern in dieser Epoche zu einem wichtigen Bestandteil der symbolischen Repräsentation der Territorialität der Polis geworden waren. Generell muß die Entfaltung dieser eigenen bzw. eigentümlichen Topographie als Teil jenes komplexen Prozesses der Entstehung und Konsolidierung der Polis als ‹Stadtstaat› begriffen werden, zu deren Identität ihre Territorialität als integraler Bestandteil wesentlich beitrug. Dazu gehörte auch die spezifische Mehrpoligkeit dieser Topographie, die sich nicht nur in der Unterscheidung von Zentrum, Innen- und Außenräumen, sondern auch in der räumlichen Trennung und in der Polarität zwischen religiösen und genuin politischen Räumen, zwischen Tempel und Agora, äußerte.

3. Die Polis als Personenverband

Diese strukturelle Bi- oder Multipolarität der Polis als Raum spiegelt sich in ihrer Gestalt als Verband der ihr zugehörigen Menschen, also ihrer Identität als Bürgerschaft. Denn diese Identität hatte einerseits vielfältige Wurzeln in den Kulten, die bei den poliadischen Heiligtümern angesiedelt waren. An den Opfern für die dort verehrten Götter war prinzipiell die ganze Gemeinschaft – aktiv oder passiv – beteiligt. Vielerorts fanden vor allem Prozessionen statt, die etwa von den zentralen Heiligtümern zu den außerhalb gelegenen Kultstätten führten: Auf rituelle Weise wurde symbolisch die Vernetzung dieser Eckpfeiler der erwähnten Topographie bestätigt, die Verbindung von Stadt und Land und die Integrität der Polis als Raum feierlich erneuert. Ein eindrückliches Beispiel ist die jährliche Kultfeier zu Ehren der Göttin Demeter in Hermione in der Argolis. Pausanias, der die Prozession und das anschließende Opfer ausführlich beschreibt, berichtet, daß der Festzug von der Siedlung zum Heiligtum auf dem Berg Pron führte. Sie wurde von den Priestern und den jeweils für ein Jahr gewählten Beamten der Polis angeführt. Ihnen folgte die ganze Bevölkerung: Männer, Frauen und Kinder, die in weiße Gewänder gekleidet waren und Kränze auf dem Kopf trugen. Wenn die Prozession beim Heiligtum angekommen war, wurden der Göttin in einem komplizierten altertümlichen Ritus vier Kühe geopfert. In Samos hielt man alljährlich eine Prozession und die entsprechenden Opfer für die Göttin Hera ab. Bei diesem Festzug wurde das Kultbild der Göttin zum Meer getragen, um es dort zu waschen und in kostbare neue Gewänder zu kleiden. Abschließend wurden beim Heraion die entsprechenden Opfer dargebracht. Die feierliche Stimmung bei diesem Fest fängt der Dichter Asios ein, der eindrücklich schildert, daß die Samier bei dieser Gelegenheit ihr Haar in «schönen Locken» frisiert hatten und «lange schneeweiße Gewänder trugen, die über den Boden fegten».[5]

Allerdings dürfen die entstehenden Poleis nicht allein als Kultgemeinschaften begriffen werden. Sie waren auch und zugleich politische Gemeinschaften, wie zur Polis als Raum auch Orte des Politischen, der Beratung und Entscheidung über die Angelegenheiten der ganzen Gemeinschaft gehörten. Der zentrale Schnittpunkt dieser verschiedenen Dimensionen war natürlich die Agora – als öffentlicher Raum ein Pol der kultisch-politischen Topographie der Polis und zugleich als Versammlung die erste konkrete Gestalt, die die Gemeinschaft ihrer Bewohner als Verband und ‹Bürgerschaft› annehmen konnte. Diese Verzahnung von räumlich-territorialen und personalen Grundlagen der Gemeinschaftsbildung prägte auch die Feinstrukturen der Untergliederungen und kleinen Basiseinheiten, aus denen sich in historischer Zeit praktisch alle Poleis und ihre Bürgerschaften auf der dezentralen Ebene zusammensetzten. Dabei waren die Systeme im einzelnen durchaus unterschiedlich ausgeprägt: Neben den drei oder vier Phylen, die für die dorischen bzw. ionischen Poleis typisch waren, gab es auch noch die Phratrien und Hetairien, Demen und Komen (Dörfer) sowie eine Vielzahl anderer Einheiten. Alle diese Einheiten hatten jedoch gemeinsame typische Merkmale. Viele von ihnen trugen zwar Bezeichnungen oder auch konkrete Namen, die die Zusammengehörigkeit ihrer Mitglieder allein aufgrund des personalen Kriteriums der Verwandtschaft durch eine fiktive gemeinsame Abstammung indizieren. Das gilt etwa für die Phratrien (Bruderschaften), aber auch für die vier ionischen Phylen, die nach den vier Söhnen Ions, des mythischen Urahns aller Ionier, benannt wurden. Dagegen scheinen andere Bezeichnungen die territoriale Basis der betreffenden Einheit anzuzeigen – so etwa der von dem mykenischen Wort *da-mo* hergeleitete Begriff *demos* oder die *komai* in Argos. Aus solchen Etymologien und überhaupt erst später entwikkelten Abstammungsmythen kann man allerdings keine Rückschlüsse auf die Entstehung dieser Einheiten ziehen. Insbesondere die Phylen waren ursprünglich keine gentilizischen Unterabteilungen homogener ‹Großstämme›, die nach deren Zerfall am Ende der Wanderungszeit als vorstaatliche Relikte in die entstehenden stadtstaatlichen Strukturen integriert wurden. Das heißt allerdings keineswegs, daß die verschiedenen Wurzeln und Ursprünge dieser Einheiten nicht bis in die Dunklen Jahrhunderte zurückreichen. Auch die frühen Siedlungsgemeinschaften müssen schon einfache Organisationsmuster auf der Basis lokaler Zusammengehörigkeit und personaler Beziehungen wie Verwandtschaft und Gefolgschaft ausgebildet haben. Denn solche direkten Beziehungen waren unter den widrigen Bedingungen der Dunklen Jahrhunderte in der Phase der Entstehung nun wieder seßhafter Siedlungsgemeinschaften überlebenswichtig – nämlich als Grundlage und Absicherung von Kooperation, Hilfe und Schutz auf Gegenseitigkeit im alltäglichen Überlebenskampf. Gerade diese Gemeinschaften waren mithin auf die Stärkung und permanente Erneuerung des Zusammenhalts der Gruppe und die Loyalität ihrer Mitglieder angewiesen – und dazu trugen nicht zuletzt die gemeinsamen Kulte, Opfer und Mahlzeiten bei, deren Spuren archäologisch noch nachweisbar sind. In dem Prozeß der Verdichtung und des Zusammenwachsens einzelner Siedlungsgemeinschaften zu frühen Poleis konnten solche Einheiten ihre bereits bestehende Integrations- und Bindungswirkung einbringen. Zugleich wuchsen sie dabei in die entstehende übergeordnete Einheit der Polis hinein und gewannen dort als Teil eines Ganzen ihre historischen Funktionen kultischer, gesellschaftlicher und administrativer Art. So wurden die Phylen in vielen Poleis zur Basis der Rekrutierung und Gliederung des Aufgebots und der Aufstellung des Heeres – und zwar gerade, als im Zuge des Vordringens der Hoplitentaktik immer weitere Teile der frühen Bürgerschaften zum Kriegsdienst herangezogen wurden. Ebenso interessant wie schwierig zu deuten sind etwa die Verhältnisse im frühen Sparta: Die bekannten Unterabteilungen dieser Polis waren die Phylen und Oben. Sie werden bereits in der sogenannten Großen Rhetra erwähnt – einer Neuordnung, die heute in die Zeit der

Messenischen Kriege, also in die Mitte des 7. Jahrhunderts, datiert wird. Bei den Phylen handelt es sich um die Abteilungen der Hylleer, Dymanen und Pamphyler, die auch für andere dorische Gemeinwesen bezeugt sind. Ihre Bedeutung für die Gesamtgemeinde bestand darin, daß die erbliche Zugehörigkeit zu einer dieser drei Einheiten für die Anerkennung als Vollbürger konstitutiv war. Diese Funktionen übernahmen die Phylen in Sparta und anderswo natürlich erst, als die Polis zu einer politischen Einheit zusammenwuchs und sich allmählich Kriterien für den Status des Bürgers herausbildeten. Insofern ist die Formierung der Phylen in Sparta ein wichtiger Teilaspekt der Entstehung der Gemeinschaft der Vollbürger. Die Phylen spielten dort aber nicht nur für die Konstituierung des Verbandes der Vollbürger eine zentrale Rolle, sondern sie übernahmen auch wichtige Aufgaben im Rahmen der Wehrordnung – etwa bei der Rekrutierung und Mobilisierung des Aufgebots. Auch bei den Oben handelt es sich zweifellos um Personenverbände, wobei in der neueren Forschung umstritten ist, ob der Terminus *oba* zur Bezeichnung einer Unterabteilung der Polis oder einer lokalen Einheit, eines Dorfbezirks, diente. Möglicherweise bestand schon im 7. Jahrhundert ein Zusammenhang zwischen den fünf Oben und den Unterabteilungen des Heeres. Wenn dies zutrifft, diente die in der ‹Großen Rhetra› formulierte Neugliederung wohl auch dem Ziel, jedem Spartaner seinen festen Platz im Heeresaufgebot und damit zugleich in der politischen Gemeinschaft zuzuweisen.

4. Fallstudie: Athen

Im frühen Athen waren die Phylen und die Phratrien die wichtigsten Unterabteilungen der Polis. Über die Bedeutung der vier vorkleisthenischen Phylen der archaischen Zeit läßt sich insgesamt nur wenig Konkretes ausmachen. Auch sie erfüllten sicherlich administrative Aufgaben im militärischen Bereich – jedenfalls wurde die Armee phylenweise rekrutiert. Die Phratrien übernahmen wichtige Ordnungsfunktionen in einem System, in dem noch vergleichsweise wenige Lebensbereiche durch die Aktivitäten zentraler Institutionen und Behörden geregelt wurden. Ihre bedeutendsten Aufgaben lagen traditionell auf dem Gebiet von Religion und Kult, Rechtshilfe und Rechtssicherung: Die Phratriegenossen pflegten gemeinsam bestimmte Kulte wie etwa den des Zeus Phratrios oder der Athena Phratria, sie opferten an den gleichen Altären und feierten alljährlich zusammen ein spezifisches Kultfest – die Apatouria. Die Mitglieder einer Phratrie gewährten einander im Konfliktfall Unterstützung. Sie halfen sich gegenseitig, ihre Rechte zu wahren bzw. zu ihrem Recht zu kommen – eine Aufgabe, deren Bedeutung in einer Zeit weitgehender Rechtsunsicherheit, in der Fehde und Selbsthilfe durchaus noch an der Tagesordnung waren, nicht unterschätzt werden sollte. In archaischer Zeit führten die Phratrien außerdem die Bürgerlisten und kontrollierten damit den Zugang zur Bürgerschaft: Nur wer einer Phratrie angehörte, war auch tatsächlich ein vollwertiger und vollberechtigter athenischer Bürger. Zugleich stellten diese ‹Bruderschaften› auch die Öffentlichkeit für alle wichtigen Angelegenheiten im Leben eines Mannes dar, und in dieser Gemeinschaft wurden auch alle Übergangsriten zu Beginn eines jeden neuen Lebensabschnitts vollzogen. So wurde den Phratriegenossen am dritten Tag der Apatouria etwa die Geburt der im Vorjahr geborenen männlichen Kinder offiziell bekanntgegeben, und der Vater bestätigte vor diesem Forum ihre legitime Abkunft. Bei Erreichen der Volljährigkeit wurden die jungen Männer dann selbst in das Register der Phratrie eingeschrieben und bei den Apatouria mit einer feierlichen Zeremonie in den Kreis der Phratriegenossen aufgenommen. Vor der Hochzeit stellte der Bräutigam seine Braut in aller Form den Angehörigen seiner Phratrie vor, und es war wohl darüber hinaus auch üblich, die Phratriegenossen bei dieser Gelegenheit zu einem gemeinsamen Mahl zu laden. Die Phratrien dienten also als Forum und als legitimierende Instanz für all jene wichtigen Ereignisse im Leben eines Bürgers, die zugleich – auf einer anderen Ebene – mittelbar die Stabilität und die Kontinuität des Verbandes der Bürgerschaft insgesamt betrafen. Über die Erfüllung dieser vielfältigen Aufgaben hinaus gaben diese begrenzten und überschaubaren sozialen, religiösen und institutionellen Einheiten den Bürgern Schutz und Zusammenhalt. Sie stifteten Zugehörigkeitsstrukturen und begründeten Solidarität und Loyalität, auf die der einzelne – und zwar besonders der sozial schwache Bürger – zumal unter den Bedingungen einer ursprünglich noch rudimentär ausgebildeten Staatlichkeit, die nur wenig Sicherheit bot, angewiesen war. Zu diesen Unterabteilungen gehörte in Athen seit frühester Zeit übrigens die Mehrzahl aller freien Bewohner Attikas. Die Mitgliedschaft in ihnen beschränkte sich keineswegs auf die Aristokraten und ihre Gefolgschaften. Sie müssen also auf jeden Fall als schichtenübergreifende Verbände betrachtet werden. Innerhalb der verschiedenen Einheiten herrschte allerdings eine eindeutige soziale Hierarchie: Die reichsten und vornehmsten Familien stellten selbstverständlich die Vorsteher und die Priester der gemeinsamen Kulte, sie verfügten über die wichtigsten Altäre und finanzierten wohl auch einen guten Teil der kultischen Feste. Ebensowenig wie in anderen Poleis waren die verschiedenen Unterabteilungen der Bürgerschaft in Athen in einer rationalen Hierarchie aufeinander bezogen. So sind die Phratrien keine nachgeordneten Abteilungen der ‹übergeordneten› Phylen. Die voneinander unabhängigen Formen der Unterteilung stifteten vielmehr ein horizontales Geflecht von Zugehörigkeiten, das erst durch die Überschneidungen besonders wirksam Integration und Verdichtung auf der Ebene der alltäglichen Sozialbezüge bewirkte. Durch die Übernahme von Funktionen für die ganze Polis durch die dezentralen Basiseinheiten entstanden darüber hinaus vertikale Verflechtungen, die die wesentliche Klammer zwischen den kleinsten Gemeinschaften unmittelbar oberhalb des *oikos* und der Polis insgesamt bildeten.

5. Institutionen und Verfahren

Parallel zu den oben beschriebenen Verdichtungs- und Integrationsprozessen entwickelte die Polis in archaischer Zeit eine typische Grundstruktur von zentralen Institutionen, die allen Gemeinwesen der klassischen Zeit, den oligarchischen wie den demokratischen Varianten, prinzipiell gemeinsam war. Zentrales Element dieser Grundstruktur waren erstens die permanenten Ämter mit festen, funktional differenzierten sachlichen Zuständigkeiten, deren Inhaber nach bestimmten Regeln periodisch neu bestellt wurden. Zweitens verfügten alle Poleis über Ratsorgane mit ebenso festen, in der Regel vorberatenden, geschäftsführenden und kontrollierenden Funktionen. Das dritte Grundelement stellen schließlich die regelmäßig zusammentretenden Versammlungen der politisch vollberechtigten Bürger dar, die das Recht hatten, allgemein gültige, auch die Beamten und Ratsorgane bindende Beschlüsse zu fassen. Die Entstehung dieser Institutionen und einer geregelten Interaktion zwischen ihnen, also die Formalisierung politischer und anderer Verfahren, machen die Konsolidierung von Stadtstaatlichkeit wesentlich aus. Deren Besonderheit besteht in der Direktheit dieser Interaktion: Die beteiligten Institutionen sind ganz unmittelbar aufeinander bezogen, indem Amtsträger, Räte und Versammlungen sich immer *face-to-face* gegenübertreten. Die dabei ablaufenden Entscheidungsprozesse sind in eine überschaubare Öffentlichkeit eingebettet, und zwar in mehrfacher Hinsicht: Jedes politische Handeln ist sichtbar für alle, weil es auf der Agora als Forum einer typisch mediterranen *open air*-Kultur stattfindet. Zugleich wird diese Öffentlichkeit dort selbst zu einer Institution, indem sie als Versammlung an diesem Entscheidungshandeln aktiv teilnimmt. Die frühen Stadien des komplexen Entstehungsprozesses dieser speziellen Form von Stadtstaatlichkeit lassen sich allerdings in keiner einzigen konkreten Polis im Detail rekonstruieren. Fest steht nur, daß dieser Prozeß in den einzelnen Poleis durchaus unterschiedlich verlaufen ist, und zwar sowohl hinsichtlich der Geschwindigkeit und Dynamik der dabei durchlaufenen Phasen als auch hinsichtlich der Ergebnisse. Das ist schon an dem weiten Spektrum der Bezeichnungen, Formen und Konstellationen abzulesen, die Regierungs-, Rats- und Versammlungsorgane in den Poleis der klassischen Zeit schließlich angenommen hatten. Immerhin lassen sich einige Grundlinien dieses Prozesses nachzeichnen.

In *Ilias* und *Odyssee* erscheinen die Könige zwar bereits als Träger rudimentärer, protostaatlicher Führungsfunktionen, die durchaus schon unterscheidbar, aber faktisch noch ungeschieden in ihrer Person akkumuliert sind: Die *basileis* sind zugleich Heer- und Gefolgschaftsführer, Vermittler zwischen Göttern und Menschen, Wortführer in Rat und Versammlung, Schlichter und Schiedsrichter in den großen und kleinen Streitfällen innerhalb der Gemeinschaften. In den Siedlungen des späten 8. und frühen 7. Jahrhunderts verloren die Könige dann in fast allen griechischen Gemeinwesen nach und nach ihre Vorrangstellung. Dabei mag es eine Rolle gespielt haben, daß die *basileis* von vornherein nur eine relativ schwache Position hatten und sich ihre Stellung nur graduell und eben nicht strukturell von derjenigen der anderen Aristokraten unterschied. Die wenigen zentralen Herrschaftsfunktionen, die in früher Zeit überhaupt von je einem einzigen *basileus* ausgeübt wurden, gingen nun auf einen verbreiterten Kreis von Aristokraten über: Sie wurden von den jeweiligen, fortan wechselnden Inhabern der sich in dieser Epoche allmählich herausbildenden neuen Oberämter übernommen. Die Existenz von ein- und/oder mehrstelligen Obermagistraturen ist im 7. und 6. Jahrhundert jedenfalls für eine Reihe von Poleis im Mutterland, auf den Inseln der Ägäis und an der kleinasiatischen Küste sowie für viele der neu gegründeten Kolonien sicher bezeugt. So steht beispielsweise in Korinth, den korinthischen Kolonien und manchen kleinasiatischen Küstenstädten zunächst ein Oberbeamter mit dem Titel *prytanis* an der Spitze des Gemeinwesens. In Phokaia und auf Teos betraute man ab dem späten 7. Jahrhundert das Beamtenkollegium der *timouchoi* mit der Erfüllung obrigkeitlicher Funktionen. In Westlokris, Delphi, Arkadien und Argos begegnet im gleichen Zeitraum das zum Teil ebenfalls kollegial geführte Oberamt der *damiourgoi*. In Athen entwickelte sich der *basileus* zu einem Magistrat mit konkreten Kompetenzen: Er behielt die sakralen Funktionen der alten Könige und blieb für die ältesten Kulte zuständig. Außerdem hatte der *basileus* eine ganz spezifische richterliche Funktion in Mordprozessen. Das geht aus einem wichtigen Zeugnis für die athenische Frühgeschichte hervor, dem Gesetz über die unvorsätzliche Tötung, das der Gesetzgeber Drakon um 620 erlassen haben soll und das in einem großen Fragment der inschriftlichen Neupublikation des

Jahres 409/8 erhalten ist. Der oberste Beamte in Athen war aber eben nicht der *basileus*, sondern der *archon* (*eponymos*), dessen Name in eine Liste eingetragen wurde, die hier wie andernorts als Grundlage der Jahreszählung diente. Der Oberbefehl des Heeres, also die Führungsfunktion des (homerischen) *basileus* im Krieg, ging auf einen weiteren Beamten, den *polemarchos*, über. Diese drei Beamten – und die sechs *thesmothetai*, die für die Rechtsprechung zuständig waren – bildeten in Athen schließlich das neunköpfige Kollegium des Archontats.

Was die Entstehungs- und Formierungsphase dieser neuen Magistraturen anlangt, ist man weitgehend auf Vermutungen und hypothetische Rückschlüsse angewiesen. Die Kompetenzen dieser neuen Oberbeamten waren wahrscheinlich nicht von vornherein normativ und formal geregelt, geschweige denn funktional ausdifferenziert. Sie dürften sich zunächst aus den jeweils anfallenden konkreten Aufgaben und Problemen ergeben haben: Den ursprünglichen Funktionen der *basileis* entsprechend werden diese Kompetenzen wahrscheinlich etwa die Einberufung der Volksversammlung, die Führung des Heeresaufgebots und die Leitung der Ratsversammlung sowie judikative und sakrale Aufgaben umfaßt haben. Auch der Bestellungsmodus für diese Ämter und Kollegien ist in den Quellen nicht sicher bezeugt. Allein die Tatsache, daß sie in einem so frühen Stadium des Institutionalisierungsprozesses eingerichtet worden sein müssen, spricht jedoch schon dafür, daß die Rekrutierungsverfahren zunächst noch nicht formalisiert und die Voraussetzungen für die Bekleidung dieser Ämter auch noch nicht von vornherein klar definiert gewesen sein können. Die Vergabe dieser Ämter erfolgte zunächst wohl noch askriptiv, das heißt, man besetzte sie in Anlehnung an die bekannten ‹vorpolitischen› Überlegenheitsmerkmale militärischer, ökonomischer und gesellschaftlicher Art. Die Magistraturen wurden also aller Wahrscheinlichkeit nach jeweils von denjenigen Aristokraten bekleidet, die einflußreich und angesehen genug waren, um gegenüber den konkurrierenden Ambitionen ihrer Standesgenossen ihre eigenen Ansprüche auf diese neuartigen Überlegenheitspositionen effektiv durchsetzen zu können.

Die weitere Entwicklung dieser Ämter – das heißt konkret die Befristung der Amtszeiten, die zunehmende Aufspaltung und funktionale Ausdifferenzierung von Kompetenzen und Zuständigkeiten, die Formalisierung der Bestellungsverfahren und die Reglementierung der Zugangsbedingungen – ist wiederum auf komplexe Weise in die vielfältigen Wandlungsprozesse der archaischen Zeit eingebettet. Die Konstituierung von Beamtenkollegien bzw. die Erweiterung von zunächst einstelligen Magistraturen, die Einrichtung zusätzlicher Polisämter und die daraus resultierende weitere Aufspaltung der Funktionen zwischen ihnen wurden wohl nicht zuletzt durch die allmähliche Zunahme des Handlungsbedarfs und der konkreten Agenda vorangetrieben, die die Polis als Ganze betrafen und über die nun dementsprechend ‹politisch› (im ursprünglichsten Sinne des Begriffs) entschieden werden mußte. Die Probleme, die sich durch den gesellschaftlichen und wirtschaftlichen Entwicklungsprozeß ergaben, aber auch die Intensivierung der Kontakte zu anderen Städten, ferner vor allem die Veränderungen im Kriegswesen, die aus der Einführung der Hoplitentaktik resultierten, und die damit einhergehende Vermehrung der Aufgaben im militärischen Bereich machten es erforderlich, daß man die Zahl derjenigen, die mit der Erfüllung von solchen genuin ‹öffentlichen› Funktionen beauftragt wurden, nach und nach erhöhte und damit zugleich den Amtsinhabern deutlicher abgegrenzte Zuständigkeitsbereiche zuwies.

Daß für diese Einrichtung von Kollegialorganen und die entsprechende Aufspaltung der Kompetenzbereiche neben dem gewissermaßen objektiven Kriterium der Zunahme der Agenda auch bereits der Wunsch nach Intra- und Interorgankontrollen, also das Bedürfnis nach Verhinderung von allzu umfassenden Machtkonzentrationen und -kumulationen in den Händen einzelner aristokratischer Amtsinhaber stand, ist zumindest wahrscheinlich. Die ausgeprägte Wettbewerbsethik der Aristokraten dürfte auf jeden Fall dazu beigetragen haben, daß bereits in einem sehr frühen Stadium des Institutionalisierungsprozesses formale Regelungen zur Befristung der Ämter entwickelt wurden. Darüber hinaus sind auch schon früh erste Kontinuations- und Iterationsbeschränkungen bezeugt, die die Amtsinhaber daran hindern sollten, bestimmte Funktionen über die Jahresfrist hinaus und mehrfach in Folge zu besetzen. In Athen soll dem Bericht der erst im 4. Jahrhundert verfaßten Schrift vom *Staat der Athener* zufolge der Archon sein Amt zunächst auf Lebenszeit und dann für eine Dauer von zehn Jahren bekleidet haben, bevor man zu der in späterer Zeit üblichen strikten Jahresregelung überging. Bei dieser Darstellung handelt es sich allerdings mit ziemlicher Sicherheit um eine spätere Konstruktion. Wahrscheinlich ist lediglich, daß man in Athen – ebenso wie in anderen Poleis – erst nach vielen Übergangsstadien zu den aus historisch heller Zeit bekannten Regelungen kam.[6] Für die Einführung von Befristungsregelungen, Iterationsbeschränkungen und Kontinuationsverboten und für die eindeutige Reglementierung der Zugangskriterien für die einzelnen Magistraturen dürfte es darüber hinaus von einiger Bedeutung gewesen sein, daß im Zuge der gesellschaftlichen Veränderungen der archaischen Zeit und der generellen Steigerung der sozialen Mobilität nicht mehr so unstrittig und selbstverständlich feststand, welcher Personenkreis eigentlich einen Anspruch auf die Ämter geltend machen konnte. Das mag in manchen Gemeinwesen dazu geführt haben, daß von einem bestimmten Zeitpunkt an die Zahl der Aspiranten für die Ämter rasch anwuchs und sich damit die Konkurrenz um die zur Verfügung stehenden Stellen notwendig verschärfte. Schon aus diesem Grunde ergab sich ein gewisser Zwang, einerseits die Verteilungskriterien genauer festzulegen und andererseits auch Regelungen zu schaffen, die die Rotation der Ämter unter den Angehörigen der Elite tatsächlich sicherstellten. Diese Regelungen waren dabei sicherlich auch eine Reaktion auf die Art und Weise, in der manche Aristokraten versuchten, nun auch die neuen Polisämter zum Aufbau von Einflußmonopolen zu nutzen, die sie eindeutig über ihre Standesgenossen erhoben. So soll der Schrift vom *Staat der Athener* zufolge der Archon Damasias im Jahre 582 nach mehrmaligen heftigen Auseinandersetzungen über die Besetzung des Archontats versucht haben, sein Amt über die (offenbar bereits übliche) Jahresfrist hinaus zu kontinuieren. Erst nach einer irregulären Amtszeit von zwei Jahren und zwei Monaten konnte er schließlich mit Gewalt aus dem Amt vertrieben werden. Damasias brach also mit der Regel der Annuität und verhinderte damit die durch sie gewährleistete Rotation der Führungsämter unter all jenen Athenern, die grundsätzlich die in den solonischen Gesetzen kurz zuvor formal festgelegten Zugangsbedingungen für dieses Amt erfüllten.[7] Das Beispiel des Damasias zeigt, daß die Befristung von Ämtern und die Herausbildung von Iterationsbeschränkungen und Kontinuationsverboten auch als eine Präventivmaßnahme gegen das Verhalten derjenigen Aristokraten angesehen werden müssen, die durch eine dauerhafte Usurpation dieser Funktionen versuchten, die Handlungsbedingungen ihrer Standesgenossen zu ihrem persönlichen Vorteil einzuengen.

Auch die zweite konstitutive Instanz einer Polis – der Rat – entwickelte sich einerseits durch die Festigung spezifischer Funktionen und andererseits durch die Formalisierung der Verfahren, nach denen seine Mitglieder bestellt wurden, zu einer Institution im engeren Sinne. Der ‹Rat› des homerischen Königs ist noch nicht mehr als ein Kreis einflußreicher Aristokraten, in dem Sitz und Stimme von unbestimmten Kriterien wie Rang und Prestige abhingen und in dem keine formellen Beschlüsse gefaßt wurden. Allerdings finden sich schon in der *Ilias* erste Indizien für eine gewisse Festigung bestimmter Zuständigkeiten etwa auf dem Gebiet der Streitschlichtung und Rechtsprechung. Dabei ist es kein Zufall, daß die Institutionalisierung der Rechtsprechung vielerorts eine zentrale Rolle bei der Verfestigung von Staatlichkeit spielte. Denn die Etablierung anerkannter Organe und Verfahren einer friedlichen Streitschlichtung, der Ausgleich kollidierender Ansprüche zwischen Individuen und die Ahndung von Vergehen gegen die ganze Gruppe sind geradezu konstitutiv für diesen Prozeß. Diese Einrichtungen dienten ja wesentlich der Sicherung des inneren Friedens einer sich erst langsam festigenden Bürgerschaft und damit der Integration einer frühen Polis, in der weiterhin ein hohes Potential an desintegrierend wirkenden Konflikten vorhanden war. So fiel in Athen die Gerichtsbarkeit bei Bluttaten, denen ein Mitglied der Bürgerschaft zum Opfer gefallen war, in die Zuständigkeit des sogenannten Areopags, also des uralten ‹Rates vom Areshügel› – wie er nach seinem Tagungsort auf einem Hügel nordwestlich der Akropolis hieß. Mit dieser und weiteren gerichtlichen Kompetenzen – etwa in Fällen religiösen Frevels oder bei Verbrechen gegen die Polisgemeinschaft – begann sich der Areopag wohl schon im 7. Jahrhundert aus einem Adelsrat homerischer Prägung zu einer Institution zu verfestigen. Über die weiteren Kompetenzen des Areopags behauptet der Autor der Schrift vom *Staat der Athener*, daß er «die meisten und bedeutendsten Staatsgeschäfte» verwaltete und zudem «bevollmächtigt» war, «alle ungebührlich Handelnden zu strafen und mit Geldbußen zu belegen» – eine ebenso apodiktische wie allgemeine Formulierung, die über die konkreten Zuständigkeiten dieses Gremiums in archaischer Zeit natürlich wenig aussagt.[8] Bei allen Unsicherheiten, die der problematischen Überlieferungslage geschuldet sind, wird es in der neueren Forschung als wahrscheinlich angesehen, daß der Areopag auf jeden Fall eine gewisse Kontrollfunktion gegenüber den neun Archonten ausübte: Die Mitglieder dieses Kollegiums hatten nach Ablauf ihrer Amtszeit vor dem Areopag Rechenschaft abzulegen. Um diese Zeit, also noch vor 600, und in engem Zusammenhang mit der Entstehung dieses Überprüfungsverfahrens muß sich auch die später geltende Regelung der Ergänzung dieses Rates entwikkelt haben: Wenn ihre Amtsführung nicht beanstandet worden war, rückten die ehemaligen Archonten in den Areopag ein, dem sie dann auf Lebenszeit angehörten – damit wandelte sich dieser Rat zu einem Gremium, dessen Mitglieder nach dem objektiven Kriterium früherer Amtsinhaberschaft rekrutiert wurden. Durch die Reformen Solons im Jahre 594 wurde durch die Definition der Zensusklassen darüber hinaus eine Vermögensqualifikation für die Übernahme des Archontats und damit zugleich für den Eintritt in den Areopag festgelegt: Amt und Ratsmitgliedschaft standen von diesem Zeitpunkt an nur denjenigen offen, die jährlich mindestens 500 Scheffel Getreide erwirtschafteten.

In vielen Fällen ging eine solche Formalisierung und Objektivierung des Ergänzungsverfahrens mit einer Fixierung der Zahl der Sitze in dem betreffenden Gremium einher. So ist in Argos ein Rat der «Achtzig», in Knidos einer der «Sechzig» bezeugt, die aus den angesehensten Familien rekrutiert wurden. In manchen Städten auf Kreta soll die Zahl derjenigen, die (wohl auf Lebenszeit) dem jeweiligen Adelsrat angehörten, auf dreißig festgesetzt worden sein. In Sparta bestand bereits um die Mitte des 7. Jahrhunderts der Rat mit der homerisch-altertümlich anmutenden Bezeichnung *gerousia* (Rat der Alten) aus genau dreißig Mitgliedern, und zwar «mit den *archagetai*» (Anführern, wie hier die Könige genannt wurden). So war es in einem ungewöhnlichen Dokument ausdrücklich festgehalten, nämlich in der bereits erwähnten ‹Großen Rhetra›. Dieser ‹Spruch› – der Begriff *rhetra* bezeichnete später auch einen ‹Beschluß› und eine ‹Rechtssatzung› – ist zwar erst in der Vita des mythischen Gesetzgebers Lykourgos aus der Feder des berühmten Biographen Plutarch (ca. 46–120 n. Chr.) ausführlich zitiert, wird aber schon in einer Elegie des Dichters Tyrtaios aus dem 7. Jahrhundert indirekt erwähnt und gilt daher grundsätzlich als authentisch. Die in die Form einer Vorschrift des delphischen Apollon-Heiligtums gekleidete Satzung über religiöse und politische Einrichtungen legte insbesondere Verfahren und Gültigkeit der Beschlußfassung in der Volksversammlung fest. Dabei werden der *gerousia* wichtige Funktionen in diesem Verfahren zugewiesen, nämlich einerseits die ‹Vorberatung› der Anträge an die Volksversammlung – in Sparta wie in anderen Poleis entwickelte sich diese probouleutische (vorberatende) Funktion zum Kern der Zuständigkeiten des Rates. Andererseits hatte die *gerousia* in Sparta das Recht, bereits gefaßte, aber aus ihrer Sicht falsche, ‹schiefe› Entscheidungen zu kassieren. Die *gerousia* konnte der Versammlung also geradezu als autonome Instanz gegenübertreten. Eine ähnlich starke Funktion hatte der ‹Rat der Ältesten› gegenüber den *archagetai*, denn er war zugleich der höchste Gerichtshof, vor dem zuweilen sogar die Könige angeklagt und verurteilt wurden. Die formalen Qualifikationskriterien für die *gerousia* und ihr Ergänzungsverfahren blieben altertümlich: Das Prinzip der Rotation setzte sich niemals durch, die Geronten wurden auf Lebenszeit bestellt und waren auch nicht rechenschaftspflichtig. Kandidaten für freiwerdende Stellen mußten mindestens sechzig Jahre alt sein und über eine gewisse soziale Prominenz verfügen. Ihre Bestellung erfolgte in der Volksversammlung nach einem Verfahren, das schon in der Antike als sonderbar galt: Die Spartiaten entschieden hier nämlich durch Akklamation, also vermittels der Lautstärke der Zurufe, welcher der Bewerber zum neuen Mitglied der *gerousia* gekürt werden sollte.

Bereits um die Wende zum 6. Jahrhundert gab es in einigen Poleis Ratsgremien, die kaum noch etwas mit der traditionellen Form des Adelsrates zu tun hatten. In einer inschriftlich überlieferten Satzung aus Chios aus dem frühen 6. Jahrhundert wird ein ‹Volksrat› (*bole demosie*) genannt, der geradezu als das Zentrum der politischen Ordnung erscheint. Dieser Rat war keine ‹Gegeninstanz› des Volkes gegen ein weiter bestehendes aristokratisches Gremium, sondern eine Institution der Polis als Ganzer. Denn er sollte aus der gesamten Bürgerschaft gewählt werden, wie es ausdrücklich heißt, und zwar fünfzig Mitglieder je Phyle – ein Rekrutierungsverfahren, das eine gleichmäßige Repräsentation der Bürgerschaft in dieser wichtigen Institution der immerhin über 800 Quadratkilometer großen Inselpolis garantieren sollte. Dieser Rat trat regelmäßig, nämlich einmal im Monat zu feststehenden Terminen, zusammen und war insofern schon unabhängig von einer einberufenden Instanz. Die Zuständigkeiten der *bole demosie* bestanden zunächst wiederum in ihrer Funktion als Gerichtshof: Einerseits war sie Appellationsinstanz – vor ihr konnte vermutlich gegen Urteile der Magistrate Berufung eingelegt werden. Andererseits konnte dieser Rat auch selbst Strafen verhängen, vielleicht sogar gegen Magistrate – dann hätte er zumindest eine gewisse Kontrollbefugnis gegenüber den *demarchoi* (Distriktvorstehern) und den *basileis* gehabt. Verfahren gegen diese Magistrate und die Verhängung von Bußen wegen Amtsvergehen werden jedenfalls in der Inschrift aus dem frühen 6. Jahrhundert ausdrücklich genannt. Darüber hinaus mußten im ‹Volksrat› von Chios generell «die übrigen Angelegenheiten des Volkes» behandelt werden, wie es in diesem Text ebenfalls heißt.[9] Damit verfügte diese Institution bereits über die umfassende ‹vorberatende› Kompetenz eines geschäftsführenden Ausschusses der Volksversammlung.

In der Inschrift von Chios erscheint der *demos* selbst schon als institutionalisierte Instanz gerichtlicher und politischer Entscheidungen – diese Satzung ist mithin ein frühes urkundliches Zeugnis für die Konsolidierung der dritten in mehrfacher Hinsicht fundamentalen Ebene der Polisordnung, also der Versammlung der Gesamtheit der Bürger. Eine wichtige Aufgabe dieser Volksversammlungen war zunächst ihre Funktion als Gerichtshof. Das ist nicht nur für Chios bezeugt, wo der «*demos* zusammengerufen» wurde, um Gericht zu halten, sondern auch für Athen. Die Heliaia, das Volksgericht, das als Berufungsinstanz und als unmittelbar zuständiger Gerichtshof für bestimmte Tatbestände fungierte, war dort ein Kernstück der Reformen Solons, die insgesamt die Konsolidierung der politischen Ordnung wesentlich vorantrieben. Dabei beabsichtigte Solon keineswegs eine systematische Neugestaltung aller Institutionen oder gar die Stiftung einer ‹Verfassung›. Die einzelnen Maßnahmen, die er ins Werk setzte, zielten vielmehr unmittelbar und pragmatisch auf eine Lösung der konkreten sozialen Probleme, die in den letzten Dekaden des 7. Jahrhunderts zu heftigen Kontroversen innerhalb der Bürgerschaft geführt und die Stadt an den Rand eines Bürgerkriegs gebracht hatten. Solon setzte seine Reformen als Archon und als ‹Schlichter› mit besonderen Vollmachten durch – und in diese Funktion scheint er vom ganzen Volk direkt gewählt worden zu sein. Denn das Recht zur Wahl der Beamten hatte sich um 600 in Athen und wohl auch andernorts bereits zur zweiten wesentlichen Zuständigkeit der Volksversammlungen entwickelt. Zunächst hatte eine solche ‹Wahl› wohl nur in einem informellen Recht der Versammlung bestanden, die präsentierten Kandidaten aus der Gruppe der amtsfähigen Oberschicht durch irgendeine Form der Akklamation zu bestätigen. Aber selbst die bloße Zustimmung durch lautstarken Zuruf braucht bestimmte Regeln und stellt deswegen einen ersten Schritt zur Formalisierung eines eigenen Bestellungsverfahrens für Amtsinhaber dar. Dazu gehörte es schon früh, daß auch ein bloßes Akklamationsorgan periodisch, nämlich bei der jährlichen Wiederbesetzung, zusammentreten mußte. So wurde in Sparta die Regelmäßigkeit der Zusammenkünfte der Volksversammlung bereits in der ‹Großen Rhetra› festgeschrieben. Die Attraktivität der Ämter als zusätzliche Prominenzrollen für ambitionierte Aristokraten dürfte dann dazu geführt haben, daß aus der bloßen Akklamation schließlich ein echtes Auswahlverfahren wurde, bei dem der *demos* in der Versammlung über die konkurrierenden Kandidaten abstimmte. Einfache Formen der Stimmenzählung waren zunächst wohl in kleinen Gremien mit fixierter Mitgliederzahl üblich geworden. Ein frühes Beispiel dafür könnte das Kollegium der 51 Epheten in Athen gewesen sein, also diejenige Instanz, die nach dem Gesetz Drakons entscheiden sollte, ob eine Tötung als absichtliche, unabsichtliche, versehentliche oder berechtigte zu qualifizieren sei. Allein aus der ungeraden Zahl der Urteilenden läßt sich erschließen, daß in diesem Gremium eine Mehrheit die Entscheidung traf. Bereits in vorsolonischer Zeit wurde dieses Verfahren auf Volksversammlung und Volksgericht übertragen und dann auch im Areopag und im Rat der 400 praktiziert. Die Mehrheitsentscheidung versetzte die Bürgerschaften dabei in die Lage, schneller und effektiver zu agieren als zuvor, da in den Versammlungen nun nicht mehr mühsam ein Konsens gesucht werden mußte, wie es in *Ilias* und *Odyssee* noch als typisch beschrieben wird. Mit der Steigerung der Effektivität der Versammlungen dürfte sich zugleich der Bereich der politisch zu entscheidenden Traktanden ausgeweitet haben: Am Ende dieser Entwicklung entschieden griechische Volksversammlungen über Bauprogramme im sakralen und profanen Bereich, über öffentliche Finanzen und Münzprägung, über Außenpolitik und Gesandtschaftswesen, über Bündnisse und Verträge, über Krieg und Frieden, über die Erziehung der Jugend, über die Praktiken bei der Ausübung der Kulte und schließlich immer wieder über die Vollmachten einzelner Amtsträger und Befehlshaber und die Verfahren der geregelten Interaktion zwischen den Institutionen der Polis. In der klassischen Zeit war der Mehrheitsbeschluß mit Bindungswirkung für die Gesamtgemeinde die grundlegende Form der Entscheidungsfindung.

Die Formalisierung der Entscheidungsprozesse in den Volksversammlungen betraf nicht allein die Abstimmungen bei Wahlen und Gerichtsverfahren, sondern auch die dritte strukturell wichtigste Dimension des institutionellen Konsolidierungsprozesses der Polis: die Gesetzgebung. Erst dieses Verfahren ermöglichte der Gemeinschaft, allen ihren Mitgliedern individuell wie kollektiv als Bürgerschaft – und (damit) sich selbst – verbindliche Regeln und Normen aufzuerlegen. Gerade dadurch wird die Versammlung zum eigentlichen Zentrum der Ordnung, in dem die Polis und die sie konstituierende Bürgerschaft konkrete, sichtbare Gestalt als Institution annehmen konnte. Dabei haben die Volksversammlungen der archaischen Zeit in wesentlichen Punkten den Entwicklungsstand jener Zusammenkünfte (*agorai*) hinter sich gelassen, die in *Ilias* und *Odyssee* beschrieben werden: Ihre Beschlüsse werden nun in einem formalen Verfahren gefaßt und sind dann für die Gesamtheit verbindlich. Für Sparta wird das etwa in der ‹Großen Rhetra› bereits explizit betont, selbst wenn dort die Sonderregelung galt, daß Beschlüsse des Volkes von der *gerousia* kassiert werden konnten. Und in der ersten Klausel der großen Inschrift von Chios heißt es, daß die Entschlüsse des Volkes «bewahrt», also von den Magistraten beachtet und als geltendes Recht behandelt werden sollen – und dazu gehört natürlich auch die in diesem Text fixierte Vorschrift selbst. Hier wie sonst in frühen Gesetzen sind die Beamten regelmäßig die Adressaten der Gesetze, wenn es um die Verbindlichkeit geht. Denn sie sind – oft mit Strafandrohung – für die Umsetzung der beschlossenen Norm und die Verfolgung von Verletzungen zuständig. Viele Gesetze enthalten detaillierte Strafvorschriften, mit denen die strikte Respektierung und wortwörtliche Umsetzung erzwungen werden soll. Diese frühen von den Versammlungen beschlossenen Gesetze sind aber auch in anderer Hinsicht nicht mehr mit den Entscheidungen der homerischen *agorai* zu vergleichen. Denn sie wurden jetzt schriftlich niedergelegt, und zwar auf dauerhaften Schriftträgern – zumeist aus Stein –, und deshalb sind uns diese authentischen Zeugnisse erhalten geblieben, wenn auch oft nur als Fragmente. Der Text als solcher wurde damit jedem Zugriff der Adressaten entzogen, so daß sie ihn weder ignorieren noch willkürlich verändern konnten. Die so fixierten Urkunden wurden dann im öffentlichen Raum der Polis demonstrativ ausgestellt, oft an einem zentralen Tempel, so daß sie auch noch unter den Schutz der dort ansässigen Gottheit kamen. So wurden Volksbeschlüsse aus Elis etwa auf Bronzetafeln festgehalten, die im Zeus-Heiligtum von Olympia aufbewahrt wurden – und auf einer von ihnen heißt es sogar ausdrücklich, daß die Tafel dem Heiligtum geweiht sei. Diese Wahl des Ortes war keineswegs zufällig. Genau hier – unter dem Schutz der Götter, die älter und mächtiger waren als die Polis selbst und alle ihre Organe – konnte die Satzung eine Qualität erlangen, die ihr über die Besonderheit ihrer Schriftlichkeit hinaus auch noch eine eigene sakral fundierte Geltung und Unangreifbarkeit verlieh. Ja, durch die Verschriftlichung und Veröffentlichung erhielten Beschlüsse der Volksversammlung erst den besonderen Status eines Gesetzes. Das erscheint zunächst paradox, weil Schrift und Schriftlichkeit im 7. und 6. Jahrhundert ja noch längst nicht allgemein verbreitet waren und keineswegs das gesamte öffentliche Leben der Polis durchdrungen hatten – selbst in klassischer Zeit war und blieb die gesamte Kultur von einer strukturellen Mündlichkeit geprägt. Und das gilt insbesondere für Rede und Gegenrede vor Gericht, im Rat und in der Versammlung. Vor diesem Hintergrund stellt die Veröffentlichung eines Beschlusses der Volksversammlung als Inschrift einen geradezu feierlichen Akt der Hervorhebung und Verselbständigung dar. Denn mit dieser Verewigung auf Stein und der Plazierung im öffentlichen Raum gewann er eine sichtbare Dauerhaftigkeit und eine Gültigkeit, die über den Tag und den konkreten Anlaß hinaus wirken konnte. Aus einem bloßen Beschluß wurde damit ein unbefristet geltendes und insofern normatives Gebot oder Verbot, das auch in Zukunft strikt respektiert und wortwörtlich umgesetzt zu werden verlangte – eben ein Gesetz. Für die Polis als Ganze stellte das Verfahren der Gesetzgebung einen bedeutenden Institutionalisierungsschub dar. Es intensivierte und formalisierte die Interaktion zwischen den Magistraten, die die neuen Normen zu formulieren und als Anträge vorzulegen hatten, dem Rat, der sie ‹vorberiet›, und der Volksversammlung, die sie schließlich beschloß. In diesem Verfahren realisierte sich die Polis als institutionalisiertes Gemeinwesen und gewann ihre besondere Form von ‹Staatlichkeit›.

6. Fallstudie: Dreros

Aus Dreros, einer kleinen Stadt im Nordosten Kretas, ein Stück landeinwärts von der Bucht von Mirabello und nordöstlich des heutigen Neapolis gelegen, stammt das älteste bislang gefundene Dokument auf Stein, das heute unbestritten als eines der wichtigsten Zeugnisse für die Frühgeschichte der Polis angesehen wird.[10] Ausgrabungen in den dreißiger Jahren des 20. Jahrhunderts n. Chr. brachten dort eine Gruppe von insgesamt acht Inschriften hervor, die zunächst an der Ostmauer des hocharchaischen Tempels angebracht waren und später in die nebenan gelegene Zisterne aus hellenistischer Zeit stürzten. Die Anfänge des Tempels gehen bis in die Mitte des 8. Jahrhunderts zurück. Er war dem Apollon Pythios geweiht, der in den kretischen Poleis vor allem als Hüter des geregelten und friedlichen Zusammenlebens angesehen wurde. Das Bauwerk selbst ist in jeder Hinsicht bemerkenswert: Es war 11 mal 7 Meter groß und aus soliden Quadersteinen erbaut und stellt damit auf jeden Fall eine beachtliche Gemeinschaftsleistung der Polisgemeinschaft von Dreros dar. Im Inneren des Tempels befand sich eine zentrale Herdstelle, die von zwei Säulen gefaßt war, die das Dach trugen – eine Konstruktion, die weitaus komplexer war als die in dieser Epoche üblichen Lehmziegelwände mit Holzbohlen. In der Südwestecke des Tempels befanden sich eine Sandsteinbank und eine aus Steinplatten errichtete Truhe, die zahlreiche Kleinfunde und Kultfiguren barg: Bronzeschilde, Bronzeringe, eine steinerne Handmühle, Keramikschalen und eine Reihe von Ziegenhörnern. Der Tempel stellte offensichtlich den kultischen Mittelpunkt der archaischen Polis Dreros dar. Bezeichnenderweise schloß er im rechten Winkel an die südwestliche Ecke der ältesten Agora an und war mit ihr durch eine Treppenstraße, die sogenannte Nordtreppe, unmittelbar verbunden. Diese Agora ist ihrerseits eine der ältesten bekannten Anlagen dieser Art. Die etwa 30 mal 40 Meter große Terrasse wurde bereits gegen Ende des 8. Jahrhunderts ausgebaut und mit Stufenreihen an zwei Seiten bewußt als Versammlungsplatz gestaltet. Die Bürger von Dreros, die

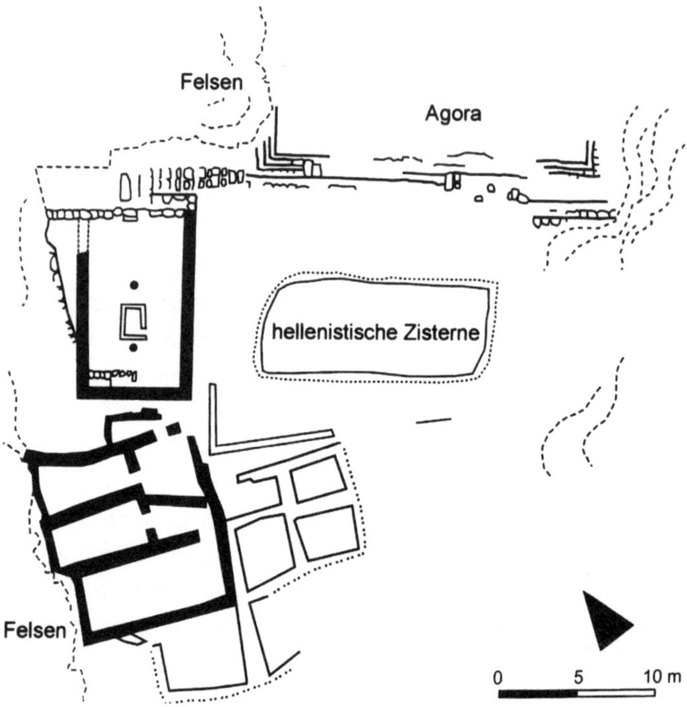

Abb. 13: Zentrum von Dreros

hier regelmäßig zusammenkamen, um über die Angelegenheiten der Gemeinschaft zu debattieren und zu entscheiden, hatten von ihren Plätzen aus den Tempel im Blick.

Die genannten Inschriften stammen alle aus dem gleichen Fundkontext und können anhand ihrer Buchstabenformen in die zweite Hälfte des 7. Jahrhunderts datiert werden. Sie sind in dreizehn graue Kalksteinblöcke eingemeißelt, die bei einer Länge von etwa einem Meter jeweils zwischen 20 Zentimetern breit und 30 Zentimetern tief waren. Bei einigen der acht Inschriften ist eine genaue Bestimmung ihres Inhalts schwierig. Sie handeln wohl von Vorschriften zu religiösen Reinigungen und Eiden einerseits und von Verfahrensfragen für Funktionsträger andererseits. Aus diesem Befund ragt die Inschrift, die die institutionelle Entwicklung der

Polis Dreros in archaischer Zeit widerspiegelt, deutlich hervor. Das Dokument ist vollständig erhalten und bietet sprachlich und epigraphisch kaum Probleme. Es ist der Praxis der Zeit entsprechend *boustrophedon* (wie der Ochse läuft) geschrieben. Konkret heißt das, daß die erste, dritte und vierte Zeile des Textes auf der rechten Seite beginnen und nach links laufen, die zweite dagegen rechtsläufig ist. Der materielle Gehalt der Satzung ist bekannt: Die Form der Einleitung und der Inhalt zeigen, daß sie einen Beschluß wiedergibt, den «die Polis» als Ganze getroffen hat, und das heißt in diesem Fall die Versammlung aller vollberechtigten Bürger. In dem Gesetz legt die Polis sich selbst und ihren Funktionsträgern Vorschriften auf, und diese Vorschriften werden mit spezifischen, genau bezeichneten Sanktionen bewehrt, die damit ihrerseits zu einem wesentlichen Bestandteil der Satzung als solcher gemacht werden. Durch einen abschließenden Eid wird die Verbindlichkeit der Vorschrift konstituiert. Dieser Eid hatte den Charakter einer Selbstverfluchung, der Meineidige war also im Fall einer Verletzung dem Gott zur Bestrafung anheimgestellt. Inhaltlich zielt der Beschluß auf eine formelle Regelung der Bedingungen ab, unter denen das Amt des *kosmos* in Zukunft ausgeübt werden sollte: Wer diese Funktion einmal innegehabt hatte, sollte sie innerhalb von zehn Jahren nicht wieder übernehmen dürfen. Wer dieser Vorschrift zuwiderhandelte, mußte mit empfindlichen Strafen rechnen: Erstens schuldete er das Doppelte aller Bußen, die er in seiner Funktion als (Schieds-)Richter verhängt hatte. Zweitens sollte er auf Lebenszeit «unbrauchbar» sein, was konkret bedeutet, daß er in Zukunft weder das Amt des *kosmos* noch irgendeine andere öffentliche Funktion bekleiden durfte. Drittens wurden alle diejenigen Entscheidungen, die er als *kosmos* getroffen hatte, kategorisch für null und nichtig erklärt.

Neben dem *kosmos*, der zu dieser Zeit wohl bereits Mitglied eines mehrstelligen Kollegiums war, werden in dem Gesetz noch weitere Institutionen der Polis genannt. Sie sollten den Eid auf die neue Satzung schwören und mit ihrer kumulierten Autorität ihre Einhaltung und Verbindlichkeit gewährleisten. Zu den in diesem Teil des Gesetzes erwähnten Gremien gehörten die *damioi*, bei denen

Abb. 14: Block aus der Wand des Tempels des Apollon Delphinios mit dem ‹Gesetz von Dreros› (© OUP)

es sich offensichtlich um ein weiteres Magistratskollegium handelt, das begrifflich und funktional bereits von demjenigen des *kosmos* geschieden war. Ihre konkreten Zuständigkeiten sind in der Forschung umstritten. Möglicherweise sind sie denjenigen der *damiourgoi* vergleichbar, die in anderen Poleis mit Finanzangelegenheiten betraut waren und darüber hinaus eine Art von institutionalisierter Aufsichtspflicht gegenüber anderen Funktionsträgern ausübten. Bei der letzten der zur Eidesleistung verpflichteten Institutionen, die emphatisch als «die Zwanzig der Polis» bezeichnet wird, handelt es sich um einen Rat. Die relativ geringe Zahl der Ratsmitglieder ist wohl der Größe der Polis Dreros und der überschaubaren Zahl ihrer Bürger geschuldet. Der Rat der «Zwanzig» ist dabei zweifellos bereits eine institutionalisierte Instanz mit festgelegten Kriterien der Mitgliedschaft, denn die fixierte Zahl der Ratsherren setzt ja – wie bei ähnlich benannten Einrichtungen anderer Poleis – voraus, daß die Bestellung der Mitglieder an definierte Kriterien gebunden und damit formal geregelt war.

Regelungen, wie sie die Satzung aus Dreros festlegt, wurden wohl nicht ohne einen aktuellen Anlaß ins Werk gesetzt. Sie sollten vielmehr einer sehr konkreten Entwicklung gegensteuern: Das wichtigste Amt der Polis, das sich zu dieser Zeit offenbar bereits einer gewissen Beliebtheit erfreute und von einer Reihe von potentiellen Amtsinhabern als zusätzliche Prominenzrolle angestrebt wurde, sollte nicht allzu oft von allzu wenigen Personen bekleidet werden. Die jährliche Rotation der Amtsinhaber, die zur Zeit der Beschlußfassung bereits etabliert war, sollte eingeschärft und durch ein Iterationsverbot verschärft werden, das eine erneute Bekleidung des Amtes innerhalb von zehn Jahren ausschloß. Die ungewöhnlich lange Frist von zehn Jahren dürfte dabei sichergestellt haben, daß alle diejenigen das Amt tatsächlich einmal übernehmen konnten, die überhaupt über den Status und das öffentliche Ansehen verfügten, die eine Akzeptanz ihrer Schiedssprüche durch die Gemeinschaft gewährleisteten. Dabei zielte die Iterationsbeschränkung für das Amt des *kosmos* wahrscheinlich noch nicht einmal in erster Linie darauf ab, die Monopolisierung des Amtes durch einen einzelnen und die Ausnutzung der damit verbundenen Macht zur Errichtung einer Tyrannis zu verhindern. Es ist vielmehr wahrscheinlich, daß scharfe Gegensätze innerhalb der lokalen Elite, Konkurrenzkämpfe um Rang und Einfluß und damit die Rivalität um den Zugang zum Amt des *kosmos* der eigentliche Auslöser für den Beschluß dieser Maßnahme waren. Man reagierte damit offenbar auf eine Situation, in der einige wenige aus der Gruppe der Amtsfähigen allzu erfolgreich waren und immer wieder in das Amt des *kosmos* gelangten, was die Einflußmöglichkeiten ihrer Standesgenossen letztlich unerträglich einschränkte und damit eine grundsätzliche Neuregelung des Zugangs zum Amt des *kosmos* erforderlich machte. Eine solche Regelung mußte notwendig allgemein akzeptabel und tragbar sein. Sie mußte neutral sein und durfte keinen der unmittelbar Betroffenen bevorteilen oder benachteiligen. Und sie mußte schließlich für alle Beteiligten auf Dauer verbindlich gemacht werden, um auch in Zukunft Rivalitäten zu kanalisieren und allzu ambitionierte Individuen dauerhaft einzubinden und auf die Regeln der Gemeinschaft zu verpflichten.

7. Fazit

Das Fallbeispiel Dreros spiegelt auf eindringliche Weise wesentliche Aspekte des komplexen Prozesses der Polisentwicklung in archaischer Zeit wider: Dreros war um die Mitte des 7. Jahrhunderts bereits eine Siedlung mit einem urbanen Kern, in dem die kultische und politische Identität einer Polis in Tempel und Agora konkrete Gestalt angenommen hatte. Es verfügte über eine differenzierte, hierarchisch gegliederte institutionelle Struktur, innerhalb derer die einzelnen Gremien miteinander agierten. Die Polis selbst, also die Versammlung aller vollberechtigten Bürger, bot den Rahmen für die Formulierung und Implementierung von Regeln, die die Gemeinschaft betrafen. Sie war die übergeordnete Instanz, in der die Gesetze beschlossen wurden, die Magistrate und Rat umzusetzen hatten. Und nur sie konnte ihre Durchsetzung durch die Verhängung von Sanktionen gegen Verletzer gewährleisten. Die ungeregelte lebenslängliche Herrschaft der *basileis* war damit überwunden – grundsätzlich galten bereits die Prinzipien der Befristung von Herrschaft und der periodischen Neubestellung ihrer Träger. Die Kriterien für die Mitgliedschaft in den Gremien waren bestimmt, die Zahl ihrer Mitglieder fixiert, konkrete Bestellungsverfahren hatten sich schon durchgesetzt. Ihre Aufgabenbereiche waren bereits funktional unterschieden. Die Institutionen agierten nach festgelegten Verfahren miteinander. Ein gewisses Maß an Interorgankontrolle war damit erreicht. Die Satzung, die die Beschränkung der Iteration des Amtes des *kosmos* festlegte, zeigt allerdings auch, daß diese neue Ordnung immer noch prekär war und durch das allzu selbstherrliche Agieren einzelner Individuen paralysiert werden konnte. Der desintegrierenden Wirkung eines solchen Verhaltens mußte die Polis als Gemeinschaft mit der Formulierung immer neuer differenzierterer Regeln gegensteuern, die die Bedeutung der Ämter gegenüber den individuellen Prominenzrollen stärkten und den inneren Frieden sicherten. Die Verschriftlichung und die Veröffentlichung der Gesetze an der Mauer des Tempels unter dem Schutz der Gottheit und in Sichtweite der Agora gewährleisteten die überzeitliche Gültigkeit der Regelungen. Strukturell waren Maßnahmen wie die Neuregelung des Zugangs zum Amt des *kosmos* zugleich ein kleiner Schritt in Richtung auf eine weitere Entpersonalisierung und Objektivierung von Herrschaft und trieben damit den Prozeß der Institutionalisierung weiter voran.

VI. DIE WELT DER BAUERN

«Wünschst du dir Reichtum», so schrieb der Dichter Phokylides aus Milet um die Mitte des 6. Jahrhunderts, «bemüh dich um einen fruchtbaren Acker; denn ein Acker, so sagt man, gilt als Horn der Amaltheia» – jener Nymphe also, die der Sage nach von der Göttin Rhea in eine schöne weiße Ziege verwandelt wurde, um ihren Sohn Zeus mit Milch zu säugen.[1] Den fruchtbaren Acker zu verlieren galt seinem Zeitgenossen Theognis von Megara als ein großes Unglück, das «ihm das düstere Herz erschüttert». Seine Felder, so klagt er, werden nun von einem anderen Bauern bewirtschaftet und «seine Maultiere ziehen den gebogenen Pflug nicht mehr für ihn».[2] Landwirtschaft, so hat es Xenophon im *Oikonomikos* Generationen später auf den Punkt gebracht, galt den Griechen als «die Mutter und Amme» aller anderen wirtschaftlichen Aktivitäten.[3] «Denn die Mehrzahl der Menschen», so schließt Aristoteles in der *Politik* seine Auflistung der unterschiedlichen Existenzformen ab, «lebt von der Erde und ihren eßbaren Früchten».[4]

1. Die bäuerliche Lebenswelt

Die Welt des archaischen Griechenlands war zunächst einmal eine Welt von Bauern, die mit ihren Familien und ihrem Gesinde ihre Höfe bewirtschafteten. Diese Bauern sahen sich als ein Glied in der langen Kette ihrer Vorfahren und Nachfahren. Sie betrachteten die fruchtbaren Äcker, Weingärten und Olivenhaine, die ihre Lebensgrundlage bildeten, als ihr wertvollstes Gut und bemühten sich, sie nachhaltig und effektiv zu nutzen, um sie an die nächste Generation weiterzugeben. Die Bauern der archaischen Zeit waren persönlich frei und in der Regel Eigentümer der von ihnen bebauten Felder und Gärten. Sie lebten in Dörfern und Städten, in denen sie vielfältige Kontakte zu ihren Nachbarn unterhielten. Isolierte Einzelgehöfte, so haben archäologische Surveys ergeben, gab es in der archaischen Zeit nur wenige. Das bebaute Land – «die schwarze Erde», «die Weizen und Gerste beschert» – befand sich in der *chora*, dem fruchtbaren Umland, ohne das eine prosperierende Polis nicht existieren konnte, wie bereits der Dichter der *Odyssee* betont.[5] Intensive archäologische Forschungen in Attika haben gezeigt, daß die einzelnen Kernsiedlungen dort im Durchschnitt etwa 10 Kilometer voneinander entfernt lagen. Die jeweilige *chora* erstreckte sich also in einem Radius von 5 Kilometern um die Siedlungen herum. Die Bauern, deren Besitz an der Peripherie lag, mußten demnach einen Fußweg von maximal 5 Kilometern zurücklegen, wenn sie ihre Felder und Gärten erreichen wollten. Dabei war es offenbar durchaus üblich, daß die einzelnen Bauern Landbesitz in unterschiedlichen Regionen hatten. Streubesitz, auf dem jeweils verschiedene Früchte angebaut wurden, minimierte das Risiko, die gesamte Ernte durch eine einzige Katastrophe wie etwa Unwetter oder Schädlingsbefall zu verlieren. Die Größe der Landstücke, die bewirtschaftet wurden, wird im Einzelfall unterschiedlich gewesen sein. Ein mittlerer Bauer, der den Lebensunterhalt für seine Familie und sein Gesinde erwirtschaften mußte, dürfte etwa 40 bis 60 Plethra Land besessen haben, was einer Hofgröße von 3,5 bis 5,4 Hektar entspricht. Ein Gut von circa 5 Hektar war mit einem Ochsengespann rentabel zu bearbeiten und warf einen ausreichenden Ertrag zum Unterhalt einer Familie ab. Sein Eigentümer zählte wohl zu den schwerbewaffneten Fußsoldaten, den Hopliten, die mit Helmen, Brustpanzern, Beinschienen und einem Schild ausgerüstet in den Kampf zogen. Neben den wohlhabenden Bauern gab es in den Siedlungen der archaischen Zeit natürlich auch eine große Zahl von Kleinbauern, die kein Pfluggespann besaßen und das Land mit Hacke und Spaten bearbeiten mußten. Die wirtschaftliche Lage dieser «Bauern ohne Rinder», wie Hesiod sie in den *Werken und Tagen* nennt, war weitaus prekärer, und sie waren dementsprechend stets in der Gefahr, ihren Status als selbständige Oikosbesitzer zu verlieren und in die unterbäuerlichen Schichten der Häusler abzusinken, die nur noch ein kleines Haus und einen Garten besaßen und ihre bescheidenen Erträge saisonal durch Tagelohndienste aufbessern mußten.[6]

Die Bauern der archaischen Zeit bauten auf ihren Höfen die typische mediterrane Trias von Getreide, Wein und Oliven sowie alle möglichen Obstbäume an. Um der allgegenwärtigen Gefahr von Hunger und Not zu entgehen, wurden zusätzlich zu Gerste und Weizen, die die wichtigsten Nahrungsmittel waren, in manchen Regionen – wie etwa in Attika und in der Argolis, auf Lesbos und auf Samos – Linsen, Kichererbsen, Zwiebeln und Kohl angepflanzt. Um eine Erschöpfung des Bodens zu verhindern, wechselte man regelmäßig zwischen Anbau und Brache. Das Brachland bestellte man mit Bohnen, die nicht nur als Nahrungsmittel, sondern auch als Düngepflanzen dienten. Auf den Getreidefeldern wurden zusätzlich Olivenbäume gepflanzt. Zwischen den Reihen von Weinstöcken und Olivenbäumen konnte Gemüse angebaut werden – eine Form der Interkultivation, die sich auch im heutigen Griechenland noch findet. Überhaupt versuchte man in der Regel, Monokulturen zu vermeiden. Zumal die mittleren Bauern dürften eine Vielzahl von Pflanzen angebaut haben, um das Risiko von Mißernten zu senken. Erst nach und nach kam es in manchen Regionen zu einer stärkeren Spezialisierung. So wurde etwa in den weiten Ebenen Thessaliens in erster Linie Getreide angebaut. Auf den Inseln Thasos, Chios und Kos spezialisierte man sich auf Wein. In Mytilene auf Lesbos erwirtschaftete man am Ende des 7. Jahrhunderts im Weinbau so nennenswerte Überschüsse, daß Charaxos, ein Bruder der Dichterin Sappho, damit in Naukratis im westlichen Nildelta Handel treiben konnte. In Attika gab es bereits zu Beginn des 6. Jahrhunderts große Ölbaumpflanzungen. Die Olivenbäume standen dort unter dem besonderen Schutz der Polis. Ein Gesetz, das Solon zugeschrieben wird, stellte das grundlose Fällen eines dieser wertvollen Bäume unter Strafe und legte dafür hohe Geldbußen fest. Darüber hinaus war Olivenöl von dem allgemeinen Exportverbot für Agrarerzeugnisse ausgenommen. Daß man sich bei der Herstellung des Öls am Ende des 6. Jahrhunderts bereits regelmäßig einer Ölpresse bediente, zeigt eine in der *Politik* des Aristoteles überlieferte Geschichte über die Geschäftstüchtigkeit des Thales von Milet. Als man den Philosophen «wegen seiner Armut verhöhnte und behauptete, die Philosophie sei unnütz», so berichtet Aristoteles, habe er nämlich, «da er mit Hilfe der Astronomie eine ergiebige Olivenernte voraussah, noch im Winter sämtliche Ölpressen in Milet und Chios für einen geringen Betrag gepachtet», um sie dann zur Erntezeit zu einem hohen Preis weiterzuverpachten – ein äußerst rentables Geschäft, das dem Mann der Wissenschaft einen hohen Profit und allgemeine Achtung eingebracht haben soll.[7] Das Öl der Oliven war nicht nur ein wichtiger Bestandteil der Nahrung, sondern diente den Athleten in der Palästra auch zur Körperpflege und war darüber hinaus Brennstoff für die Lampen. Olivenbäume und Weinstöcke erfordern eine weitaus intensivere Pflege als der Getreide- und Gemüseanbau. Wenn sie regelmäßig beschnitten und gewässert werden, erbringen sie aber auch ungleich höhere Erträge. Oliven- und Weinanbau waren deshalb auf jeden Fall eine Investition in die Zukunft. Sie banden den Bauern langfristig an den Hof und machten die Gärten zu einem wertvollen Besitz, den es an Kinder und Kindeskinder weiterzugeben galt.

Neben den bereits genannten Pflugochsen, über die wohl nur die wohlhabenden Bauern verfügten, hielten die Oikosbesitzer Maultiere, Ziegen und Schafe. Maultiere konnten bei leichteren Böden gegebenenfalls die Arbeit des Ochsengespanns übernehmen, Ziegen und Schafe gaben Milch zur Käseherstellung. Die Schafe lieferten darüber hinaus die Wolle zur Herstellung der Kleidungsstücke, die im *oikos* selbst gefertigt wurden. Das Vieh wurde auf dem Brachland oder auf Gemeindeland an der Peripherie der Siedlungen geweidet. Im Frühjahr wurde es in die Berge getrieben, wo es dann bis zum September blieb. Den Winter verbrachten die Tiere dagegen in den tiefer gelegenen und wärmeren Regionen. In Notzeiten stellte das Fleisch der Schafe und Ziegen eine wichtige Nahrungsreserve dar. Auf vielen Höfen gab es bereits in archaischer Zeit außerdem Bienenstöcke, die aus Terrakotta oder Holz gefertigt waren. Als besonders schmackhaft galt der Honig vom Hymettos in Athen, der noch in römischer Zeit von Feinschmeckern als Delikatesse gepriesen wurde. Dem Dichter der *Odyssee* war darüber hinaus die Geflügelhaltung vertraut. «Zwanzig Gänse, die mit Weizen und Wasser» gefüttert wurden, waren der ganze Stolz der Penelope, der Gattin des Odysseus.[8]

In der Hausgemeinschaft des *oikos* lebten in der Regel der Bauer und seine Familie sowie das freie und unfreie Gesinde. Das entscheidende Kriterium für die Zugehörigkeit zu dieser Gruppe war Residenz und nicht Verwandtschaft: Gemeinsam zu wohnen, zu essen und zu arbeiten konstituierte den natürlichen Zusammenhalt des Hauses, dessen Mitglieder der Gesetzgeber Charondas aus dem sizilischen Katane als «Tischgenossen», der Kreter Epimenides als «Troggenossen» bezeichnet haben soll.[9] Der Hof ging in der Regel beim Tode des Vaters auf die Söhne über. Wenn er nicht mehr in der Lage war, die schwere Arbeit zu bewältigen, konnte er ihn allerdings bereits zu Lebzeiten übergeben. Die Primogenitur, also die Bevorzugung des ältesten Sohnes, setzte sich im antiken Griechenland niemals wirklich durch. Das Erbe wurde also unter den Söhnen aufgeteilt. Um Streit über Größe und Qualität der Landstücke zu vermeiden, verloste man sie gegebenenfalls unter den Berechtigten. Töchter waren vom Erbe ausgeschlossen. Strategischer Besitz wie Land, Haus und Vieh sollte nicht in die Hand von Personen gelangen, die nicht zur Familie in der väterlichen Linie gehörten. Hatte ein Vater keine Söhne, sondern nur eine Tochter, wurde diese zur *epikleros*, das heißt, sie ging mit dem Erbe an den nächsten männlichen Verwandten über, der verpflichtet war, sie zu heiraten. Diese Verpflichtung galt selbst dann, wenn er schon verheiratet war und sich scheiden lassen mußte. Allerdings war der Ehemann der *epikleros* nur Verwalter des Hofes. Wenn seine Söhne aus der Ehe mit der *epikleros* das Erwachsenenalter erreichten, übernahmen sie das Erbe ihres Großvaters mütterlicherseits. Eine Waise ohne Brüder – nach der Terminologie der kretischen Gesetzgeber eine *patroiokos* – konnte beim frühen Tode ihres Vaters bereits mit 12 Jahren verheiratet werden.

Mit der Übernahme des Hofes wurde der junge Oikosbesitzer zu einem vollwertigen und gleichberechtigten Mitglied der Siedlungsgemeinschaft. Für den alten Vater brachte die Übergabe dagegen einen empfindlichen Statusverlust mit sich. Der griechische Rhetoriklehrer Dionysios von Halikarnassos, der seit dem Jahre 30 in Rom lebte und sich intensiv mit der römischen Geschichte beschäftigte, stellt in seinen *Antiquitates Romanae* prononciert die Unterschiede zwischen der griechischen und der römischen Gesetzgebung heraus. Solon, Pittakos und Charondas – Gesetzgeber, die wegen ihrer Weisheit gefeiert worden seien – hätten die Zeit begrenzt, in der die Söhne unter der Herrschaft des Vaters standen. Und er listet dann die unterschiedlichen Vorschriften auf, die die Söhne bis zum Erreichen der Mannhaftigkeit, bis zu ihrer Verheiratung oder bis zum Eintrag ihres Namens in die Bürgerlisten ihren Vätern unterstellten – Regelungen, die er im Vergleich zu Umfang und Ausdehnung der Gewalt des römischen Familienvaters offensichtlich für viel zu großzügig und milde hält.[10] Wie konfliktreich die Situation bei der Übergabe des Hofes sein konnte, zeigen aber nicht nur die theoretischen Überlegungen dieses Gelehrten, sondern auch eine Reihe von gesetzlichen Vorschriften aus dem klassischen Athen: So zählt der Autor der Schrift vom *Staat der Athener* die Annahme und Voruntersuchung von «Klagen wegen schlechter Behandlung der Eltern» zu den Pflichten des Archon – ein Vergehen, das explizit mit der Mißhandlung von Waisen und «der schlechten Behandlung einer *epikleros*» gleichgesetzt wird. Zudem wurde jeder zukünftige Amtsinhaber vor Antritt seines Amtes gefragt, «ob er seine alten Eltern gut behandle».[11] Doch die athenische Gesetzgebung schützte keineswegs nur einseitig die Rechte der Alten: Väter durften ihre Söhne nicht vom Erbe ausschließen und hatten auch nicht das Recht, zu Lebzeiten oder durch Testament einen Fremden zu adoptieren, wenn sie männliche Nachkommen aus einer legitimen Ehe hatten. Das Recht verpflichtete Väter und Söhne also gleichermaßen, den *oikos* von Generation zu Generation in der Familie weiterzugeben.

Mit dem Tode des Vaters oder der Hofübernahme kam auch der Zeitpunkt, an dem der junge Oikosbesitzer eine Ehe einging. Männer waren bei der Verheiratung im Durchschnitt 30 Jahre alt. Mädchen galten mit der Menarche – also etwa mit 14 Jahren – als heiratsfähig. In der Regel verließen sie den väterlichen Haushalt, bevor ihre Brüder den Hof übernahmen, und lebten in dem *oikos* ihres Ehemanns oder ihres Schwiegervaters. In den ersten Jahren nach seiner Gründung konnte ein neuer Hausstand demnach neolokal, patrilokal oder patrivirilokal sein: Die jungen Eheleute konnten also einen neuen Haushalt gründen, oder sie konnten bei einem der Väter oder bei dem Vater des Mannes leben. Es galt als selbstverständlich, daß ein Bauer verheiratet war. Ehelosigkeit war schon deshalb nicht vorstellbar, weil zu einem bäuerlichen *oikos* ein Mann und eine Frau gehörten, die jeweils die ihnen zufallenden Arbeiten verrichteten und gemeinsam wirtschafteten. Darüber hinaus war die Erzeugung legitimer Kinder die notwendige Voraussetzung für die Übergabe des Hofes an die nächste Generation. Welche Bedeutung Ehe und Fruchtbarkeit für die archaische Gesellschaft hatten, zeigen wiederum einige Vorschriften, die dem Athener Solon zugeschrieben werden: Dazu gehört nicht nur der *nomos agamiou*, also das Gesetz über das Verbot der Ehelosigkeit, sondern auch die Einschärfung arkaner Rituale, mit denen die Frauen ihre Bereitschaft zur Reproduktion der Gemeinschaft sinnfällig zu demonstrieren hatten. In Athen, so schreibt Plutarch in seiner Biographie des Gesetzgebers, sei es Brauch gewesen, «daß die Braut mit dem Bräutigam eingeschlossen wird, nachdem sie eine Quitte verzehrt hat, und daß derjenige, der eine Erbtochter bekommt, ihr jedenfalls dreimal monatlich beiwohnen muß».[12] In den Siedlungen des archaischen Griechenlands herrschte lokale Endogamie. Es wurde also erwartet, daß ein Bauer ein Mädchen aus der Nachbarschaft zur Frau nahm. Es sollte in einem *oikos* aufgewachsen sein, der dem ihres zukünftigen Ehemannes ähnelte, und dementsprechend die in der Gemeinschaft üblichen Verhaltensnormen kennen. Ihre Aufgabe war es, die auf dem Hof erwirtschafteten Erträge umsichtig weiterzuverarbeiten und eine kluge Vorratshaltung zu betreiben. Vor einer «gefräßigen Frau», die sich in Abwesenheit des Bauern über die Vorräte hermacht, wird in den Texten der archaischen Lyriker immer wieder gewarnt. Doch nicht nur ein ungezügelter Appetit, sondern auch Schönheit, Anmut und Eitelkeit der Frauen wurden als Problem angesehen, da sie die Autorität des Ehemannes gefährden konnten. Der Dichter Semonides von Amorgos hat in den ersten Dekaden des 7. Jahrhunderts in seinen satirischen Versen unterschiedliche Typen von Frauen beschrieben, die er jeweils mit einem Esel, einem Wiesel, einem Pferd, einem Affen und einer Biene vergleicht. Während derjenige Mann, der eine Frau vom Typ ‹Biene› freit, «Glück» hat, «weil auf ihr kein Tadel sitzen bleibt», ist derjenige besonders zu bedauern, der mit einer vom Typ ‹Luxuspferd› geschlagen ist. Denn sie geht «Grobarbeit und Mühen fleißig aus dem Weg: wird keine Mühle anrühren, und das Schüttelsieb nicht einmal heben». Sie schafft den Abfall nicht hinaus und meidet die Nähe des Ofens, um nicht vom Ruß geschwärzt zu werden. Statt ihre Pflichten zu erfüllen, «wäscht sie sich an jedem Tag sauber ab den Schmutz zwei Mal, bisweilen drei, cremt sich mit Duftöl ein, und immer trägt sie ihre Mähne schön gekämmt, in dichter Fülle und von Blütenpracht bedeckt». Für einen bäuerlichen *oikos* ist «ein solches Schmuckstück» jedenfalls denkbar ungeeignet.[13] Misogyne Sprüche dieser Art spiegeln die vielfältigen Ängste der Männer vor dem Versagen der Frauen wider. Sie zeigen, daß die *oikoi* der archaischen Zeit bei ihrer stets prekären wirtschaftlichen Lage auf Fleiß und Pflichtbewußtsein der Frauen angewiesen waren. Einem Mann, der mit der Heirat eine Frau in sein Haus aufnahm, die diese Erwartungen nicht erfüllte, drohte eine akute Gefährdung seiner bäuerlichen Existenz.

Um die vielfältigen Arbeiten auf dem Hof zu erledigen, brauchte ein Bauer Gesinde. Knechte arbeiteten mit dem Hausherrn auf dem Feld, führten den Pflug, ernteten das Getreide und die anderen Feldfrüchte und hielten die Gerätschaften in Ordnung. Mägde unterstützten die Frauen bei der Nahrungszubereitung und bei der Herstellung der Kleidung. Kinder und Heranwachsende begleiteten das Vieh zur Weide und hüteten Ziegen und Schafe. Dabei konnte es sich um freie oder unfreie Arbeitskräfte handeln. Die freien Knechte und Mägde stammten in der Regel aus den Familien der Kleinbauern und der unterbäuerlichen Schichten. Sie wurden von den Bauern schon in jungen Jahren jeweils für ein Jahr in den Dienst genommen, lebten gemeinsam mit der Familie im *oikos* und mußten aus den Erträgen des Hofes ernährt werden. Es spricht alles dafür, daß die Bauern alljährlich ihren Bedarf an Arbeitskräften neu berechneten. Dabei kamen ganz unterschiedliche Faktoren zum

Tragen: So dürften etwa Zahl und Alter der leiblichen Kinder sowie die Höhe der Erträge des vorherigen Jahres eine Rolle gespielt haben. Wenn die Ressourcen ausreichten, verlängerte der Bauer die Vereinbarung und behielt den Knecht oder die Magd auf dem Hof. Daneben gab es auch noch Tagelöhner, die saisonal – etwa zu Erntearbeiten – verpflichtet wurden. Diese Gruppe rekrutierte sich wohl aus der Schar derjenigen, deren Besitz nicht genug Erträge erbrachte, um ihre Familie zu ernähren, und die sich deshalb als Lohnarbeiter ein Zubrot verdienen mußten. In manchen Regionen Griechenlands spielte Sklavenarbeit schon früh eine entscheidende Rolle. So wurde das Land in Lakonien und Messenien, auf Kreta und in Thessalien von einer unfreien, unterworfenen Urbevölkerung beackert, die einen Überschuß für die herrschende Elite erwirtschaftete. Doch auch in anderen Regionen – wie etwa in Athen – wo diese Voraussetzungen nicht gegeben waren, war Sklavenarbeit in der Landwirtschaft verbreitet. Eine allmähliche Intensivierung des Anbaus, die sich etwa in der erwähnten Interkultivation von Weinstöcken und Olivenbäumen mit Gemüse und Getreide zeigte, erhöhte den Bedarf an Arbeitskräften und ließ die Zahl der unfreien Arbeiter steigen. Die Unfreien waren stets Fremde, die durch Krieg, Beutezüge oder Menschenraub ihre Freiheit verloren hatten. Die Sklaven erscheinen in den zeitgenössischen Texten jedoch nicht als anonyme Gruppen von Feldarbeitern, die allein oder unter der Aufsicht eines Verwalters die Felder beackern. Sie arbeiten vielmehr in enger Gemeinschaft mit ihren Herren, die die gleichen Arbeiten verrichten wie sie und Seite an Seite mit ihnen Felder und Gärten bestellen – ein Phänomen, das nicht zuletzt auf das intensive Arbeitsethos dieser Epoche zurückzuführen ist, für das die Texte Hesiods ein beredtes Zeugnis ablegen. Dabei ist in der Forschung immer wieder diskutiert worden, ob sich der Kauf eines Sklaven für einen mittleren Bauern überhaupt rechnete. Konkrete Angaben über die Preise für Sklaven sind erst aus der klassischen Zeit überliefert. Demnach kostete in Athen ein männlicher Sklave auf dem freien Markt zwischen 150 und 200 Drachmen und damit genausoviel wie ein Gespann Ochsen – eine Anschaffung, die für einen mittleren Bauern sicherlich nicht leicht zu finanzieren war.

Die Bauern des archaischen Griechenlands lebten bis zum Ende des 8. Jahrhunderts in einfachen ovalen Hütten. Diese Anlagen, deren archäologische Überreste sich auf dem Festland, in Ionien, auf den Inseln der Ägäis und in den neu gegründeten Siedlungen auf Sizilien und in Unteritalien gefunden haben, verfügten in der Regel nur über einen einzigen Raum. Sie waren etwa 6 mal 7 Meter groß. In der Mitte des karg ausgestatteten Innenraumes befand sich die Hestia, der heilige Herd, auf dem die Nahrung zubereitet wurde und um den sich die Oikosgemeinschaft zum Essen versammelte. Keramikgefäße, die in die Erde eingesenkt waren oder auf niedrigen Podesten standen, nahmen die spärlichen Vorräte des Haushalts auf: Hier lagerte man etwa getrocknete Früchte, Bohnen und in Salz eingelegtes Gemüse. Die Mauern dieser frühen Häuser bestanden aus kleinen zurechtgehauenen Bruchsteinen. Ihre Dächer waren mit Reisig gedeckt. Seit dem frühen 7. Jahrhundert wurden die ovalen Hütten dann zunehmend durch rechteckige Häuser ersetzt. In Milet und Eretria hat man nach 700 die alten Oval- und Apsishäuser mit viereckigen Gebäuden überbaut. Besonders gut läßt sich die Entwicklung des archaischen Wohnbaus im sizilischen Megara Hyblaia nachvollziehen. In dieser neu gegründeten Siedlung haben die ersten Ankömmlinge im 8. Jahrhundert nach Art der Indigenen in einfachen, teilweise in den Boden eingegrabenen Hütten gewohnt. Doch schon bald wurde das Gelände, das spätestens seit der Mitte des 7. Jahrhunderts durch eine Mauer gesichert war, gleichmäßig erschlossen und in Parzellen mit einem nahezu rechteckigen Grundriß eingeteilt. Jeder der Neusiedler erhielt ein Stadtgrundstück in einer Größe von 100 bis 120 Quadratmetern sowie ein Landgrundstück in der *chora* zugeteilt. Die zunächst weiterhin einräumigen Häuser maßen 4,5 mal 4,5 Meter. Sie waren einfach, aber solide und dabei überraschend einförmig gebaut. Ihre Mauern waren etwa 45 Zentimeter stark. Die Räume waren ohne Innenstützen mit flachen Balkenlagen und Lehmdächern abgedeckt. Drei der elf Häuser, die noch in das 8. Jahrhundert gehören, verfügten über Anlagen zum Speichern von Getreide. Doch schon in der nächsten Generation änderte sich das Bild. Einige der Einraumhäuser wurden durch Anbauten zu Komplexen mit bis zu drei

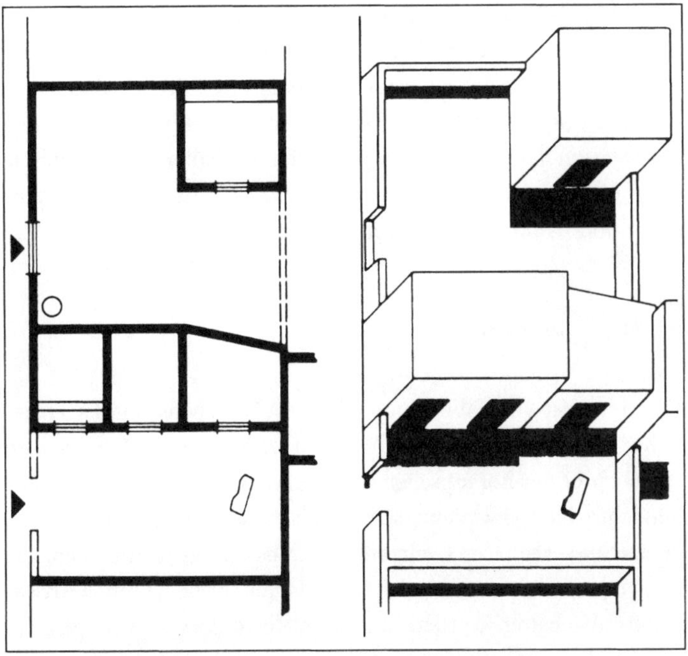

Abb. 15: Megara Hyblaia, Grundriß und axonometrischer Aufriß der archaischen Wohnhäuser

Räumen erweitert. Die etwa 40 Häuser, die in Megara Hyblaia im Laufe des 7. Jahrhunderts neu gebaut wurden, hatten im Durchschnitt zwei oder drei Räume bei einer Grundfläche von bis zu 80 Quadratmetern. Zwischen den Grundstücken und an der straßenseitigen Begrenzung wurden feste Mauern errichtet, die Innenhöfe entstehen ließen, die Platz für Magazine, Geräteschuppen und ähnliche Anlagen boten. Getreide und andere Vorräte konnten in unterirdischen Vorratsräumen kühl und trocken aufbewahrt werden. Um die Mitte des 7. Jahrhunderts errichtete man bei einigen Häusern eine über die ganze Front verlaufende überdachte Veranda, die sogenannte Pastas, die eine Verbindung zwischen den rückwärtigen Räumen und dem offenen Innenhof herstellte. Die gestiegene Zahl der Räume und der Bau der Pastas lassen eine stärkere funktionale Differenzierung bei der Nutzung der Gebäude erkennen und verweisen auf eine allmähliche Veränderung der Lebensformen: Die Mehrzahl der Räume gestattete die Trennung der Zubereitung und des Konsums von Nahrungsmitteln. Vorformen des Androns, des späteren Männersaales, lassen auf eine stärkere Segregation der Geschlechter schließen. Vorhallen und Innenhöfe ermöglichten es, viele Arbeiten nun nicht mehr innerhalb des Hauses, sondern draußen unter freiem Himmel zu verrichten.

2. Fallstudie: Askra

Einen intensiven Einblick in die bäuerliche Lebenswelt der archaischen Zeit bieten die Gedichte des Hesiod – eines Zeitgenossen der Dichter der homerischen Epen, der um 700 in Askra in Boiotien lebte. Hesiod war einerseits Bauer mit einem eigenen *oikos*, andererseits verfaßte er Gedichte und reiste zu großen Festen, die etwa anläßlich der Begräbnisfeierlichkeiten für bedeutende Aristokraten abgehalten wurden, um diese Texte dort vorzutragen. So soll ihn eine seiner Reisen nach Euboia geführt haben, wo er an den Leichenspielen zu Ehren des Amphidamas teilnahm – eines der Opfer jenes Krieges um die lelantische Ebene, der am Ende des 7. Jahrhunderts zwischen Chalkis und Eretria ausgetragen wurde und späteren Autoren als die letzte militärische Auseinandersetzung galt, bei der auf die alte ‹vorhoplitische› Weise gekämpft wurde. Hesiod nahm bei dieser Gelegenheit höchst erfolgreich an den nach episch-heroischem Vorbild inszenierten musischen Agonen teil und errang einen «der herrlichen Preise, die die edlen Söhne» des Verstorbenen gestiftet hatten. Diesen Preis weihte er später den Musen, um ihnen zu danken, daß sie ihn einst mit «hellem Gesange begabt hatten», als er an den Hängen des Helikon seine Schafe hütete.[14] Im Gegensatz zu den Dichtern der homerischen Epen ist Hesiod zweifellos eine historische Persönlichkeit. In seinen Texten nennt er seinen Namen und berichtet seinem Publikum von seiner Familie und seinem Dorf, seinen Vorlieben und Abneigungen und nicht zuletzt von dem Erbstreit mit seinem Bruder Perses. Hesiods Vater, so heißt es dort, stammte ursprünglich aus dem äolischen Kyme an der Westküste Anatoliens. Doch die bittere Armut in dieser Region veranlaßte ihn schließlich zur Emigration. Er überquerte die Ägäis in westlicher Richtung und ließ sich nach der Abwicklung eines Handelsgeschäfts schließlich in Askra nieder. Die neue Heimat der Familie, wo der Vater offenbar problemlos Land erwerben konnte, beschreibt Hesiod in düsteren Farben als ein ärmliches Dorf – «übel im Winter, beschwerlich im Sommer und niemals erfreulich».[15]

Über die Lage von Askra informiert der Geograph Strabon in seinen in augusteischer Zeit verfaßten *Geographika*. Er lokalisiert den Ort auf der rechten Seite des Helikon, circa 40 Stadien, also 7,5 Kilometer entfernt von der südöstlich gelegenen Polis Thespiai, zu deren Territorium es gehörte.[16] Die Region ist durch einen archäologischen Survey mittlerweile gut erschlossen, so daß Hesiods Heimatdorf mit einiger Zuversicht identifiziert werden kann. Askra lag am östlichen Abhang des Pyrgaki-Hügels, auf dessen Kuppe sich in mykenischer Zeit eine gut geschützte Siedlung befand, die im 13. oder 12. Jahrhundert verlassen wurde. Die ersten Funde auf dem Territorium von Askra stammen aus dem frühen 10. Jahrhundert. Der Ort blieb dann bis zum 3. Jahrhundert regelmäßig besiedelt. Reste einer Umfassungsmauer, Hausmauern und weitere Oberflächenfunde, die sich in einem Areal von 15 Hektar gefunden haben, weisen Askra als eine verhältnismäßig große Siedlung aus, die im 5. und 4. Jahrhundert einige tausend Einwohner hatte. Zur Zeit Hesiods dürfte der Ort allerdings eher ein kleines Bauerndorf gewesen sein, in dem nicht mehr als 200 bis 300 Menschen lebten und das damit durchaus typisch für Zentralgriechenland war, wo sich in dieser Epoche nur wenige urbane Zentren entwickelten. Irgendwann zwischen dem 7. und dem 4. Jahrhundert wurde der Pyrgaki-Hügel mit einer langen Ringmauer umgeben. Die Einwohner von Askra konnten ihn nun in Notzeiten als Fluchtburg nutzen. Im 4. Jahrhundert wurde dort ein Wachturm errichtet, dessen Überreste heute noch zu sehen sind. Pausanias, der Boiotien im 2. nachchristlichen Jahrhundert bereiste, berichtet, daß seine Ruinen das einzig Denkwürdige seien, was zu seiner Zeit von Askra geblieben war.[17]

Pausanias allgemeine Beschreibung der Region fällt insgesamt durchaus positiv aus: Er lobt das fruchtbare Umland des Helikon und weist auf die große Zahl der dort kultivierten Bäume hin – ein Befund, der sich im übrigen durchaus mit dem deckt, was wir in Hesiods Gedicht mit dem Titel *Werke und Tage* über seinen *oikos* und dessen Bewirtschaftung erfahren. Hesiod richtet sich in dem 828 Verse umfassenden Text an seinen Bruder Perses, mit dem er nach dem Tode des Vaters über dessen Erbe gestritten hatte. Perses hatte offensichtlich den größeren Teil des väterlichen Hofes erhalten, und Hesiod hat seine Ansprüche auch in einem Schiedsgerichtsverfahren vor den führenden Männern von Thespiai nicht durchsetzen können. Er klagt jedenfalls in eindringlichen Worten über die «geschenkefressenden *basileis*» und ihre korrupte Rechtsprechung. Daß es ihm dennoch gelungen ist, zu einem wohlhabenden Oikosbesitzer zu werden, verdankt er seiner harten Arbeit und klugen Haushaltsführung. Und eben darüber will er seinen indolenten und erfolglosen Bruder belehren, der seinen Lebensunterhalt trotz der Bevorteilung durch die bestechlichen Richter nicht sichern kann und nun an die Tür seines Bruders klopft und um Hilfe bittet. Hesiod gibt ihm zahlreiche praktische Ratschläge zur effizienten Wirtschaftsführung, die wohl die Organisation seines eigenen prosperierenden *oikos* widerspiegeln. Darüber hinaus ermahnt er ihn zu richtigem Verhalten gegenüber Göttern und Menschen.

Zu der Hausgemeinschaft im *oikos* des Hesiod gehören Frau, Kind und Gesinde. Ein Mann, so empfiehlt er mit Nachdruck, solle erst heiraten, «wenn er vom dreißigsten Jahr nicht mehr um vieles entfernt ist». Und er rät darüber hinaus, eine junge Frau aus der Nachbarschaft zu freien, die noch anpassungsfähig ist und bereit, sich von ihrem Ehemann über rechtes Verhalten belehren zu lassen. Eine solche Frau, so betont er, sei das «schönste Gut», das ein Mann erwerben könne. Zugleich warnt Hesiod ebenso wie andere Dichter der Zeit sowohl vor einer allzu «eßbegierigen» als auch vor einer vor einer allzu attraktiven Frau, die es verstehe, die Männer mit schmeichelnden Worten zu betören.[18] Seine negativen Erfahrungen mit dem geltenden Erbrecht und der aristokratischen

Rechtsprechung veranlassen ihn, seinem Bruder nahezulegen, besser nur einen Sohn zu zeugen, um die Prosperität des Hofes zu sichern – ein Rat, der darauf abzielt, die von Generation zu Generation weiter fortschreitende Aufsplitterung des Grundbesitzes zu vermeiden. Mehrere Kinder, so betont er, vermehren die Sorgen, doch sie können auch zum Reichtum der Familie beitragen.[19] Weitere Familienmitglieder – etwa Töchter – werden in den *Werken und Tagen* nicht erwähnt. Allerdings macht Hesiod an verschiedenen Stellen deutlich, wie wichtig ihm ein respektvoller Umgang mit den nächsten Angehörigen ist. Ehebruch mit der Gattin des Bruders verurteilt er ebenso wie eine Mißachtung der greisen Eltern. «Wer da den greisen Vater an trauriger Schwelle des Alters schmäht und wider ihn eifert mit ungebührlichen Worten», so prophezeit er, den wird Zeus mit «mit schwerer, schmählicher Buße strafen».[20]

Seinem Bruder Perses tritt Hesiod mit einem ausgeprägten Mißtrauen gegenüber – eine Haltung, die er an anderer Stelle auf die gesamte Verwandtschaft überträgt, der er unterstellt, sich im Notfall weniger hilfsbereit zu zeigen als die Nachbarn, die sofort herbeieilen, wenn ein Unheil droht. Dabei ist Hesiods Einstellung zu seinen Nachbarn durchaus ambivalent: «Ein böser Nachbar ist ein Fluch, ein Segen aber ein guter», so heißt es an einer Stelle. Der Dorfnachbar kann ein wirklicher Freund sein, und Hesiod rät, gesellig mit ihm zu verkehren und gelegentlich mit ihm zu speisen, denn gemeinsame Mahlzeiten versprechen «größere Freude und geringere Kosten». Von den Nachbarn, so weiß Hesiod, kann das Wohl und Wehe der eigenen Existenz abhängen. Die ungeschriebenen Regeln des Umgangs miteinander besagen, daß die Bauern sich in Notfällen gegenseitig unterstützen. Solche nachbarschaftliche Solidarität manifestierte sich etwa darin, daß man dem anderen Nahrungsmittel oder Saatgut auslieh, wenn durch Dürre, Schädlingsbefall oder Überfälle Hunger und Not drohten. Das Geliehene, so betont Hesiod mit großer Emphase, müsse allerdings möglichst bald und mit einem Aufschlag wieder zurückgegeben werden, um sich den Geber für die Zukunft gewogen zu halten. Es lag also im Interesse des einzelnen und der gesamten Gemeinschaft, die ideale Gleichheit unter den Bauern wiederherzustellen und niemanden in eine dauernde Inferiorität geraten zu lassen. Nachbarn, die diese Art von Unterstützung verweigerten und dementsprechend die geltenden Verhaltensnormen mißachteten, konnten aus der Solidargemeinschaft der Bauern ausgegrenzt werden.[21]

Da Hesiod ein gut situierter und in vergleichsweise sicheren materiellen Verhältnissen lebender Bauer war, gab es in seinem *oikos* auch das entsprechende freie und unfreie Gesinde. Neben einer «gekauften Magd», die er für die Erledigung der dringendsten Arbeiten auf jeden Fall für erforderlich hält, erwähnt der Dichter noch mehrfach Knechte, die die Felder bestellen und zahlreiche andere Arbeiten auf dem Gut verrichten. Eine umsichtige Auswahl dieses Gesindes und sein möglichst effektiver Arbeitseinsatz sind für Hesiod die unabdingbare Voraussetzung für eine erfolgreiche Bewirtschaftung des Hofes. Ein junger Bauer, so rät er, brauche als erstes eine weibliche Sklavin und einen Zugochsen. Später sollte dann ein männlicher Sklave dazukommen. Für die Zeit nach der Ernte, wenn die Scheuern wohlgefüllt sind, empfiehlt Hesiod, einen Tagelöhner und eine weitere Magd zu dingen. Da der Hof das freie und unfreie Gesinde miternähren mußte, war es notwendig, daß die Bauern knapp kalkulierten: Die Männer sollten deshalb ledig und die Frauen kinderlos sein – für zusätzliche Esser reichten die Ressourcen nicht aus. Bei dem Sklaven, der den Pflug führte, sollte es sich um einen «vierzigjährigen Mann» handeln, der gut ernährt und zu konzentrierter Arbeit fähig sei. Bei einem jüngeren, so Hesiod, bestehe nämlich die Gefahr, daß er sich allzu leicht ablenken lasse und «immer Umschau nach seinen Gefährten halte». Ein junger Sklave ohne die entsprechende Erfahrung eigne sich nur dafür, hinter dem Pflug herzugehen und die Vögel von der frischen Aussaat zu vertreiben.[22] Neben Pflügen und Aussaat gehörte auch das Ausdreschen des Getreides zu den Pflichten des Gesindes. Dabei versteht es sich von selbst, daß Sklaven und Freie von Sonnenaufgang bis Sonnenuntergang tätig waren – eine Regel, die auch für den Bauern selbst galt, denn nur unermüdliche Arbeit, so Hesiod, mache den Bauern «reich an Herden und Habe». Und deshalb mahnt Hesiod seinen Bruder Perses auch immer wieder

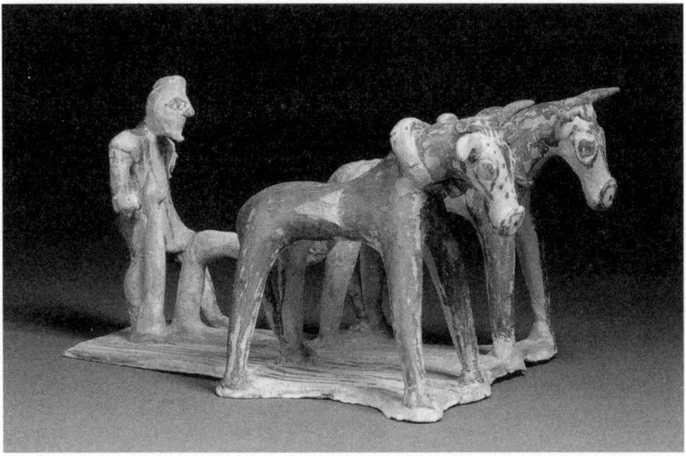

Abb. 16: Bauer mit einem von Ochsen gezogenen Pflug. Terrakotta aus Boiotien, 6. Jahrhundert. Paris, Musée du Louvre

eindringlich zu harter und effizienter Arbeit auf dem eigenen Hof, die er als das einzige probate Mittel ansieht, um Elend, Hunger und Abhängigkeit auf Dauer zu vermeiden. «Götter und Menschen», so hält er ihm vor, «hassen müßige Menschen». Nur Fleiß bringe «Ehre und Ansehen», «Faulheit» dagegen «Schande».[23] Die Akzeptanz des Bauern in der Dorfgemeinschaft, so zeigt sich hier, war abhängig von seinem unablässigen Arbeitseinsatz. Nur wer die Normen des geltenden Arbeitsethos erfüllte, war ein geachtetes Mitglied der Gemeinschaft der freien Bauern.

Hesiod betreibt auf seinem Hof eine intensive Landwirtschaft. Er baut Getreide, Wein und Obstbäume an und betont immer wieder, daß jedes dieser Produkte zu seiner Reifezeit eine gute Ernte bringt. Olivengärten werden in den *Werken und Tagen* nur ganz kurz erwähnt. Bei der Viehhaltung empfiehlt Hesiod, sich auf nützliche Tiere zu beschränken. Er selbst verfügt über ein Ochsengespann, um seine Felder zu pflügen, und dürfte damit auf jeden Fall zu den wohlhabenderen Bauern gehört haben. Die Ochsen, so empfiehlt er, sollen neun Jahre alt sein, denn in diesem Alter sind sie «unverwüstlich an Kraft und schaffen die Arbeit am besten».

Den Pflug, den sie ziehen, hat der umsichtige Bauer selbst gefertigt. Er nutzt den Herbst, die Zeit, «wenn die glühende Hitze des Helios nachläßt», um in den Bergwäldern das Holz zu fällen, das für sein wichtigstes Arbeitsgerät geeignet ist. Für die einzelnen Teile des Pfluges sollen jeweils verschiedene Holzsorten gewählt werden: Eiche für den Scharbaum, Steineiche für den Krümel und Ulmen- oder Lorbeerholz für die Deichsel. Und da Hesiod stets an einer zügigen und effektiven Erledigung aller Arbeiten gelegen ist, rät er, stets zwei Pflüge bereitzuhalten, um im Notfall Ersatz zu haben. Neben dem Ochsengespann besitzt Hesiod Maultiere, Ziegen und Schafe, die er auf den bewaldeten Hügeln des Helikon – möglicherweise auf Gemeindeland – weiden läßt. Für den Anbau und die Ernte der unterschiedlichen Feldfrüchte erteilt er zum Teil ausführliche praktische Ratschläge. Dabei kreisen seine Überlegungen immer wieder um den richtigen Zeitpunkt für die Erledigung der Arbeiten. Grundsätzlich gilt die Regel, daß nichts auf «morgen oder übermorgen» verschoben werden darf. «Einem müßigen Mann», «der alles verschiebt» – so warnt er – werde es niemals gelingen, die Scheuern zu füllen. Darüber hinaus ist es wichtig, alles in der richtigen Jahreszeit zu erledigen. Der Bauer, so empfiehlt Hesiod, soll sich dabei nach dem Stand der Gestirne richten, und er soll «nackt säen und nackt auch pflügen». Im Februar, bevor die Schwalben kommen, sollen die Weinreben beschnitten werden, und im September soll dann mit der Weinernte begonnen und die Trauben anschließend auf dem Hof weiterverarbeitet werden. Und auch in diesem Fall geht der Dichter wiederum ins Detail und rät seinem Bruder Perses, «sie zehn Tage und Nächte» in die Sonne zu legen und «fünf Tage im Schatten ruhen zu lassen», bevor «des Dionysos Gabe, der Freudenbringer», in die Krüge gefüllt wird. Dem selbstproduzierten Wein zieht Hesiod allerdings den importierten aus Thrakien vor, den er trinken wird, wenn im Sommer die richtige Zeit zum Feiern gekommen ist, der Bauer im Schatten lagert und sich an Gerstenbrot, Milch, Wein und dem Fleisch «von Erstlingsböcken» gütlich tut.[24]

Wenn all die Arbeit getan ist und der Bauer die Regeln befolgt hat, kann er durchaus beruhigt, ja sogar optimistisch in die Zukunft

Abb. 17: Aussaat und Pflügen. Schwarzfiguriges attisches Vasenbild, um 550. London, British Museum

blicken. Hesiod sieht die wirtschaftliche Situation auf seinem Hof nämlich keineswegs als notwendig statisch an. Seine Überlegungen kreisen nicht um die Erwirtschaftung des Lebensnotwendigen, sondern um eine Verbesserung seiner Lage. Harte Arbeit konnte ja durchaus den erhofften Gewinn einbringen und den Wohlstand des Oikosbesitzers sichern und gegebenenfalls sogar vergrößern. Hesiod rät dem einzelnen Bauern, durch unermüdliche Arbeit und durch ein den Göttern wohlgefälliges Verhalten seine Lage so weitgehend zu stabilisieren, daß seine Chancen, den *kleros* eines anderen zu erwerben, größer sind als das Risiko, den eigenen Hof an einen anderen zu verlieren. Sein Ziel ist es also, seinen Hof auf Kosten der anderen zu vergrößern und nicht umgekehrt. Dafür ist es notwendig, daß «Nachbar mit Nachbar» um den besseren Ertrag konkurriert. Es ist die gute Eris, die Göttin der Zwietracht und des Streites, die die Bauern dazu motiviert, stets mit ihresgleichen zu rivalisieren und möglichst alle anderen im Streben nach Reichtum zu übertreffen.[25] Da der eine Bauer – wie Hesiod sehr wohl weiß – seinen Reichtum letztlich nur auf Kosten des anderen vermehren konnte, mußte sich diese auf den permanenten Wettbewerb mit den Nachbarn ausgerichtete Mentalität zumal für die ohnehin Schwächeren negativ auswirken und ihre Situation weiter verschlechtern. Die überschaubare Welt der *Werke und Tage*, Hesiods Askra, läßt also sowohl die Möglichkeiten und Chancen als auch die beträchtlichen Risiken der bäuerlichen Existenz erkennen.

3. Die Welt der Bauern im Umbruch

Die *Werke und Tage* des Hesiod sind in der Forschung häufig als das früheste Zeugnis für eine krisenhafte Veränderung der bäuerlichen Lebenswelt in der archaischen Zeit interpretiert worden. Zumal das dort bezeugte Erbrecht und die aus der Realteilung resultierende fortschreitende Aufsplitterung des Grundbesitzes sowie die in dem Text omnipräsente Not der Kleinbauern, die auf Leihgaben ihrer wohlhabenderen Nachbarn angewiesen sind, werden als zentrale Ursachen für eine fortschreitende Destabilisierung der bäuerlichen Lebenswelt angesehen. In Hesiods Dichtung kommen natürlich nur die Probleme zur Sprache, die aus dem Zusammenleben in der überschaubaren Welt von Askra erwuchsen. Allgemeine Krisenfaktoren wie etwa demographische und klimatische Veränderungen entzogen sich dem Blick der Zeitgenossen und sind heute allenfalls durch archäologische Daten faßbar. Als ein solcher Faktor galt in der Forschung lange eine starke Bevölkerungszunahme seit der Mitte des 8. Jahrhunderts. So berechneten J. N. Coldstream und A. M. Snodgrass auf der Basis der ab 750 deutlich ansteigenden Zahl der Gräber pro Generation in Athen für diese Region ein ‹explosives› Bevölkerungswachstum von circa 4 Prozent pro Jahr. Diese Zahl mußte mittlerweile allerdings nach unten korrigiert werden, da neue Untersuchungen gezeigt haben, daß die steigende Zahl der Gräber auch auf gesellschaftliche Veränderungen zurückzuführen ist, die bewirkten, daß immer mehr Menschen formal – das heißt konkret: in archäologisch nachweisbaren Gräbern – bestattet wurden. Auch die für die gleiche Zeit zu diagnostizierende Zunahme von Weihgaben in poliadischen und panhellenischen Heiligtümern wird heute nicht mehr als Reflex einer Bevölkerungsexplosion angesehen, sondern vielmehr auf einen Wandel der Kultpraktiken zurückgeführt, der darin resultierte, daß die ‹privaten› Weihungen in Form von Grabbeigaben deutlich zurückgingen. Doch selbst wenn quantifizierende Aussagen auf der Basis des archäologischen Materials damit obsolet geworden sind, kann als gesichert gelten, daß im 7. Jahrhundert mehr Menschen als je zuvor in zahlreicheren und größeren Siedlungen lebten, die sich zudem auch noch auf einen weiteren geographischen Raum verteilten. Zumal in Kombination mit anderen Indizien spricht also alles dafür, die demographische Entwicklung weiterhin als einen Faktor der Krise anzusehen.

Ein solcher Bevölkerungsanstieg konnte bei der allgemeinen Knappheit der Weide- und Anbauflächen in Griechenland und der generell mit zahlreichen Risiken behafteten Produktionsweise wohl schnell zu einer Verschlechterung der bäuerlichen Lebensbedingungen führen. Dazu kam es vor allem dann, wenn ein solcher Bevölkerungsanstieg sich mit anderen destabilisierenden Faktoren wie etwa einer Periode anhaltend ungünstiger klimatischer Bedingungen und mehreren aufeinanderfolgenden unterdurchschnittlichen Ernten kombinierte. Indizien für das Auftreten und die krisenverschärfende Wirkung solcher klimatischer Störungen wie etwa anhaltender Dürreperioden und aus ihnen resultierender Hungersnöte und Epidemien lassen sich für einen Zeitraum von der Mitte des 8. Jahrhunderts bis zum Ende des 7. Jahrhunderts für unterschiedliche Regionen in Griechenland ausmachen. So wird etwa die Einrichtung zahlreicher neuer Brunnen auf der athenischen Agora zwischen 760 und 710, die dann schon wenige Jahrzehnte später wieder aufgegeben wurden, als Folge einer sich über Jahrzehnte hinziehenden Dürrekatastrophe angesehen – eine Interpretation, die auch dadurch gestützt wird, daß in dem gleichen Zeitraum die Weihgaben im Heiligtum des Regengottes Zeus Ombrios auf dem Hymettos an Zahl beträchtlich zunahmen. Die Stadt Rhegion in Unteritalien soll dem Zeugnis des Geographen Strabon zufolge von einer Gruppe von Chalkidiern gegründet worden sein, die aufgrund einer Hungersnot – vielleicht ebenfalls infolge einer Dürrekatastrophe – ihre Stadt verließen. Auch von der Insel Paros schickte man im 8. und frühen 7. Jahrhundert Kolonisten aus, und das Fragment eines Gedichtes des Archilochos weist darauf hin, daß das wohl ebenfalls wegen einer Hungersnot geschah. Der Historiker Herodot berichtet, daß sich die Bürgerschaft der Insel Thera um 630 wegen einer siebenjährigen Dürreperiode zur Aussendung eines Kolonistenzuges entschloß. Zu diesem Zeitpunkt war die Situation dort offenbar so brisant, daß man keine andere Wahl hatte, als Teile der Bürgerschaft geradezu zur Emigration zu zwingen.

Die Reaktionen der Bürger von Chalkis, Paros und Thera verweisen dabei bereits auf ein zentrales Strukturproblem: Vor Ort waren die aus Bevölkerungsanstieg, Dürre und Mißernten resultierenden Probleme kaum zu lösen. Deshalb versuchten manche Bauern – wie etwa der Vater des Hesiod – der bitteren Armut in ihrer Heimat dadurch zu entgehen, daß sie ihre angestammten Siedlungsgemeinschaften verließen und sich andernorts ein Auskommen suchten. Darüber hinaus dürfte es mancherorts eine Binnenkolonisation gegeben haben, wie eine allmähliche Ausweitung der Territorien einzelner Poleis und die Terrassierung schwer zugänglicher Areale an der Peripherie belegt. Es bleibt jedoch fraglich, ob auf diese Weise die strukturellen Probleme dauerhaft und nachhaltig gelöst werden konnten. Es kommt hinzu, daß die insgesamt geringen Möglichkeiten der Extensivierung und der Intensivierung der landwirtschaftlichen Produktion letztlich ohnehin nur von den größeren Grundbesitzern genutzt werden konnten, da nur sie – und eben nicht die verarmten Kleinbauern – über die für solche Unternehmungen notwendigen Ausgangsressourcen wie etwa zusätzliche Zugtiere, Arbeitskräfte und einen Vorrat an Saatgut verfügten. Und auch nur sie dürften das notwendige Kapital für die Anpflanzung arbeitsintensiver Oliven- und Weingärten besessen haben. Aktivitäten dieser Art trieben die soziale Differenzierung innerhalb der griechischen Gemeinwesen schließlich noch weiter voran. Sie vergrößerten also die Kluft zwischen Reich und Arm und verschärften damit mittelbar die sozialen Spannungen.

Auch das Ausweichen auf andere, nichtagrarische Subsistenzquellen scheint nicht in nennenswertem Umfang möglich gewesen zu sein. In archaischer Zeit ist zwar mit einer Intensivierung der lokalen handwerklichen Produktion zu rechnen, dem Handwerk kam jedoch aufs Ganze gesehen noch eine zu geringe Bedeutung zu, um größeren Teilen der Bevölkerung eine neue Existenzgrundlage bieten zu können. So erwähnt Hesiod zwar bereits einige spezialisierte Handwerker – beispielsweise Töpfer, Schmiede und

Zimmerleute. Die in den *Werken und Tagen* beschriebenen Verhältnisse zeigen jedoch deutlich, daß die Mehrzahl der Güter in seiner Zeit noch im Haus gefertigt wurde und das Ideal weiterhin in einer möglichst weitgehenden Autarkie des einzelnen *oikos* bestand. Daß die Zahl der in Handwerksberufen tätigen Einwohner der griechischen Gemeinwesen bis auf weiteres relativ gering blieb, zeigen auch neuere Untersuchungen, die die Zahl der Personen zu berechnen versuchen, die vom 8. bis zum 6. Jahrhundert in einzelnen griechischen Poleis mit der Herstellung der bemalten Keramik beschäftigt waren. Sie kommen nämlich zu dem Schluß, daß selbst in einer Stadt wie Korinth, die seit dem 8. Jahrhundert in beachtlichen Stückzahlen Keramikprodukte von hoher Qualität exportierte, kaum jemals mehr als circa 250 Männer pro Generation mit der Produktion dieser Erzeugnisse beschäftigt gewesen sein dürften. Auch die frühesten archäologisch bezeugten Werkstätten für Metallverarbeitung zeigen relativ kleine Ausmaße. So bestanden die Anlagen in Pithekoussai auf Ischia und in Skala Oropou in Ostattika, die in die Zeit um 700 gehören, aus jeweils einem einzigen Wohnquartier und zwei Schmieden in unmittelbarer Nähe. Die vergleichsweise niedrige Zahl der Handwerker in Relation zur Gesamtbevölkerung und das geringe Maß an Spezialisierung am Ende des 8. Jahrhunderts sollten aber nicht vorschnell zu dem Schluß verleiten, daß es auf diesem Gebiet in der archaischen Zeit keine Entwicklung gegeben habe – das Gegenteil ist der Fall: Der steigende Bedarf der Eliten an Luxusgütern zur Statusdemonstration trieb den Wettbewerb zwischen den Handwerkern voran und führte zu geradezu spektakulären Entwicklungen bei der Herstellung der entsprechenden Artefakte.

Ganz ähnlich stellt sich die Situation wohl im Hinblick auf den Handel dar. Bauern wie Hesiod konnten in gewissem Umfang Überschüsse produzieren, die sie dann auf dem Markt anboten. Der Saison- und Gelegenheitshandel mit diesen Produkten konnte im Einzelfall zu einer Verbesserung der ökonomischen Situation der Bauern führen. Daß es durchaus Abnehmer für diese Waren gegeben hat und daß regionale Spezialitäten andernorts Abnehmer fanden, zeigt die Vorliebe des Dichters für thrakischen Wein. Der

Handel mit Nahrungsmitteln wie Oliven, Honig, Nüssen, Mandeln und Fischprodukten ist darüber hinaus durch die Überreste in Transportamphoren nachgewiesen. Solche Seehandelsgeschäfte waren jedoch stets mit einem gewissen Risiko verbunden, wie Hesiod seinem Bruder Perses mit eindringlichen Worten vorhält. Ihre Abwicklung setzte zudem ebenfalls gewisse Ausgangsressourcen voraus. Wer «das schwarze Meer» befahren wollte, um sein Glück mit solchen Geschäften zu versuchen, mußte zumindest über eine nennenswerte Überschußproduktion zum Verkauf und über ein zum Transport der Waren geeignetes Schiff verfügen – Güter, an denen es den von der Krise betroffenen Bauern auf jeden Fall gemangelt haben dürfte.[26]

Ein gut bezeugtes Beispiel für ein fortgeschrittenes Stadium einer solchen Krise der bäuerlichen Lebenswelt ist die Lage in Athen um 600, von der die Gedichte Solons Zeugnis ablegen. Solon war einer der archaischen Lyriker, Dichter und Sänger, die im 7. und 6. Jahrhundert in einer Reihe von Poleis auftraten. Sie gehörten der Führungsschicht an, und ihre Gedichte sind durch deren Lebenswelt, Werte und Ideale bestimmt. Ihr Publikum war traditionell der Kreis ihrer Standesgenossen beim sozial exklusiven Ritual des Gastmahls. Allerdings verstanden sich diese Lyriker keineswegs als bloße ‹Unterhalter›, sondern vielmehr als Beobachter, Mahner und Kritiker. Und diese Art von intellektuellem Selbstverständnis motivierte einige von ihnen – wie etwa Solon – dazu, in Krisenzeiten auch in der Öffentlichkeit aufzutreten und ihre Texte in der Mitte der Polis, auf der Agora, vorzutragen. In seiner Elegie mit dem Titel *Eunomia* (gute Ordnung) macht Solon seinen Mitbürgern zu Anfang erst einmal unmißverständlich klar, daß sie allein für die Situation ihrer Stadt verantwortlich sind und nicht irgendwelche göttlichen Mächte, die die Stadt ohne Schuld ins Verderben ziehen. Hier wird – soweit wir wissen erstmalig – explizit an die Eigenverantwortung aller Bürger appelliert. Nach diesem Apell an den Gemeinschaftssinn und das Verantwortungsgefühl benennt Solon die Gruppe derer, die er in besonderem Maße für die Mißstände in Athen verantwortlich macht. Er bezeichnet diese Gruppe als *hegemones tou demou*, was man adäquat mit ‹Führer des Volkes› übersetzen kann. Diesen Führern wirft Solon vor allem ihre Arroganz und ihre schrankenlose Habgier vor. «Durch Reichtum und seine Lockung verführt», so prangert er ihr Fehlverhalten an, schonen sie weder «heiligen Besitz noch das gemeindliche Gut» und «stehlen und raffen von überall alles». Ungerechtigkeit, Maßlosigkeit und das zügellose Gewinnstreben dieser Gruppe, so argumentiert Solon, sind die wesentlichen Ursachen für die Krise der Stadt. Er kritisiert die Unmäßigkeit, die sie bei der Pflege ihres üppigen Lebensstils an den Tag legen. Sie verstünden es nicht mehr, so moniert er, sich mit ihrem Besitz zufriedenzugeben, sondern nutzten jede Möglichkeit, diesen immer weiter rücksichtslos zu vermehren. Als Leidtragende des Fehlverhaltens der *hegemones* sieht Solon die «Armen», die als Sklaven ins Ausland verkauft worden oder vor ihren Gläubigern dorthin geflohen waren. Er spricht außerdem von anderen, die in Attika selbst zu Sklaven geworden waren und dort «vor der Willkür ihrer Herren zitterten».[27] In einem anderen Gedicht, das als eine Art von Rechenschaftsbericht nach Ablauf seiner Amtszeit als Archon im Jahre 594 verfaßt worden ist, rühmt sich Solon, die «schwarze Erde Attikas» aus ihrer Versklavung befreit zu haben, indem er die *horoi* herausriß – jene Steine, die markierten, daß das betreffende Grundstück mit einer Hypothek belastet war.[28] Der Autor der Schrift vom *Staat der Athener* berichtet in seiner Schilderung der Situation in Attika zur Zeit Solons, daß dort die Armen die Sklaven der Reichen gewesen seien. Sie wurden *pelatai* und *hektemoroi* genannt, da sie ein Sechstel ihrer Erträge an die Reichen abführen mußten, deren Ländereien sie bewirtschafteten. Er konstatiert, daß sich das ganze Land in den Händen weniger befand und daß diejenigen Bauern, die die Zahlung ihrer Abgaben schuldig blieben, in die Sklaverei verkauft wurden. Solche Zeugnisse informieren zwar nicht über die konkreten Faktoren, die diese Krise in Athen auslösten. Sie erlauben es noch nicht einmal, eindeutig zu rekonstruieren, wie jener Prozeß der schleichenden Enteignung und der sozialen und schließlich rechtlichen Deklassierung von Teilen der Bauernschaft, dessen Resultate sie widerspiegeln, eigentlich konkret abgelaufen ist. Die Texte machen aber hinlänglich deutlich, daß in Athen um 600 zumindest ein Teil der Bauernschaft verarmt war. Sie hatten bei den Reichen Darlehen etwa in Form von Saatgut aufgenommen und konnten ihre Schulden nicht mehr zurückzahlen. Da Schuldner ihren Gläubigern nach dem geltenden Recht mit ihrer Person haften mußten, waren sie schließlich auf den Status von Schuldsklaven abgesunken und damit in eine lebenslange Abhängigkeit geraten. Die Polis – traditionell eine Gemeinschaft wirtschaftlich ungleicher, aber persönlich freier Individuen – war dort also in der Gefahr, zu einer Herrschaft der Reichen über eine abhängige, an die Scholle gebundene Landbevölkerung zu degenerieren. Solons *seisachtheia*, die von ihm ins Werk gesetzte allgemeine Schuldentilgung und Abschaffung der Schuldknechtschaft, hat diese Entwicklung effektiv gestoppt. Allerdings ließen sich mit diesen Reformen keineswegs die strukturellen Probleme lösen, die die Krise verursacht und vorangetrieben haben. Dazu war ein breites Spektrum von flankierenden Maßnahmen erforderlich wie etwa die bereits erwähnten Solon zugeschriebenen Regelungen zum Erbrecht und zur Kontrolle der Ausfuhr von Agrarprodukten – und auch diese Maßnahmen wirkten sich nicht unmittelbar, sondern bestenfalls mittelfristig aus, wie die weitere Entwicklung zeigen sollte.

4. Fazit

Kehren wir noch einmal in Hesiods Askra zurück. Askra, das zum Territorium der Polis Thespiai gehörte, war eine Gemeinschaft freier Bauern, die Eigentümer ihres Landes waren und selbständig wirtschafteten. Neben ihnen gab es noch die Kleinbauern und die unterbäuerlichen Schichten, die frei waren und als Knechte und Mägde oder als Tagelöhner auf den Höfen ihrer wohlhabenderen Nachbarn arbeiteten. Ein Teil der Arbeit wurde von unfreiem Gesinde geleistet. Land war in Askra offensichtlich frei veräußerlich, und es gab noch genügend unkultivierte Äcker, die Bauern wie der Vater des Hesiod erwerben konnten. Eine lokale Elite, die *basileis*, war offenbar in dem urbanen Zentrum von Thespiai ansässig, wo sich auch ein reges Gemeinschaftsleben abspielte. Die *basileis* nahmen Gemeinschaftsaufgaben wie etwa die Leitung der Schiedsgerichtsverfahren bei Konflikten zwischen den Bauern wahr. Diese waren ihnen gegebenenfalls zu Abgaben verpflichtet. Es gibt auch Hinweise darauf, daß solche finanziellen Leistungen eingetrieben wurden, wenn sie einmal nicht freiwillig erbracht wurden. Die Empfänger revanchierten sich für diese ‹Geschenke› etwa durch die Ausrichtung von Opfern und Festen für die Gemeinschaft, aber auch durch die Bevorzugung eines einzelnen ‹Gebers› bei der Streitschlichtung. Im Gegensatz zum aristokratischen Gabentausch herrschte dabei natürlich keine symmetrische Reziprozität vor: Gabe und Gegengabe entsprachen sich nicht. Die *basileis* sammelten vielmehr Gaben ein und verteilten sie nach ihrer Maßgabe wieder – ein Vorgang, der in der Sozialanthropologie als Redistribution bezeichnet wird und der (ebenso wie der reziproke Gabentausch) als typisch für vorstaatliche Gesellschaften angesehen werden kann. Allerdings spricht nichts dafür, daß die Abgaben an die *basileis* zu regelmäßigen Steuern in fester Höhe einrasteten. Bauern wie Hesiod und sein Bruder Perses standen nicht in einem festgefügten finanziellen oder rechtlichen, gewissermaßen feudalen Abhängigkeitsverhältnis von der Elite. Sie traten ihr vielmehr in der Öffentlichkeit als Gruppe gegenüber, agierten gemeinsam mit ihr und stellten dabei durchaus eine eigenständige Größe dar – ein Aspekt, der für die Entstehung und Entwicklung der Polis von nicht zu unterschätzender Bedeutung ist. Reformen wie die dem Athener Solon zugeschriebenen Maßnahmen zielten darauf, einer krisenhaften Veränderung dieser Situation entgegenzusteuern und die Freiheit und Unabhängigkeit der Bauern wiederherzustellen.

VII. DIE WELT DER ARISTOKRATEN

Als der Herold nach Abschluß der Olympischen Spiele des Jahres 576 vor die Festversammlung trat, verkündete er wie üblich die Namen derjenigen Athleten, die in den einzelnen Disziplinen gesiegt hatten. Doch darüber hinaus hatte er den dort versammelten Griechen noch eine weitere Botschaft zu übermitteln. Kleisthenes – der mächtige Tyrann von Sikyon, der in diesem Jahr den besonders prestigeträchtigen Sieg im Wagenrennen errungen hatte – ließ den Festbesuchern nämlich öffentlich mitteilen, daß er seine Tochter Agariste an den bestmöglichen Bewerber zu verheiraten beabsichtigte und daß sich alle diejenigen, die sich für würdig hielten, sein Schwiegersohn zu werden, binnen sechzig Tagen in Sikyon einfinden sollten. Dieser Aufforderung folgten insgesamt dreizehn Männer aus verschiedenen Regionen Griechenlands und sogar aus den unteritalischen Städten. Die Freier – so weiß Herodot zu berichten – gehörten allesamt zur gesellschaftlichen Elite ihrer Heimatstädte, das heißt also, sie zeichneten sich durch ihre Abkunft aus vornehmer und reicher Familie, durch Körperkraft, Schönheit und Weisheit aus. Nach ihrer Ankunft in Sikyon unterzog Kleisthenes die Konkurrenten um die Hand seiner Tochter einer ausgedehnten und vielfältigen Prüfung. Er erkundigte sich zunächst nach ihrer Herkunft und ihrer Familie und testete dann ihren Mut, ihre Erziehung und ihre Lebensart. Sie mußten bei athletischen Übungen und vor allem immer wieder beim Symposion – also bei den Gelegenheiten, die gewissermaßen als Kristallisationspunkte des vornehmen aristokratischen Lebensstils anzusehen sind – ihre individuellen Qualitäten unter Beweis stellen. Dabei hatte Kleisthenes für die Erprobung der Freier keine Mühe und Kosten gescheut: Er hatte ein Stadion und einen Ringplatz anlegen lassen und er bewirtete sie während ihres gesamten einjährigen Aufenthalts in Sikyon immer wieder auf das großzügigste. An dem Tag, an dem der Tyrann seine Entscheidung treffen wollte und die Hochzeit stattfinden sollte, richtete er noch einmal ein großes, besonders üppiges Fest aus, bei dem die Freier ein letztes Mal im musischen Vortrag und in der Fähigkeit zu amüsanter und unterhaltsamer Konversation miteinander konkurrieren mußten. Und bei dieser Gelegenheit brachte sich dann der Athener Hippokleides, ein junger Mann, der durch «Reichtum und Schönheit» hervorragte und mit führenden Familien aus anderen Poleis verwandt war, um seine fast sicheren Siegeschancen. Hippokleides provozierte den Gastgeber bei diesem Gelage nämlich mit einem wilden und ungebärdigen Tanz auf einem eilends herbeigeholten Tisch: «Er stand Kopf», so berichtet Herodot, «und schlenkerte mit den Beinen» – ein Auftritt, der offensichtlich den Vorstellungen des Kleisthenes von einem stilvoll-eleganten, für einen Aristokraten angemessenen Verhalten zuwiderlief. Der Tyrann erkor daraufhin jedenfalls den Alkmeoniden Megakles zu seinem Schwiegersohn – ein Erfolg, der dessen Familie in ganz Griechenland berühmt gemacht haben soll. Den unterlegenen Bewerbern schenkte Kleisthenes vor ihrer Abreise je ein Talent Silber.[1]

1. Adel und Aristokraten

Herodot listet in seiner Erzählung von der Werbung um die Tochter des Tyrannen von Sikyon alle jene Fähigkeiten, Tätigkeiten und Wertvorstellungen auf, die auch in den älteren Texten der Lyriker immer wieder als typisch für die Lebenswelt der Eliten der archaischen Poleis herausgestellt werden: Gastfreundschaft und Gastmähler, Geschenketausch und panhellenische Beziehungen, Wertschätzung von Körperkraft, Schönheit und Weisheit, athletische und musische Agone und das Vorherrschen einer umfassenden Wettbewerbsethik. Die Konkurrenten um die Hand der Agariste gehörten damit nach den Vorstellungen der Zeitgenossen und späterer Griechen zweifellos zu den Aristokraten. Sie waren die *agathoi* (die Guten), die *aristoi* (die Besten) bzw. die *esthloi* (die Edlen), um nur einige der gängigsten Selbstbezeichnungen dieser gesellschaftlichen Gruppe zu nennen. Diese Begriffe verweisen dabei zugleich auf ein zentrales Problem bei der Beschreibung der Eliten der griechischen Gemeinwesen dieser Epoche: Es gibt in der griechischen Sprache keine einzige kollektiv-abstrakte Gruppenbezeichnung, die sich angemessen mit dem Begriff ‹Adel› übersetzen ließe. Die gesellschaftlich führende Schicht in den einzelnen Poleis wurde vielmehr mit einer Vielzahl von unterschiedlichen Begriffen bezeichnet, die in den einzelnen Städten auch noch deutlich variieren konnten. Neben den oben genannten Termini, die auf allgemeine Vorzüglichkeit verweisen, wurden die Angehörigen der Elite auch als *pacheis* (die Dicken), *geomoroi* (die Landeigentümer), *kaloikagathoi* (die Schönen und die Guten) oder *hippobotai* (die Rosseernährer) bezeichnet. Dabei ist auffällig, daß der Begriff *eugeneis* (die Wohlgeborenen) erst relativ spät und recht selten vorkommt. Bei aller semantischen Vielfalt der Bedeutungsmerkmale ist diesen Begriffen allerdings gemeinsam, daß sie stets eine Mehrzahl von Individuen bezeichnen, die jeweils bestimmte ökonomische, soziale oder moralische Überlegenheitsmerkmale besitzen. Sie stehen weniger für eine Gruppe, deren supraindividuelle Charakteristika auch auf der terminologischen Ebene faßbar wären.

Der griechische ‹Adel› der archaischen Zeit – so läßt sich dieser Befund wohl interpretieren – war kein abgeschlossener Stand, der durch sein Geblüt oder durch andere objektive und allgemein akzeptierte Kriterien von den anderen gesellschaftlichen Gruppen klar abgegrenzt war. Aristokratischer Status war und blieb damit stets prekär. Die jeweils als Aristokraten angesehenen Individuen zeichneten sich vielmehr durch ein breites Spektrum an persönlichen Überlegenheitsmerkmalen aus, die verhältnismäßig leicht zu imitieren waren und die jeder durchsetzungsfähige Mann für sich gewissermaßen öffentlich und damit sichtbar annehmen konnte. Zu diesen Merkmalen zählten eben körperliche Kraft und Geschicklichkeit, Schönheit und athletische Fähigkeiten und auch Kriegsruhm, Redekunst und Reichtum. Sie waren allgemein als Ausweis individueller Vorzüglichkeit gesellschaftlich anerkannt und deshalb der Gegenstand bzw. der Siegespreis eines permanenten Konkurrenz- und Ausscheidungskampfes, den jeder Aristokrat nicht nur mit allen anderen Aristokraten, sondern auch mit potentiellen Aufsteigern führte. Das ausgeprägte Wettbewerbsethos, das sich in dieser permanenten Konkurrenz manifestierte, kann geradezu als übergreifendes Strukturmerkmal der Elite angesehen werden. Der aristokratische Wettbewerb spielte sich dabei auf ganz unterschiedlichen Handlungsfeldern und vor jeweils unterschiedlichen poliadischen sowie panhellenischen Foren ab. Orte der Konkurrenz waren das Symposion und die Palästra, die Volksversammlungen und Ratsversammlungen einzelner Poleis, aber auch die Schlachtfelder, die Stadien in Olympia und anderswo und nicht zuletzt die panhellenischen Zentren wie etwa das Apollon-Heiligtum in Delphi. Als Preisrichter in der ewigen Konkurrenz unter den Aristokraten agierten die adligen Freunde, die Bürger der eigenen Polis, die Kampfrichter in den Sportstätten sowie die weitere adlige Öffentlichkeit bei Festen und Kulten – und damit gab es natürlich keine einheitliche Instanz, die die Prämie einer umfassenden Vorzüglichkeit hätte vergeben können. In der eigenen Polis der Erste und Beste zu sein galt den archaischen Aristokraten dabei zunächst noch nicht einmal viel. Im Zuge der Herausbildung der Institutionen wurden natürlich die Mitgliedschaft in den Ratsgremien und die Übernahme der Ämter zu zentralen Gegenständen adligen Wettbewerbs, die zu den hergebrachten Feldern der Konkurrenz hinzutraten. Der Wettstreit um Vorrang ließ sich jedoch niemals vollständig und gewissermaßen rückstandslos in die Konkurrenz um politische Vormacht in der heimatlichen Siedlungsgemeinschaft kanalisieren. Die Welt der Aristokraten blieb bunt und vielfältig, und vor allem blieb sie stets weit und offen.

2. Die aristokratische Lebenswelt

Das breite Spektrum an Aktivitäten, die von den griechischen Aristokraten als ehrenvoll und damit als statusadäquat angesehen wurden, zeigt in der gesamten archaischen Zeit eine auffällige Konstanz und Kontinuität all jener Elemente, die bereits in *Ilias* und *Odyssee* so prominent hervorgetreten waren. Die allfällige Demonstration ökonomischer, sozialer und kultureller Überlegenheit tritt in den zeitgenössischen Quellen sogar noch prononcierter hervor. Die literarischen und archäologischen Zeugnisse aus dem 7. und 6. Jahrhundert zeichnen ein höchst lebendiges und auffällig einheitliches Bild der Welt dieser Elite, deren Leben sich primär zwischen Krieg, Wagenrennen und Jagd, athletischen und musischen Wettbewerben, Kulten und Festen sowie prächtigen Hochzeits- und Begräbnisfeierlichkeiten abspielte. So sind etwa Luxus und Verschwendung zentrale Themen in der Poesie, der Vasenmalerei und der bildenden Kunst dieser Epoche. Die Dichter beschreiben immer wieder ebenso anschaulich wie detailliert den besonderen Aufwand, den die Aristokraten mit extravaganter Kleidung, Salben, Parfüms und kostbarem Schmuck betreiben. Offenbar maß die Elite elegantem und sichtbar kostspieligem Aussehen bei öffentlichen Auftritten aller Art große Bedeutung zu. So berichtet der Dichter Xenophanes, der im 6. Jahrhundert in Kolophon lebte, daß die Aristokraten seiner Heimatstadt, die sogenannten «Tausend», bis zu der «verhaßten Tyrannis» (was wohl konkret bedeutet: bis zur Eroberung der Stadt durch die Perser) regelmäßig in prachtvolle Purpurgewänder gekleidet, das Haar elegant frisiert und nach kostbaren Salben duftend auf der Agora erschienen seien.[2] Dem Bericht des Hippias von Erythrai zufolge kleideten sich auch die Tyrannen, die in archaischer Zeit über seine Heimatstadt herrschten, bei Gerichtssitzungen in Purpurmäntel und Unterkleider mit Purpursaum. Sie trugen im Sommer raffinierte Riemchensandalen und im Winter «weibliches Schuhwerk». Ihr Haar ließen sie lang wachsen – wie es bei griechischen Aristokraten generell üblich war –, und sie scheuten außerdem keine Mühe, es in komplizierte Lockenfrisuren zu legen und mit goldenen und wiederum purpurnen Bändern zu schmücken. Und schließlich putzten sie sich auch noch mit massivem Goldschmuck heraus.[3]

Purpurgewänder nahmen in der archaischen Zeit einen ganz besonderen Rang unter den Distinktionsmerkmalen der Elite ein. Wie hoch der Prestigewert war, der mit diesem Material eingefärbten Kleidungsstücken allgemein zugemessen wurde, zeigt sich etwa daran, daß die Dichter Bakchylides, Pindar und Simonides den von ihnen besungenen Göttern und mythischen Heroen regelmäßig purpurne Gewänder zuschreiben. Aber auch in der Realität der archaischen Lebenswelt pflegten sich die Aristokraten überall in der griechischen Welt mit solchen Kleidungsstücken herauszuputzen: So soll etwa der berühmte samische Boxer Pythagoras, der im Jahre 588 bei den Wettkämpfen in Olympia den Sieg in seiner Disziplin errang, langes Haar und ein Purpurgewand im persischen Stil getragen haben. Die Tyrannen der sizilischen Stadt Akragas kleideten sich im 6. Jahrhundert bei ihren öffentlichen Auftritten in Kleider mit Purpurbordüren. Und in dem für die ausgefallene Prachtentfaltung seiner Elite berühmt-berüchtigten Sybaris herrschte zur gleichen Zeit eine so große Nachfrage nach Purpur, daß seine Importeure von Steuern befreit wurden. Den Spartanern soll dagegen seit jeher das Tragen von mit Purpur eingefärbten Kleidern verboten gewesen sein. Als gegen Ende des 6. Jahrhunderts eine Gruppe von Gesandten aus den ionischen Städten die Poleis des Mutterlandes besuchte, soll ihr Sprecher ausgerechnet für seine Rede in Sparta sein Purpurgewand angelegt haben – angeblich hoffte er darauf, daß auf die bloße Kunde von seinem extravaganten Auftreten hin möglichst viele Spartaner zusammenkämen, um ihm zuzuhören. Ob sich diese Episode wirklich so zugetragen hat, muß dahingestellt bleiben – jedenfalls illustriert die Geschichte höchst anschaulich den zu dieser Zeit offenbar als typisch empfundenen Kontrast zwischen dem ionischen Luxus und der ebenso sprichwörtlichen spartanischen Einfachheit.

Die Frauen und Mädchen der aristokratischen Familien traten nur äußerst selten überhaupt in der Öffentlichkeit auf. Wenn sie sich bei Versammlungen, in Heiligtümern oder bei Hochzeitsfeierlichkeiten einem größeren Kreis von Menschen zeigten, dienten diese Gelegenheiten immer auch dazu, ihre Schönheit, ihre elegante Kleidung und ihren Schmuck sowie ihre Anmut und ihre gute Erziehung sichtbar zu demonstrieren. Welche besondere Bedeutung den öffentlichen Auftritten von Frauen im Rahmen der Statusdemonstration der Aristokraten zukam, macht eine Äußerung des Historikers Phylarchos über die Frauen der vornehmen Sybariten deutlich: Danach sollen nämlich die als besonders ver-

Abb. 18: Kore, um 530. Athen, Akropolismuseum

schwenderisch geltenden Sybariten einst ein Gesetz verabschiedet haben, durch das festgelegt wurde, daß auch die Frauen zu den Opferfesten einzuladen seien und daß die Gastgeber die entsprechenden Einladungen ein Jahr zuvor ergehen lassen sollten, damit den Frauen genug Zeit zur Verfügung stünde, um in angemessener Weise ihre Kleidung und ihren sonstigen Aufputz vorbereiten zu können.[4] In den archaischen Koren – marmornen Standbildern junger Frauen – finden die wünschenswerten und sozial hochgeschätzten Eigenschaften und Verhaltensweisen vornehmer Frauen auf idealisierte Weise ihre bildliche Darstellung. Jugendlichkeit, Schönheit und Anmut des dargestellten idealen Frauentyps werden durch die Abbildung von Schmuck, raffinierten Haartrachten und eleganter Kleidung unterstrichen, die gleichzeitig auch unübersehbar auf die soziale Zugehörigkeit der so Dargestellten verweisen.

Die Koren tragen Ohrringe, Armbänder, Metallfibeln und kostbaren Kopfschmuck. Sie raffen ihre langen, körperbetonten und fast durchsichtigen Gewänder mit wohleinstudierten graziösen Gesten, die ebenso wie ihr ‹archaisches Lächeln› – ein zentrales Element der *charis* (Anmut) vornehmer Frauen und Mädchen – als charakteristisch für ein standesgemäßes Auftreten in der Öffentlichkeit angesehen wurden. Es handelt sich bei diesen Plastiken also um supraindividuelle Darstellungen, die mit ihrem immer wiederkehrenden ikonographischen Repertoire als standardisierte bildliche Konkretisierung aristokratischer Schönheitsideale und Wertvorstellungen und eines elitären Verhaltenskodex interpretiert werden können.

Neben Purpurgewändern und Schmuck galt auch der Besitz von Pferden als ein zentrales Distinktionsmerkmal der Aristokraten. In den meisten Regionen Griechenlands sind die Aufzucht und der Unterhalt von Pferden schwierig, aufwendig und vor allem äußerst kostspielig. Daher verfügten nur besonders vermögende Grundbesitzer überhaupt über die Möglichkeit, dieser extravaganten Beschäftigung nachzugehen, die darüber hinaus auch noch gewissermaßen zweckfrei war, denn Pferde spielten weder im wirtschaftlichen noch im militärischen Leben der archaischen Zeit eine bedeutende Rolle. Pferde dienten ihren Besitzern also primär als Statussymbole: Sie konnten sie bei Festzügen in der Öffentlichkeit vorführen oder mit ihnen beim prestigereichsten Wettbewerb der panhellenischen Spiele – dem berühmten Wagenrennen – mit den Standesgenossen konkurrieren. Die *hippotrophia* (Pferdezucht) galt seit jeher als Symbol für die Zugehörigkeit zur Elite; sie war schon in *Ilias* und *Odyssee* ein zentrales Element des exklusiven aristokratischen Lebensstils gewesen. Dementsprechend wurden Begriffe, die Pferde und Pferdebesitz implizieren, zum konstituierenden semantischen Bestandteil einer Reihe von Termini, mit denen man in verschiedenen griechischen Poleis die Angehörigen der Elite bezeichnete: So wurden die Aristokraten auf Kreta, in Sybaris, Syrakus und Chalkis *hippeis* bzw. *hippobotai* genannt. Welche Bedeutung dem Besitz von Pferden zukam, zeigt sich darüber hinaus auch in anderen Medien der aristokratischen Statusdemonstration. So ließen sich die Aristokraten auf Grabstelen und Vasenbildern bevorzugt als Reiter oder Wagenlenker darstellen. Und schließlich nimmt auch der Hinweis auf die Aufzucht edler Pferde und die Erfolge in ‹hippischen Wettkämpfen› eine zentrale Rolle in den Siegesliedern ein, die Pindar am Ende der archaischen Epoche für erfolgreiche Teilnehmer bei den panhellenischen Spielen verfaßte. In seinem Preislied für Psaumis von Kamarina hebt der Dichter sowohl dessen ‹Verdienste› in der Pferdezucht und den erfolgreichen Einsatz seiner Gespanne bei den panhellenischen Wettkämpfen hervor als auch seine kluge Politik, die seiner Heimatstadt den Frieden bewahrt habe, und nicht zuletzt seine Großzügigkeit bei glanzvollen Festmählern.[5] Diese in (nach modernen Vorstellungen) vollkommen heterogenen Sphären erworbenen Verdienste des Psaumis fügen sich für den Dichter, seine Auftraggeber und sein Publikum ganz selbstverständlich zu dem einheitlichen Bild eines in jeder Hinsicht ausgezeichneten Mannes, der auf zentralen Feldern der aristokratischen Konkurrenz mit besonderem Erfolg agierte: Wettkampf, Symposion und Politik erscheinen hier als verschiedene Facetten einer einzigen Lebenswelt.

Dabei kommt dem Symposion für das adlige Leben noch einmal eine gesteigerte Bedeutung zu, denn die gemeinsamen Mahlzeiten, zu denen sich die Aristokraten trafen, um sich nach festgelegten, komplizierten Regeln mit Trinkgelagen, musikalischen und akrobatischen Darbietungen, Gesellschaftsspielen, Poesie und Gesprächen zu zerstreuen, spielen auf poliadischer und panhellenischer Ebene, im Alltagsleben und an Festtagen eine wichtige Rolle. Die zentrale Bedeutung des Symposions für den Lebensstil der Aristokraten manifestiert sich in allen Bereichen der archaischen Kunst: So ist etwa ein großer Teil der Dichtung dieser Epoche Gelagepoesie, das heißt, speziell für die Darbietung beim Symposion verfaßt und damit natürlich auch formal und inhaltlich auf dieses gesellschaftliche Ereignis und auf die Ansichten, die Vorlieben und den Geschmack des Teilnehmerkreises zugeschnitten. Die archaischen Dichter charakterisieren dementsprechend immer wieder Art und

Abb. 19: Panathenäische Amphore, Athen um 540. London, British Museum

Ablauf der mit dem Symposion verbundenen kultischen und rituellen Handlungen, die bei solchen Festen übliche Prachtentfaltung, aber auch Aussehen und Verhalten der Symposiasten und die vielfältigen Zerstreuungen, die ihnen geboten werden. Welche Vorbereitungen für ein Symposion getroffen wurden und wie es konkret ablief, läßt sich wohl am besten aus einer Elegie des Xenophanes ersehen: Der Dichter bringt seinem Publikum in eindringlichen Worten nahe, daß vor dem Beginn des eigentlichen Gelages (also nach dem Ende der gemeinsamen Mahlzeit) zunächst der Boden des Festsaales gefegt und die Becher gereinigt werden. Dann säubern die Symposiasten ihre Hände, sie schmücken sich mit Blumenkränzen und parfümieren sich mit wohlriechenden Salben. Währenddessen bringen die Diener Wein und Wasser und stellen Brot, Käse und Honig bereit. Der Altar, der sich in der Mitte des Raumes befindet, ist über und über mit Blumen geschmückt, und die ganze Atmosphäre strahlt Festlichkeit und Freude aus. Bevor mit dem Trinken begonnen wird, bringen die Symposiasten das übliche Trankopfer dar und singen den Götterhymnos.[6] In dem nun folgenden Teil des Programms wurde von den Teilnehmern erwartet, daß jeder einzelne von ihnen mit einem Liedvortrag zur Unterhaltung der anderen Gäste beitrug. Um welche Gegenstände und Themen diese Darbietungen und die Gespräche der Symposiasten kreisten, wird in den Elegien der archaischen Dichter deutlich, die ja speziell zum Vortrag bei solchen Festen verfaßt wurden: Die Lieder handeln von den Kämpfen und Abenteuern der Götter und der mythischen Heroen, sie erinnern an große Siege und schmähliche Niederlagen der Aristokraten. Auch rufen sie zum erbitterten Kampf gegen die Tyrannen auf, beschwören das Publikum, sich loyal und zuverlässig gegenüber den Freunden und Standesgenossen zu verhalten, und verurteilen auf das schärfste Treulosigkeit, Neid und Geiz. Und nicht zuletzt preisen sie den Wein, die Jugend, die Knabenliebe und die Freundschaft, die Jagd, den Krieg und den Agon.

Das Symposion spielte aber nicht nur in der Dichtung der archaischen Zeit eine bedeutende Rolle, sondern es war auch eines der wichtigsten und verbreitetsten Motive in der bildenden Kunst und in der Vasenmalerei dieser Epoche. So zeigen zahlreiche Grabmäler der archaischen Zeit den Verstorbenen als Symposiasten im Kreise seiner Freunde und Gefährten. Seinen klassischen Ausdruck findet das Gelage jedoch in der bemalten Keramik. Die Krüge, Schalen und Vasen waren ja im wesentlichen selbst Luxusgegenstände, die zum Gebrauch beim Symposion bestimmt waren. Entsprechend ihrem vorrangigen Verwendungszweck zeigen zahlreiche der schönsten und kostbarsten Stücke daher Gelageszenen. Der ikonographische Kontext, in dem das Symposion in archaischer Zeit abgebildet wird, läßt dabei zugleich erkennen, daß diese Festlichkeiten in dieser Epoche ausschließlich der Elite vorbehalten waren. Die Bankettszenen auf den Keramikgefäßen präsentieren dem Betrachter elegante Interieurs, kunstvoll gearbeitetes Mobiliar und wertvolles Geschirr. Die auf den Vasen abgebildeten Symposiasten sind in prächtige Gewänder gehüllt; sie haben sich zum Gelage in anmutiger Haltung auf Klinen (Speisesofas) niedergelassen – eine Sitte, die die griechischen Aristokraten etwa

Abb. 20: Siana-Schale des ‹C-Malers› mit Symposionszene, um 560. Kassel, Antikensammlung

um die Mitte des 7. Jahrhunderts aus dem orientalischen Kulturkreis übernommen haben. Im Hintergrund sind vielfach Jagd- oder Kriegswaffen abgebildet, an den Füßen der Klinen, auf die sich die Teilnehmer gebettet haben, sind Jagdhunde angebunden. Kriegsszenen, Jagdszenen, Abbildungen von Pferden und Streitwagen sowie Darstellungen von athletischen Wettkämpfen finden sich regelmäßig neben Bankettszenen. Sowohl die Darstellung des Gelages selbst als auch der gesamte ikonographische Kontext, in dem es erscheint, reflektieren also unmittelbar die exklusive Lebenswelt der Aristokraten und das ganze Spektrum der von ihnen besonders hochgeschätzten Aktivitäten.

Das Symposion bot den Aristokraten also ideale Bedingungen, ihren Reichtum zur Schau zu stellen und ihre Fähigkeit zu demonstrieren, diesen auf vornehme Weise zu genießen. Beim festlichen Trinkgelage konnte man gegenüber den Standesgenossen den Besitz all jener Fähigkeiten beweisen, die sozial anerkannt und hoch bewertet waren. Die Vorzüglichkeit eines Mannes zeigte sich nicht zuletzt darin, daß er in der Lage war, mit seinen gleichgestellten und gleichgesinnten Freunden auf angemessene, eben vornehme Art sein Leben bei Musik, Gesang und Gesprächen zu verbringen und sich dabei stets als guter Gesellschafter, geübter Sänger, Redner und Wettspieler und vor allem als großzügiger Gastgeber zu erweisen. Generöse Bewirtung und kultivierte Unterhaltung von Standesgenossen waren für jeden, der Ansehen und Prestige zu gewinnen suchte, von zentraler Bedeutung. Das Symposion bot den Aristokraten nicht nur den idealen Rahmen für ihre individuelle Selbstdarstellung, sondern es konnte ihnen immer auch dazu dienen, Informationen zu sammeln und auszutauschen, Verbindungen zu knüpfen oder zu stabilisieren, zu sehen und zugleich (im Kreise der richtigen Leute) gesehen zu werden und damit alles zu tun, um selbst im Gespräch zu bleiben. Dabei wiesen die festlichen Gelage zugleich über die Grenzen der eigenen Siedlungsgemeinschaft hinaus, denn das Symposion war nicht nur der alltägliche Kommunikationsort, an dem die Aristokraten einer Polis miteinander agierten, sondern es war darüber hinaus selbstverständlicher Teil aller Aktivitäten im internationalen, panhellenischen Handlungsraum: Ob Hochzeits- oder Begräbnisfeierlichkeiten, athletische oder musische Agone, Festgesandtschaften zu Heiligtümern oder Kultfeiern mit Besuchern aus dem gesamten griechischen Raum – Gastmähler und Gelage gehörten bei all diesen Gelegenheiten stets notwendig dazu.

Die einzelnen Aristokraten, für die die Zurschaustellung von Reichtum und Lebensart eine so zentrale Bedeutung besaß und deren Status zugleich in besonderem Maße auf ihrer Sichtbarkeit bei den panhellenischen Treffen beruhte, mußten bei der Kleinräumigkeit der Verhältnisse in den einzelnen Gemeinwesen natürlich ein starkes Interesse daran haben, so oft wie möglich mit ihren Standesgenossen aus anderen Poleis zusammenzutreffen, um mit ihnen zu konkurrieren und auch vor einem größeren Forum auf ihre Art und Weise öffentliche Anerkennung zu suchen. Anlässe für Treffen dieser Art boten zunächst Familienfeiern wie etwa Hochzeiten oder Begräbnisse, die von den aristokratischen Familien stets in möglichst großem Rahmen und mit besonderer Prachtentfaltung ausgerichtet wurden. Über den konkreten Ablauf solcher Feierlichkeiten liefern die antiken Quellen allerdings nur recht spärliche Informationen. Zumal die Rituale und Praktiken, die in den Kreisen der Aristokraten bei einer Bestattung Brauch waren, lassen sich lediglich aus denjenigen Vorschriften rekonstruieren, mit denen man in einzelnen Städten den Luxus und die Prachtentfaltung bei solchen Gelegenheiten zu begrenzen suchte. Entsprechende Gesetze und Verfügungen wurden etwa in Athen im 6. Jahrhundert (möglicherweise bereits zur Zeit Solons), in Iulis auf Keos und in Delphi erlassen: Sie begrenzten die Dauer der Aufbahrung des Leichnams (*prothesis*) auf nur einen Tag und schrieben vor, daß die Bestattung bereits am folgenden Tag – und zwar noch vor Sonnenaufgang – stattzufinden hatte. Außerdem beschränkten sie den Kreis der Teilnehmer am Leichenzug und geboten, daß die Trauernden dem Toten schweigend und ohne unnötige Aufenthalte zu folgen hätten. Mancherorts regelten exakte Vorschriften zudem, wie kostbar bzw. kostspielig die Textilien sein durften, mit denen der Leichnam bekleidet wurde, und auch Art und Umfang der Opfer am Grab wurden strikt limitiert.

Der Versuch der Rekonstruktion der Sitten und Gebräuche, die diese Vorschriften eben zu unterbinden suchten, läßt nun folgendes (zugegebenermaßen hypothetische) Bild von dem Begräbnis eines Aristokraten entstehen: Die Familien der Toten pflegten die *prothesis* offenbar so lange wie möglich auszudehnen – vielleicht um Freunden und Verwandten aus benachbarten Gemeinden die Möglichkeit zur Anreise zu geben. Wer es sich leisten konnte, kleidete den Leichnam in kostbare Gewänder. Es galt zudem zweifellos als ganz besonders ehrenvoll, wenn zahlreiche Angehörige und Freunde, aber auch bezahlte Klagefrauen und Musikanten am Leichenzug teilnahmen. Die vornehmen Männer folgten dem Leichnam beim feierlichen Zug zum Bestattungsplatz zu Pferde oder sogar vierspännig im Wagen, die Frauen zu Fuß und laut klagend. Das alles dürfte sich natürlich bei Tage – eben unter den Augen der Öffentlichkeit – abgespielt haben. Nach der Bestattung und dem Vollzug zahlreicher Opfer am Grab trafen sich die Teilnehmer an einem solchen aristokratischen Begräbnis dann im Hause des Verstorbenen zu weiteren Feierlichkeiten, die jedenfalls noch mit einem Gastmahl und Gelage und mitunter auch mit athletischen und musischen Wettbewerben zu Ehren des Toten verbunden waren.

Die Bedeutung, die den panhellenischen Treffen von den Aristokraten zugemessen wurde, nahm seit dem 8. Jahrhundert schrittweise deutlich zu. Zu den von Privatleuten nur gelegentlich – etwa bei Hochzeiten und Begräbnissen – ausgerichteten Feierlichkeiten kamen nun nämlich noch die in regelmäßigen Abständen stattfindenden, fest institutionalisierten Wettkämpfe hinzu, die in Olympia an der Westküste der Peloponnes, bei Nemea in den Bergen zwischen Korinth und Argos, am Isthmos von Korinth und in Delphi, der berühmten Orakelstätte des Gottes Apollon, abgehalten wurden. Ein Sieg in diesem Rahmen stellte für einen griechischen Aristokraten den größten persönlichen Erfolg dar, den er erringen konnte. Auftritte vor diesen Foren galten als statuskonstituierend. Wer zur Aristokratie zählen wollte, mußte an diesen Agonen aktiv teilnehmen. Und so machten sich alljährlich Angehörige der Eliten aus der gesamten griechischen Welt auf den Weg zu den erwähnten Austragungsorten der Wettbewerbe. Spätestens seit dem späten 8. Jahrhundert kam es zu einer allmählichen Erweiterung des Einzugsbereichs der Wettkampfstätten: Einzelne Aristokraten legten nun weite Strecken zurück, denn die Sportler kamen nicht nur aus allen Regionen des Mutterlandes, sondern auch schon früh vor allem aus den neu gegründeten Siedlungen im Westen, aus Unteritalien und Sizilien. Die Teilnahme war dabei strikt auf Griechen begrenzt – Athleten aus nichtgriechischen Städten war der Zugang zu den Wettbewerben verwehrt. Zugleich waren und blieben die Agone in den großen Heiligtümern in archaischer und frühklassischer Zeit Teil einer exklusiven aristokratischen Lebenswelt. Sieger aus mittleren oder gar unteren Gesellschaftsschichten sind aus dieser Epoche nicht bekannt. Und das gilt keineswegs nur für die Pferde- und Wagenrennen, die ja auf jeden Fall erhebliche Investitionen voraussetzten, sondern es gilt auch für die gymnischen Wettbewerbe, die ein jahrelanges vorbereitendes Training im Gymnasium erforderten, das die Freiheit vom Zwang zu produktiver Arbeit voraussetzte. Dabei war die athletische Ausbildung der jungen Aristokraten in jeder Hinsicht geradezu demonstrativ unproduktiv. Die regelmäßigen Übungen, die sie im Gymnasium absolvierten, dienten keinem anderen Zweck als der Formung eines schlanken und schönen Körpers, der zu schnellen und mühelosen Bewegungen fähig war. Die wohltrainierten Körper und die anmutigen Bewegungen der jungen Athleten wurden dabei zugleich zu einem zentralen sozialen Distinktionsmerkmal, denn ihre Schönheit und ihre Anmut unterschieden sie sichtbar und unübersehbar von denjenigen, deren Leiber durch Mühe und Arbeit depraviert waren. Die panhellenischen Wettkampfstätten waren somit die exklusiven Treffpunkte der ‹Schönen und Guten› (*kaloikagathoi*) – und damit die eigentlichen Zentren der Adelskultur.

Die Athleten maßen sich an den vier panhellenischen Wettkampfstätten im wesentlichen in den gleichen Disziplinen: Am Anfang standen Läufe über unterschiedliche Distanzen. Später kamen dann Waffenläufe, die drei Kampfsportarten Ringen, Boxen und Pankration sowie der aus Stadionlauf, Weitsprung, Speerwurf, Diskuswurf und Ringen bestehende Fünfkampf hinzu. Neben diesen gymnischen Disziplinen, bei denen die Athleten nackt auftraten, konkurrierten die Sportler auch noch in den hippischen Wettkämpfen, das heißt, in verschiedenen Pferde- und Wagenrennen miteinander, bei denen allerdings nicht der Wagenlenker, sondern der Besitzer des erfolgreichsten Gespanns als Sieger ausgerufen wurde. Der griechische Athlet trat zum Wettkampf an, um der Beste zu sein. Es ging ihm also nicht darum, Rekorde zu erzielen oder zu brechen. Rekorde spielten in dieser besonderen Wettbewerbskultur überhaupt keine Rolle. Dabei wäre es durchaus möglich gewesen, etwa im Speer- und Diskuswurf, aber auch im Weitsprung die absolute Leistung exakt zu messen. Der einzelne Athlet verfolgte mit aller Energie und ausschließlich das Ziel, alle anderen anwesenden Mitkonkurrenten zu übertreffen. Bei den Wettbewerben handelte es sich also um eine institutionalisierte Konkurrenz unter Anwesenden. Die physische Präsenz von Athleten, Preisrichtern und Zuschauern war Voraussetzung des Agons und zugleich fundamentaler Teil der Regeln. Die (nackten) Körper der Konkurrenten waren Teil des symbolischen Kapitals, das sie in den Agon einbrachten. Unter diesen Umständen konnte der Sieger nur im Hier und Jetzt triumphieren – vor den Augen der festlichen Versammlung von Griechen, die aus dem gesamten Mittelmeerraum und sogar aus den Siedlungen am Schwarzen Meer angereist waren und mit eigenen Augen gesehen hatten, daß er alle seine Mitkämpfer übertroffen hatte.

Bei den vier großen panhellenischen Agonen konkurrierten die Athleten um symbolische Preise – eine Sitte, die andere Völker irritierte, ja alarmierte. So soll es jedenfalls einigen ranghohen Persern ergangen sein, die vor der Schlacht von Salamis von griechischen Überläufern erfuhren, daß die Sieger bei den Wettspielen in Olympia nichts anderes als «einen Kranz aus Ölbaumzweigen» erhielten. Tritantaichmes, einen persischen Satrapen, soll diese Nachricht so erschüttert haben, daß er entsetzt und erschrocken ausgerufen haben soll: «Weh! Mardonios! Gegen was für Leute führtest du uns in den Krieg, die nicht um Geld ihre Kampfspiele halten, sondern um den Preis der Tüchtigkeit.» Durch seinen Respekt vor den griechischen Athleten, der in diesem Ausspruch deutlich wird, soll der Satrap den Ärger des Großkönigs auf sich gezogen haben. Xerxes, so berichtet Herodot, habe den Tritantaichmes wegen seines unangemessenen Kommentars nämlich der Feigheit bezichtigt.[7] Bei kleineren, weniger berühmten Wettkämpfen gab es allerdings auch Sachpreise von hohem materiellem Wert zu gewinnen. Neben Schilden, Dreifüßen und Bronzegefäßen waren wohl vor allem die mit dem Öl des heiligen Baumes gefüllten panathenäischen Preisamphoren, mit denen die Sieger in Athen ausgezeichnet wurden, attraktive Prämien von hohem Wert. Kampfstätten wie Olympia und Delphi, wo es Kränze vom heiligen Lorbeerbaum des Apollon zu gewinnen gab, konnten es sich wohl leisten, lediglich symbolische Preise auszusetzen. Dort konkurrierten die besten Athleten der Welt in den prestigeträchtigsten Agonen um ewigen Ruhm, der sich eben nicht in geldwerten Preisen manifestieren mußte, mit denen man in der Heimatpolis die Bewunderung (oder den Neid) der Mitbürger auf sich zog.

Ihren Erfolg bei den panhellenischen Agonen feierten die Sieger auf unterschiedliche Weise. Dabei kam es ihnen vor allem darauf an, ihn auf Dauer im Bewußtsein einer möglichst breiten Öffentlichkeit präsent zu halten. Um dieses Ziel zu erreichen, ließen viele der siegreichen Athleten auf dem Areal der Wettkampfstätte, wo sie ihren Triumph errungen hatten, Skulpturen aufstellen. Man-

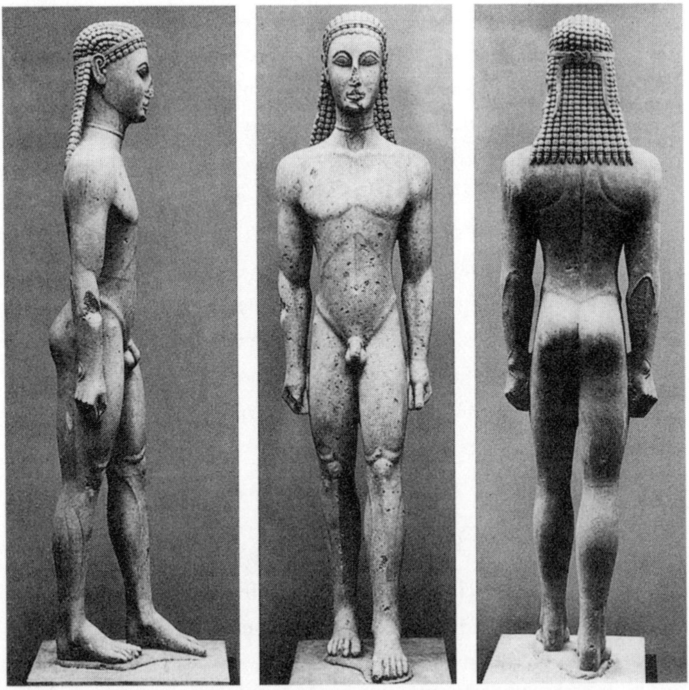

Abb. 21: Kouros aus Attika, um 600. New York, Metropolitan Museum

cherorts war dafür allerdings die Genehmigung der Kultbehörde erforderlich. Die bronzenen oder marmornen Standbilder zeigten den Sportler gegebenenfalls gemeinsam mit seinem Pferd oder dem Gespann seines Rennwagens. Die Mehrzahl der Statuen der archaischen Zeit waren allerdings *kouroi* – Abbilder nackter junger Männer, die ein aristokratisches Idealbild vollendeter Männlichkeit im vollen Sinne des Begriffs verkörperten. In der Inschrift auf dem Sockel, der das Standbild trug, waren der Name des Athleten und der seines Vaters, die Disziplin, in der er angetreten war, und gegebenenfalls weitere sportliche Triumphe bei anderen Agonen verzeichnet. Darüber hinaus war es üblich, die Heimatpolis des Siegers zu nennen.

Zu der statuarischen Ehrung kam häufig noch die poetische hinzu. Epinikien – individuelle Siegeslieder, die die Athleten bei einem Dichter gegen Honorar in Auftrag geben konnten – sind seit der Mitte des 6. Jahrhunderts bezeugt. Die *Olympischen*, *Pythischen*, *Nemeischen* und *Isthmischen Oden* des Pindar, in denen er jeweils die Person des Siegers und Auftraggebers sowie dessen Familie, Trainer und Heimatstadt in erhabener Feierlichkeit preist, geben uns einen Einblick in dieses besondere literarische Genre, seine gesellschaftliche Funktion und nicht zuletzt in die erwähnte Welt panhellenischer aristokratischer Werte. Die erste Aufführung eines solchen Werkes erfolgte wohl am Wettkampfort bald nach der Verkündigung des Sieges. Der Dichter, der den Text verfaßt hatte, war auch für seine Inszenierung zuständig: Chorgesang, Einzelgesang, Tanz, Lyraspiel und Flötenmusik wurden zu einem stimmigen Gesamtkunstwerk zusammengefügt, das der Bedeutung des Augenblicks entsprach.

Aus den Texten der Epinikien läßt sich auch schließen, daß ihre Wiederaufführung in der Heimatstadt des Athleten durchaus üblich war. Die feierliche Heimkehr des Siegers, Feste und adlige Symposien boten die ideale Bühne für die erneute Darbietung dieser Kunstwerke. Dieser Brauch verweist dabei zugleich auf das ambivalente Verhältnis der Sieger zu den Bürgern ihrer Heimatpoleis. Die Aristokraten traten bei den Wettkämpfen ja als unabhängige Individuen an, und sie konkurrierten dort mit ihresgleichen um Ruhm und Ehre vor einem panhellenischen Publikum. Wenn sie erfolgreich waren, investierten sie in eine ostentative Statusdemonstration in Gestalt von Monumenten und Siegesliedern, die ihrer persönlichen Selbsterhöhung dienten. Für die Heimatpolis konnten das erhebliche Prestige des Siegers und seine daraus resultierende Anspruchsfülle, die sich auch in dem Streben nach politischer Macht manifestieren konnte, jedenfalls zum Problem werden. So soll der Athener Kylon, der im Jahre 640 den Sieg im olympischen Doppellauf errungen hatte, den (allerdings erfolglosen) Versuch unternommen haben, sich vier Jahre nach seinem sportlichen Triumph mit der Unterstützung seines Schwiegervaters Theagenes von Megara zum Tyrannen über seine Heimatstadt zu erheben. Daß sich Siege bei den panhellenischen Spielen auf jeden Fall im Machtkampf in der Heimatstadt instrumentalisieren ließen, zeigt das Beispiel des Atheners Kimon, der in den Jahren 536, 532 und 528 dreimal mit dem gleichen Gespann beim Wagenrennen in Olympia siegte. Kimon, der aus dem Geschlecht der Philaiden stammte, lebte zum Zeitpunkt seiner ersten beiden Siege im Exil. Seine Familie hatte Athen nach der Machtübernahme des Peisistratos verlassen müssen. Bei seinem zweiten Triumph überraschte er die panhellenische Öffentlichkeit in Olympia mit einem bemerkenswerten Manöver: Er ließ den Sieg nämlich unter dem Namen des Tyrannen ausrufen, der sich «zum Dank für diese Abtretung» mit ihm aussöhnte und ihm die Rückkehr gestattete. Diese für alle Beteiligten profitable Abmachung hatte jedoch keinen Bestand. Denn als Kimon 528 nach dem Tode des Peisistratos noch einmal siegte, ließen ihn die Söhne und Nachfolger des Tyrannen ermorden. «Sie stellten ihm eine Falle», so berichtet Herodot, und ließen ihn des Nachts in der Nähe des Ratsgebäudes in Athen töten.[8] Das ungeheure Ansehen des dreifachen Olympiasiegers machte ihn offensichtlich automatisch zu einem allzu gefährlichen Konkurrenten um die Macht über die Stadt.

Die Poleis, die sich der latenten Gefahr, die von den siegreichen Aristokraten ausging, durchaus bewußt waren, schufen bereits in archaischer Zeit ein reiches Repertoire an Belohnungen und Auszeichnungen, mit denen die heimkehrenden Sieger belohnt und damit wieder in die Gemeinschaft integriert werden sollten: Die Bürgerschaft geleitete den Athleten bei seiner Rückkehr im feierlichen Zug in die Stadt, und sie ehrte ihn durch die Aufstellung von Statuen, Ehrenplätze bei Festen und lebenslange Speisung im Ratsgebäude auf Kosten der Polis. In Athen soll bereits zur Zeit Solons ein Gesetz verabschiedet worden sein, das die Auszahlung einer erklecklichen Summe Geldes an die Sieger bei den Olympischen und Isthmischen Spielen verbindlich regelte. Und auch im unteritalischen Sybaris honorierte die Polis bereits im 6. Jahrhundert den olympischen Sieg eines gewissen Kleombrotos mit einem nennenswerten Geldgeschenk. Kleombrotos, so heißt es in der Inschrift auf einer bronzenen Tafel, die einst an dem Sockel einer Statue befestigt war, wendete ein Zehntel der Prämie für ein lebensgroßes Standbild auf, das er der Göttin Athene weihte – die

Sybariten, so läßt sich daraus wohl schließen, müssen sich dem olympischen Sieger gegenüber wirklich großzügig gezeigt haben. Und nach allem, was wir wissen, war die Polisgemeinschaft dieses Mal sogar erfolgreich. Denn es spricht einiges dafür, daß im Fall des Kleombrotos der Ausgleich zwischen der Anspruchsfülle eines auf der panhellenischen Bühne agierenden Aristokraten und den Interessen der sich konsolidierenden Bürgergemeinde gelang.

3. Fallstudie: Olympia

Olympia, «der schönbaumige Hain am Alpheios», galt dem Dichter Pindar als der wichtigste Treffpunkt von Athleten aus der gesamten griechischen Welt. Einen «Wettkampf, mächtiger als Olympia», so schwärmt er in seiner *Ode* für Hieron aus Syrakus, weiß er nicht zu benennen.[9] Die sportlichen Agone im Tal des Flusses Alpheios, die er mit großer Emphase preist, begannen nach den Vorstellungen späterer Griechen im Jahre 776. So will es jedenfalls die Chronik, die ein gewisser Hippias um 400 im Auftrag seiner Heimatgemeinde Elis verfaßte, die in dieser Epoche das Heiligtum kontrollierte. Dieser Gelehrte soll sich bei seiner Darstellung auf weit in die Vergangenheit zurückreichende Aufzeichnungen über die Wettkampfsieger gestützt haben – eine Angabe, deren Richtigkeit schon von Plutarch in Zweifel gezogen worden ist. In seiner um die Wende vom 1. zum 2. nachchristlichen Jahrhundert verfaßten Lebensgeschichte des römischen Gesetzgebers Numa vermerkt der Biograph jedenfalls, daß Hippias die Liste zusammengestellt habe, «ohne auf einer zuverlässigen Grundlage fußen zu können».[10] Angesichts dieser bereits in der Antike formulierten Kritik an der Glaubwürdigkeit der Chronik des Hippias sieht sich die moderne Forschung zur frühen Geschichte des Heiligtums und der Sportstätten in Olympia auf die Auswertung der archäologischen Funde verwiesen.

Bereits am Ende des 11. Jahrhunderts, so läßt sich auf der Basis dieses Materials mittlerweile plausibel rekonstruieren, begannen im Tal des Alpheios die kultischen Aktivitäten zu Ehren der Götter.

Welche Bedeutung der Kult schon im 10., 9. und 8. Jahrhundert hatte, zeigen Tausende von kleinen bronzenen und tönernen Statuetten, die in dieser Zeit als Weihgaben im Heiligtum niedergelegt wurden. Typologische Reihenuntersuchungen und Vergleiche mit den Funden aus anderen griechischen Landschaften haben ergeben, daß die Mehrzahl dieser Statuetten dem 8. Jahrhundert zuzurechnen ist. Die Votive belegen dabei zugleich die überregionale Bedeutung, die der Zeuskult in Olympia bereits in dieser Epoche hatte: Die Tier- und Menschenfiguren, der Schmuck und das Trachtzubehör sind nämlich nur zum Teil in einheimischen elischen Werkstätten entstanden. Zahlreiche Stücke stammen etwa aus argivischen, thessalischen und lakonischen Fertigungsstätten und sogar aus dem Adriagebiet, dem Balkan und aus Makedonien. Sie können eigentlich nur als Gaben von Besuchern gedeutet werden, die aus diesen Regionen anreisten, um im Alpheiostal dem Zeus zu opfern.

Zumal die zahlreichen Tierfiguren, die in Olympia gefunden wurden, lassen darüber hinaus interessante Schlußfolgerungen über die Stifter dieser Weihgaben zu: Die Mehrzahl der Statuetten bildet nämlich Rinder und Pferde ab. Erstere können dabei als symbolische Opfer bäuerlichen Besitzes interpretiert werden, die auf den Wohlstand der Besucher des Heiligtums und seine agrarischen Grundlagen verweisen. Die Pferdefiguren können jedoch nicht so ohne weiteres als Weihgaben reicher Bauern gedeutet werden, denn Pferde spielten bekanntlich als Nutztiere weder in der archaischen Zeit noch in späteren Epochen eine Rolle. Die etwa 350 tönernen und mehr als 70 bronzenen Abbilder von einzelnen Pferden oder Zweigespannen mit Wagen und Wagenlenkern verweisen vielmehr auf die Lebenswelt der Aristokraten und auf deren adlige Ideale. Dabei sind die Lenker der Gespanne zumeist unbewaffnet. Ihre Wagen sind somit Rennwagen und keine Streitwagen und können überzeugend als symbolische Repräsentation der sportlichen Aktivitäten ihrer aristokratischen Stifter interpretiert werden, die diese als Bitt- oder Dankvotive im Heiligtum deponiert haben.

Ob die Objekte, die Pferde und Wagen abbilden, als Belege dafür angesehen werden können, daß zu den sportlichen Wettkämp-

Abb. 22: Wagenlenker, in dessen Händen noch die Reste der Zügel erhalten sind, Mitte des 8. Jahrhunderts. Athen, Archäologisches Nationalmuseum

fen in Olympia bereits im 8. Jahrhundert Pferde- und Wagenrennen zählten, muß dahingestellt bleiben. Nach der literarischen Überlieferung wurden sie nämlich erst im Jahre 680 offiziell in das Wettkampfprogramm aufgenommen. Eine plausible Deutung des Gesamtbefundes legt jedoch ohnehin die Schlußfolgerung nahe, daß wir es bei der Gründung der Olympischen Spiele nicht mit einem einmaligen Akt zu tun haben, sondern vielmehr mit einem dynamischen Prozeß der sukzessiven Entwicklung des Kultfestes und der Institutionalisierung der sportlichen Agone. Und in ebendiesem Sinne ist es nur folgerichtig, auch für das 8. Jahrhundert bereits Pferderennen anzunehmen, die wie alle anderen sportlichen Wettbewerbe seit frühester Zeit Teil von Kultfeiern zu Ehren der Götter waren.

Die zentrale Bedeutung Olympias als Ort der demonstrativen Zurschaustellung von Reichtum und Lebensart der Aristokraten zeigt sich jedoch nicht nur in den bronzenen und tönernen Statuetten von Pferden und Wagen, sondern auch in einer weiteren Klasse von Weihgaben, die die Ausgrabungen dort in großer Zahl hervorgebracht haben. Die bronzenen Dreifußkessel, die in Olympia unter freiem Himmel für alle Besucher sichtbar und unübersehbar zu Hunderten ausgestellt waren, dokumentieren sinnfällig den intensiven Wettbewerb unter den Stiftern, die sich gegenseitig zu übertreffen suchten, indem sie immer größere und damit wertvollere Objekte weihten, deren exquisite Gestaltung sie als Produkte der besten Künstler und Werkstätten auswies. Ihr materieller Wert und ihre ästhetische Qualität zeichnen sie als die typischen Votive einer Elite aus, die sich vor allem durch ihren Reichtum und durch den auf ihm beruhenden verfeinerten Lebensstil von den anderen gesellschaftlichen Gruppen abheben wollte.

Die Aufmerksamkeit der Besucher des Heiligtums im Tal des Alpheios dürften aber nicht nur die zahllosen Bronzekessel und die *kouroi* auf sich gezogen haben – jene marmornen und bronzenen Statuen, die zu Hunderten im südlichen Teil des Heiligtums in dichter Konzentration aufgestellt waren und mit ihrer idealisierenden Darstellung nackter männlicher Körper geradezu eine imaginierte Gemeinschaft der ‹Schönen und Guten› aus den Städten der gesamten griechischen Welt dargestellt haben. Staunen dürfte darüber hinaus der Anblick der bronzenen und eisernen Waffen und Rüstungen ausgelöst haben, die in Olympia ebenfalls in ungewöhnlich großer Zahl zur Schau gestellt wurden. Archäologische Grabungen haben die beeindruckende Zahl von mehr als 850 Helmen, 300 Beinschienen und Hunderte von Fragmenten von Schilden hervorgebracht. Die gewölbten Rundschilde mit einem Durchmesser von etwa einem Meter bestanden aus einer hölzernen Konstruktion, die an der Außenseite mit dünnen Bronzeblechen verkleidet war. Die überragende Kunstfertigkeit der griechischen Waffenschmiede zeigt sich jedoch vor an allem an jenen Rüstungsteilen, die ‹wie angegossen› dem Körper des Trägers angepaßt sein mußten. Das waren zum einen die bronzenen Panzer, die die Mus-

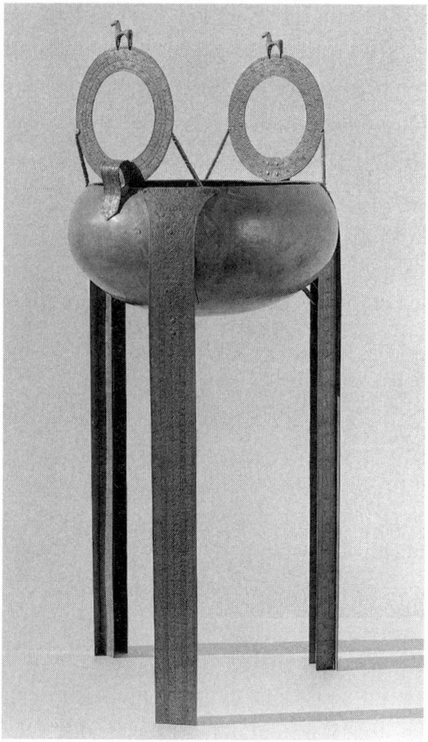

Abb. 23: Rekonstruktion eines bronzenen Dreifußkessels nach originalen Fragmenten. Olympia, Mitte des 8. Jahrhunderts

kulatur des Oberkörpers nachbilden sollten. Und es waren zum anderen die Beinschienen, die allein durch die Federkraft des Bronzeblechs ohne Verschnürung an Wade und Schienbein des Kriegers ansaßen. Inschriften weisen viele der Rüstungsteile als Beutestücke aus. Die martialische Präsentation des Kriegsgeräts an Holzpfählen oder Gerüsten, die auf den Erdwällen des Stadions aufgestellt waren, führte den Betrachtern noch einmal nachdrücklich vor Augen, daß es in Olympia stets um den Sieg ging – sei es über konkurrierende Athleten, feindliche Nachbarn oder fremde Völker.

Auf dem Areal des Heiligtums wurden in den ersten Jahrhunderten seiner Existenz keine Bauten errichtet. In der Altis, einem von Platanen und wilden Ölbäumen beschatteten Hain, konzentrierten sich die kultischen Aktivitäten an einigen markanten Naturmalen.

Im Norden des Areals befand sich der Kronos-Hügel, an dessen Fuß der Altar der Vegetationsgöttin Gaia lag. Zu den ältesten Kultmalen zählte auch der Grabhügel des mythischen Heros Pelops. Das sakrale Zentrum des Heiligtums war der Aschealtar, an dem die Opfer für Zeus vollzogen wurden. Über das Aussehen des Altars und die dort praktizierten Rituale informiert der Reisebericht, den Pausanias im 2. nachchristlichen Jahrhundert verfaßt hat und in dem Olympia viel Raum gewidmet ist. Seine Beschreibung des Heiligtums und zumal die Auflistung von Hunderten von Siegesmonumenten stellt eine wertvolle Quelle für die Geschichte Olympias dar. Über den Altar des Zeus weiß er zu berichten, daß er aus der Asche der Tiere aufgeschüttet wurde, die dem Gott geopfert worden waren. Dabei wurden die Körper der Opfertiere wohl auf dem steinernen Sockel verbrannt, auf dem der Aschehügel auflag. Allein «ihre Schenkel» wurden über eine Reihe von Stufen, die in den Aschekegel eingearbeitet waren, zur Spitze hinaufgetragen und dort gesondert geopfert. Ihre Asche wurde auf der Spitze des Hügels kunstvoll aufgehäuft, der zur Zeit des Pausanias immerhin 7 Meter hoch gewesen sein soll.[11]

Archäologische Grabungen haben Belege dafür erbracht, daß das Heiligtum um 700 mit Hilfe von Erdbewegungen und Planierungen erheblich vergrößert wurde. Diese Maßnahmen waren wohl erforderlich, weil in dieser Zeit eine immer größere Zahl von Menschen zu den im Vierjahresrhythmus stattfindenden Kultfeiern und Agonen anreiste. Die Besucher lebten während des vorbereitenden Trainings und der Wettkämpfe in Zelten und Laubhütten, die für die Zeit ihres Aufenthalts auf dem Festplatz errichtet wurden. Für ihre leiblichen Bedürfnisse sorgten Verkaufsstände und Buden, an denen etwa mit Getreide und Hülsenfrüchten gehandelt wurde, wie die große Zahl von geeichten Maßgefäßen belegt, die auf dem Gelände gefunden wurden, auf dem später die Altäre der Artemis Agoraia und des Zeus Agoraios standen. Um die Athleten, ihren Troß und die stetig wachsende Zahl der Zuschauer mit Trinkwasser zu versorgen, begann man zur gleichen Zeit an der Peripherie der Altis zahlreiche provisorische Brunnen zu graben, die nach den Olympien jeweils wieder zugeschüttet wurden.

Wenige Jahrzehnte später, um die Mitte des 7. Jahrhunderts, wurden in Olympia die ersten Gebäude errichtet. Einzelne Funde von tönernen Dachziegeln verweisen auf den Bau von zwei Schatzhäusern, in denen die kostbaren Weihgaben sicher und würdig gelagert werden konnten. Um das Jahr 600 begann man dann mit dem Bau des ersten Tempels. Das Gebäude, das zur Zeit des Pausanias ein Kultbild der Hera beherbergte, war wohl zunächst dem Zeus geweiht. Besucher dürften vor allem von der Größe des Tempels beeindruckt gewesen sein, der mit einer Länge von 50 Metern und einer Breite von 19 Metern unter den zeitgleichen Bauten hervorstach. Dabei griff man bei der Errichtung des Tempels auf altbewährte Konstruktionstechniken zurück: Das Mauerwerk bestand aus einer behäbigen Lehmziegelmauer, die auf einem Steinsockel auflag. Das hölzerne Gebälk war mit Tonziegeln gedeckt. Das bemerkenswerteste Element des Tempels waren jedoch seine hölzernen Säulen, die den Besuchern um 600 bereits wie ein Relikt aus alten Zeiten erschienen sein dürften. Denn immerhin ehrte man die Götter in dieser Epoche andernorts bereits mit prächtigen Gebäuden, bei denen ausschließlich Steinmaterial verbaut wurde. Als Pausanias im 2. nachchristlichen Jahrhundert Olympia besuchte, war eine dieser Säulen aus Eichenholz immer noch vor Ort – zu seiner Zeit ein Kuriosum, das die kaiserzeitlichen Besucher mit ungläubigem Staunen betrachtet haben müssen. Ob die altmodischen hölzernen Säulen einzelne wohlhabende Aristokraten, die das Heiligtum zu den Kultfeiern und Agonen aufsuchten, dazu veranlaßten, moderne steinerne Säulen zu stiften, muß dahingestellt bleiben. Jedenfalls wurden die Holzsäulen nach und nach durch Steinsäulen ersetzt – ein Prozeß, der sich jedoch über einen längeren Zeitraum hinzog, denn die ältesten Exemplare stammen noch aus dem 6. Jahrhundert, die jüngsten aus römischer Zeit.

Die archäologischen Funde aus Olympia, so läßt sich der Befund zusammenfassen, vermitteln ein facettenreiches Bild von den Aktivitäten der Besucher in archaischer Zeit. Die wohlhabenden Aristokraten, die das Heiligtum seit dem 8. Jahrhundert in immer größerer Zahl aufsuchten, nutzen den Ort zu regelmäßigen Treffen mit ihren Standesgenossen aus allen Teilen der griechischen Welt.

Sie überboten sich dort gegenseitig durch die Stiftung kostbarer Weihgaben, die ihren Reichtum und ihre hohen Anforderungen an die ästhetische Qualität der Votive belegen, die Waffenschmiede, Bildhauer und Bronzegießer zu immer neuen Höchstleistungen antrieben. Darüber hinaus war das Heiligtum in Olympia auch schon seit dem 8. Jahrhundert Austragungsort für gymnische und hippische Agone. Vom Geltungsbedürfnis und Stolz der Sieger zeugen wiederum die Weihgaben und Siegerstatuen. Die Wettkampfstätten haben dagegen bemerkenswert wenige archäologische Spuren hinterlassen. Wie sich die erste Laufbahn des 8. Jahrhunderts weiterentwickelte, auf der die Läufer über eine Distanz von 192 Meter sprinteten, ist im einzelnen kaum nachzuvollziehen. Im 6. Jahrhundert schüttete man jedenfalls Erdwälle als Zuschauertribünen auf und nach weiteren Ausbauphasen entstand schließlich das spätklassische Stadion, das etwa 50000 Zuschauer faßte. Das Hippodrom, der Austragungsort der hippischen Agone, ist nur aus der Beschreibung des Pausanias bekannt. Ein Fragment einer Inschrift auf einer Bronzetafel aus dem späten 6. Jahrhundert gibt einen flüchtigen Einblick in die Regeln, die die Wettkämpfer einhalten mußten. Die Ringer, so heißt es dort, sollen ihren Konkurrenten «nicht die Finger brechen», und «Frevler» und «Übeltäter» sollen mit Geldbußen belegt werden.[12] Einen Eindruck von dem besonderen Ambiente, das die Attraktivität des Heiligtums in archaischer Zeit ausmachte, vermittelt da wohl eher eine der *Olympischen Oden* des Pindar, in der es heißt, daß derjenige, der dort siegt, «für sein weiteres Leben honigreiche Heiterkeit genießt».[13]

4. Die Welt der Aristokraten im Umbruch

Die auffällige Konstanz zentraler Elemente des exklusiven adligen Lebensstils darf allerdings nicht darüber hinwegtäuschen, daß auch die Welt der Aristokraten in der archaischen Epoche von Unsicherheit, Spannungen und Konflikten gekennzeichnet war. Denn die komplexen Veränderungsprozesse des 7. und 6. Jahrhunderts brachten auch für die Angehörigen der Eliten eine Vielzahl von neuen Chancen und Risiken mit sich, die zu einer Verschärfung des internen Wettbewerbs und zu einer weiteren inneren Differenzierung führten – Entwicklungen, die in der Regel nicht ohne heftige Verteilungskämpfe abliefen, die in einigen Städten sogar in blutige Auseinandersetzungen eskalierten. So waren die einzelnen Aristokraten offenbar in ganz unterschiedlicher Weise von der allgemeinen Krise betroffen, die mancherorts zu einer Verschlechterung der bäuerlichen Lebensbedingungen geführt hatte. Wie die Gedichte des Atheners Solon zeigen, gelang es einem Teil von ihnen sogar, von der Not der Bauern zu profitieren. Sie konnten auf Kosten ihrer Schuldner ihren Grundbesitz vergrößern, ihren steigenden Bedarf an Arbeitskräften befriedigen und dabei zugleich auf mannigfache Weise ihren Einfluß auf Land und Leute intensivieren. Andere Aristokraten gerieten durch Kinderreichtum, Aufsplitterung des Grundbesitzes, Mißernten und andere kontingente Faktoren ebenso in wirtschaftliche Schwierigkeiten wie Teile der Bauernschaft, so daß ihre Ressourcen irgendwann nicht mehr ausreichten, um den typisch adligen Lebensstil pflegen und ihren Status erhalten zu können.

Ganz unterschiedliche Auswirkungen auf Vermögen und Status einzelner Mitglieder der Elite hatte auch die Beteiligung am Fernhandel. Zumal junge Aristokraten konnten die Zeit bis zum Antritt des väterlichen Erbes nutzen, um die auf dem *kleros* der Familie erwirtschafteten Überschüsse auf Schiffe zu verladen und in der Ferne gegen *keimelia* einzutauschen: Luxusgüter, mit denen man sich schmücken und die man – nach der glücklichen Heimkehr – im *oikos* zur Schau stellen oder demonstrativ als Weihgaben in Heiligtümern deponieren konnte. Solche Unternehmungen dürften häufig mit Besuchen bei Gastfreunden und mit Geschenketausch, aber auch mit Raub- und Beutezügen verbunden gewesen sein. Abenteuerlust und Erkundungsdrang vermischten sich dabei mit kommerziellen Interessen im engeren Sinne. Handelsfahrten ermöglichten also Erlebnisse und Erfahrungen aller Art, und sie eröffneten darüber hinaus die Möglichkeit, sich auch noch in den Besitz von Gütern zu bringen, die es gestatteten, die Lebensart weiter zu verfeinern und Prestige zu gewinnen.

Für die unmittelbare persönliche Beteiligung einzelner Aristokraten an der Abwicklung von Handelsgeschäften gibt es allerdings nur einige wenige, zum Teil späte Zeugnisse. So soll etwa Charaxos, der Bruder der Dichterin Sappho, nach Naukratis in Ägypten gefahren sein, um Geschäfte mit Wein von der Insel Lesbos zu machen. Nach dem Zeugnis des Plutarch soll auch Solon in seiner Jugend auf Handelsfahrt gegangen sein, weil sein Vater durch übertriebene Großzügigkeit das Familienvermögen stark vermindert hatte. Der Biograph schränkt jedoch ein, daß es dem Athener nach anderen Berichten mehr um das Sammeln von Erfahrungen und um die Erweiterung seines Horizonts gegangen sei als um den Erwerb von Reichtümern. Die unternehmungslustigen Aristokraten der archaischen Zeit, die sich an Handelsgeschäften beteiligten (wenn sich gerade die Gelegenheit dazu bot), dürften damit weniger in der Tradition der Berufshändler stehen, sondern vielmehr in der jener epischen Helden vom Schlage eines Odysseus oder Menelaos, die herumreisten, Abenteuer suchten und fanden und dabei gleichzeitig wertvolle Objekte eintauschten, die sie zu Hause als Nachweis für den Erfolg ihrer Reise und als Beweis ihrer eigenen Tüchtigkeit zur Schau stellen konnten. Allerdings bargen Handelsunternehmungen dieser Art auch unkalkulierbare Risiken. Zumal Familien, die in einer ohnehin prekären Situation noch einmal alles auf eine Karte setzten, verloren dann bei einem Mißerfolg auch alles. Welche Konsequenzen das Scheitern eines solchen Unternehmens nach sich ziehen konnte, zeigt etwa ein Gedicht des *Corpus Theognideum*, einer Sammlung von Texten unterschiedlicher Autoren aus der Zeit von der Mitte des 7. bis zu den ersten Dekaden des 5. Jahrhunderts, die unter dem Namen des Dichters Theognis von Megara zusammengefaßt und tradiert wurden: Der Autor dieses Gedichtes wird durch den Ruf einer Schwalbe, der den Beginn der Saison für die Bestellung der Felder ankündigt, schmerzlich daran erinnert, daß nun andere im Besitz seiner Äcker sind und daß seine Maultiere nicht mehr für ihn den Pflug ziehen. Der unglückliche Ausgang einer «verhaßten Seefahrt», so klagt er, habe ihn um seine Existenz gebracht.[14]

Zahlreiche aristokratische Familien mußten in archaischer Zeit zudem infolge der äußeren Kriege und der zahlreichen gewaltsamen Auseinandersetzungen zwischen rivalisierenden Gruppierungen innerhalb der Bürgerschaft, die die Griechen *staseis* nannten, gravierende Statusverluste hinnehmen, da solche Konflikte nur allzu häufig mit der Verbannung der unterlegenen Gruppierung und mit der Enteignung der Besitztümer ihrer Mitglieder endeten. So mußten gegen Ende des 8. Jahrhunderts etwa Teile der Bevölkerung Messeniens nach der Niederlage im Krieg gegen Sparta aus ihren Heimatstädten fliehen. Dem Bericht des Pausanias zufolge unterhielten manche von diesen Flüchtlingen Gastfreundschaftsbeziehungen zu Standesgenossen in Sikyon, Argos und anderen arkadischen Städten und fanden dort Aufnahme; andere zählten zu den priesterlichen Familien, die die Rituale der Mysterien der Großen Göttin praktizierten, und konnten sich deshalb nach Eleusis wenden. Da sowohl die Pflege von Gastfreundschaftsbeziehungen als auch die Ausübung der Mysterienkulte auf jeden Fall als typisch aristokratische Aktivitäten angesehen werden müssen, die in dieser Epoche der Elite vorbehalten blieben, kann es sich bei den Flüchtlingen nur um Angehörige der aristokratischen Führungsschicht gehandelt haben, von denen Pausanias dann auch explizit die Masse der Bevölkerung abhebt, die in den messenischen Städten zurückblieb.

In Mytilene auf Lesbos lösten seit dem Ende des 7. Jahrhunderts immer wieder gewaltsame *staseis* Tyrannenherrschaften ab. Der Dichter Alkaios und seine Brüder waren in der Zeit um 600 unmittelbar an diesen innenpolitischen Auseinandersetzungen beteiligt. Sie kämpften zunächst wohl an der Seite des Pittakos, überwarfen sich später mit ihm und mußten (wahrscheinlich sogar mehrfach) ihre Heimatstadt verlassen und ins Exil gehen. Während einer seiner Brüder nach seiner Verbannung in die Dienste des babylonischen Königs Nebukadnezar eintrat und im Palästinafeldzug des Jahres 597 kämpfte, ging Alkaios selbst wahrscheinlich zunächst nach Ägypten und dann möglicherweise nach Thrakien ins Exil. Seine Gedichte – authentische Zeugnisse eines der wichtigsten Akteure – vermitteln einen unmittelbaren Eindruck von den explosiven Gegensätzen innerhalb der aristokratischen Führungsschicht seiner Heimatstadt, die immer wieder in äußerst heftige offene Auseinandersetzungen eskalierten, und sie bieten damit zugleich interessante Einblicke in die Mentalität der daran beteiligten Aristokraten. So schildert Alkaios in einem der Texte – zweifellos aus eigener Erfahrung – das Schicksal des verbannten Aristokraten: Er beklagt dort die bittere Armut des Flüchtlings, der selbst um das Lebensnotwendige kämpfen muß. Die katastrophale Verschlechterung seiner wirtschaftlichen Situation und – so muß man wohl ergänzen – der sich daraus notwendig ergebende Verlust seines Status zwingen den Exilierten dazu, das Leben eines Aristokraten aufzugeben und nun dasjenige eines Bauern zu führen. Noch schmerzlicher als den Verlust seiner Besitztümer empfindet der Dichter jedoch den erzwungenen Verzicht auf jegliche politische Aktivität: Er kann nicht mehr an der Volksversammlung teilnehmen – jener Institution, in der seine Vorfahren seit Generationen im Kreise der Bürger Rat gehalten hatten.[15]

Wie sich die Stellung der Aristokraten in ihren Heimatstädten und ihre Akzeptanz durch die Bürgergemeinden im Laufe der Veränderungsprozesse des 7. und 6. Jahrhunderts entwickelten, zeigen wiederum andere Gedichte der archaischen Lyriker, in denen vornehmlich Unmut und Kritik formuliert werden. Es muß vorausgeschickt werden, daß es sich bei dieser Kritik an den Aristokraten nicht um Kritik ‹von unten›, also um die Formulierung alternativer Wertkonzepte oder radikaler Forderungen aus der Sicht breiterer Schichten handelt. Die Verfasser der archaischen Lyrik bewegten sich in den Kreisen der Aristokraten, denen zumindest die meisten von ihnen auch persönlich zuzurechnen sind. Sie traten mit dem Anspruch auf, über eine überlegene Weisheit (*sophia*) zu verfügen. Und damit glaubten sie berechtigt und befähigt zu sein, die Position von hellsichtigen Beobachtern aller Veränderungen, Gefahren und neuen Notwendigkeiten, denen man sich ausgesetzt sah, von Ratgebern und Mahnern – und wenn nötig auch von Kritikern – einzunehmen.

Erste Anzeichen für eine kritische Distanzierung von den aristokratischen Ideal- und Wertvorstellungen finden sich bereits bei dem Dichter Archilochos, der um 680 auf der Insel Paros geboren wurde. Archilochos, der selbst offenbar ein höchst abenteuerliches Leben als Söldner führte, setzt sich in einem seiner Gedichte kritisch mit dem vor allem in der *Ilias* in idealisierender Weise beschriebenen Typus des schönen und hochgewachsenen Kriegers mit stolzer Haltung und wallendem Haupthaar auseinander. Er betont, daß ihm persönlich ein kleiner, krummbeiniger Mann lieber sei, der «dafür sicher auf den Füßen steht und voller Mut ist».[16] Um die Mitte des 7. Jahrhunderts formuliert dann der Spartaner Tyrtaios eine ebenso grundsätzliche wie umfassende Kritik an Auftreten und Verhalten der Aristokraten seiner Zeit. Der Dichter bestreitet in seiner Elegie vehement und mit großem Nachdruck, daß ein Mann wegen der Leistung seiner Füße und seiner Geschicklichkeit im Ringkampf, wegen seiner Größe und der Schönheit seiner Gestalt, wegen seiner physischen Kraft und seiner athletischen Erfolge und schließlich wegen seines Reichtums, seiner Beredsamkeit und seines königlichen Auftretens achtenswert und erinnerungswürdig sei. Die einzig wahre Tüchtigkeit, die der Dichter gelten lassen will, ist dagegen die «stürmische Wehrhaftigkeit»: Die Standhaftigkeit, Unerschütterlichkeit und Aufopferungsbereitschaft, mit der die Hopliten in der Schlachtreihe ihren Mann stehen, ihre Zuverlässigkeit und ihr Verantwortungsgefühl gegenüber ihren Mitstreitern sind Eigenschaften, denen er höchstes Lob zollt, indem er sie als «gemeinsames Glück» für das gesamte Volk bezeichnet. Allein einen Mann, der diese Verhaltensnormen erfüllt, zählt er zu den *agathoi*. Nur er, so betont der Dichter, bringe seiner Stadt und seinem Vater höchsten Ruhm ein und werde im Leben und nach dem Tode größten Respekt und immerwährendes Ansehen genießen.[17] Tyrtaios bewertet die Eigenschaften und Verhaltensweisen eines Mannes also vorrangig nach dem ‹bürgerlichen› Maßstab ihrer Nützlichkeit für die gesamte Polis – einem Maßstab, dem die hergebrachten adligen Vorzüglichkeitsmerkmale, die ja nur die individuellen Ambitionen des einzelnen Aristokraten widerspiegeln, allesamt nicht mehr genügen.

Um die Mitte des 6. Jahrhunderts sind in den Werken des Xenophanes von Kolophon einige in Inhalt und Zielrichtung vergleichbare Zeugnisse für eine explizite Kritik am Verhalten der Aristokraten überliefert. Der Dichter kritisiert zunächst den bereits erwähnten exklusiven Kleiderluxus der Aristokraten seiner Heimatstadt. Darüber hinaus richtet sich seine Kritik gegen die übertriebene Wertschätzung und Ehrung der Olympiasieger – und dabei geht es nicht mehr nur um die Denunzierung einer ganz bestimmten, nun als problematisch empfundenen Verhaltensweise der Aristokraten, sondern zugleich um eine kritische Auseinandersetzung mit den diesem Verhalten zugrundeliegenden Wertvorstellungen, ja mit der ganzen Mentalität dieser Statusgruppe. Xenophanes moniert nämlich, daß es seinem Gefühl von «Recht und Billigkeit» widerspreche, wenn sportliche Leistungen bei den panhellenischen Spielen von der Stadt nicht nur mit Geldgeschenken, sondern darüber hinaus auch noch mit so exklusiven Ehrungen wie der lebenslangen Speisung im Ratsgebäude belohnt würden. Denn – und darauf kommt es ihm offenbar besonders an – die Erfolge, die durch die physische Stärke von Männern oder Rossen errungen würden, brächten der Stadt schließlich nur einen höchst ephemeren Glanz ein. Und das rechtfertigt für ihn auf gar keinen Fall Auszeichnungen, die eigentlich nur besonders hervorragenden Persönlichkeiten oder eben den als Wohltätern der ganzen Polis gefeierten Männern zuerkannt werden sollten. Xenophanes verweigert also denjenigen Aktivitäten die Anerkennung, die von den Aristokraten nur zur individuellen Bewährung in der Konkurrenz mit ihren Standesgenossen in einem panhellenischen Wettbewerb ausgeübt wurden. Wenn der Dichter seine Kritik in der Behauptung gipfeln läßt, daß Erfolge vor solchen Foren weder die «gute Ordnung» befördern, noch zur materiellen Prosperität des Gemeinwesens beitragen, so manifestieren sich hier – ebenso wie bei Tyrtaios – zugleich die neuen positiven Vorstellungen von Wert, Nutzen und Vorteil für die Stadt.[18]

5. Fazit

Die Kritik an dem typisch aristokratischen Verhaltens- und Wertekodex zeigt deutlich, daß die Eliten in den Poleis des 7. und 6. Jahrhunderts allmählich unter eine neue Art von Legitimierungsdruck gerieten, dem sie zuvor bei der weitgehend selbstverständlichen Akzeptanz ihrer Vorrangstellung und dem niedrigen Organisationsgrad der Bürgergemeinden nicht ausgesetzt waren. Offensichtlich konnte eine solche Legitimation nun nicht mehr durch die individualistische, selbstbezogene Zurschaustellung von individuellen Vorzüglichkeitsmerkmalen wie Schönheit, athletischem und musischem Können, Eleganz und Reichtum geleistet werden. Da die Adressaten dieser Art von Statusdemonstration in erster Linie die Angehörigen eines panhellenischen Publikums von Peers waren, vor dem es die Zugehörigkeit zu dieser Statusgruppe auf poliadischen und panhellenischen Foren immer wieder zu beweisen galt, profitierten die heimatlichen Bürgergemeinden als Ganze nicht in nennenswertem Umfang von ihr. Das Streben danach, immer «der Erste zu sein und ausgezeichnet vor anderen», zielte viel zu sehr auf die Vermehrung von individuellem Prestige und darauf basierende Prominenzrollen, um ohne weiteres als Manifestation der Größe und des Ruhmes der ganzen Stadt aufgefaßt zu werden.[19] Die typisch aristokratische Art der Demonstration individueller Vorzüglichkeit konnte damit weder zu einem Faktor der vertikalen Integration von Elite und Polisgemeinschaft werden, noch konnte sie die aristokratische Vorherrschaft auf Dauer stabilisieren. Die Aristokraten waren und blieben Akteure auf einer Vielzahl von Handlungsfeldern. Der Nimbus des Siegers in Olympia, Delphi, Nemea oder Korinth vermittelte stets mehr Glanz als Amt und Würden in Athen, Korinth oder Megara.

VIII. DIE WELT DER TYRANNEN

1. Begriff und Konzept der Tyrannis

In den im Jahre 414 in Athen aufgeführten *Vögeln* des Aristophanes stellt ein Herold den Einwohnern der Stadt die fürstliche Belohnung von einem Talent Silber in Aussicht, wenn sie einen der «längst toten Tyrannen» beseitigen.[1] Der Dichter verspottet die Athener in seiner Komödie wegen ihrer ebenso unbegründeten wie unzeitgemäßen Tyrannenfurcht. Tatsächlich hatte es ja zur Zeit der Aufführung dieses Theaterstücks schon seit Generationen im griechischen Mutterland, auf den Inseln der Ägäis und in den kleinasiatischen Griechenstädten keine Tyrannenherrschaften mehr gegeben. Das änderte jedoch nichts an dem großen Interesse und an jener eigenartigen Mischung aus Furcht und Faszination, die die Griechen und insbesondere die Bürger des demokratischen Athen der Tyrannis entgegenbrachten. Und dieses Interesse schlug sich in der Literatur des 5. und 4. Jahrhunderts, von Herodot und Thukydides über die Tragödiendichter bis hin zu Platon, Aristoteles und ihren Schülern, immer wieder in vielfältigen Varianten nieder. Alle diese Autoren forschten auf ihre Art nach den Gründen für die Entstehung von Tyrannenherrschaften in der archaischen Zeit, und sie entwickelten Verlaufsmodelle der Machtergreifung von Tyrannen. Sie unterschieden und klassifizierten die verschiedenen Typen der Alleinherrschaft und beschrieben schließlich in idealtypischer Weise Charakter, Verhalten und Auftreten der Tyrannen und die ihrem Regime eigentümlichen Unterdrückungsmechanismen.

Ausdruck und Ergebnis dieser intensiven und durchaus unterschiedlich motivierten Beschäftigung mit der Tyrannis sind etwa das Urteil des Thukydides, daß die Tyrannis als eine Folge des wirtschaftlichen Wachstumsprozesses der archaischen Zeit entstanden sei. «Als Hellas größer wurde», schreibt er, «und Erwerb und Gewinn mehr als früher gediehen, kamen in fast allen Städten Tyrannenherrschaften auf».[2] Aristoteles versucht in der *Politik* die Ursachen der Entstehung von Tyrannenherrschaften mit Hilfe von vier Grundtypen systematisch zu kategorisieren: Er kommt dabei zu dem Ergebnis, daß eine Tyrannis entweder durch den Aufstieg eines Demagogen oder aber durch den Mißbrauch der Kompetenzen eines regulären Amtes der Polis durch einen besonders ehrgeizigen und machthungrigen Inhaber entstehe. Die weiteren Varianten sieht er einerseits in der Denaturierung der traditionellen Königsherrschaft durch die Mißachtung der von den Vorfahren übernommenen Satzungen und andererseits in der Übertragung zentraler Herrschaftsfunktionen in Oligarchien an einen einzelnen. Im Grunde genommen, so faßt er seine Überlegungen zusammen, seien jedoch alle Tyrannen zuerst Führer des Volkes gewesen, denn letztlich entstehe die Tyrannis immer aus dem Kampf des Volkes gegen die Unterdrückung durch die «Angesehenen».[3] Sokrates, so berichtet Xenophon in den *Memorabilia*, habe die Tyrannis als eine Regierung gegen den Willen des Volkes betrachtet, die unter Mißachtung der Gesetze ganz nach dem Belieben des Herrschers ausgeübt worden sei. Platon und Aristoteles charakterisieren die Tyrannis als eine Herrschaftsform, die nur dem persönlichen Nutzen ihres Inhabers diene. Das Ziel eines jeden Tyrannen sei ein angenehmes Leben im Genuß: So werden denn auch Feste mit üppigen Speisen und berauschenden Getränken, prächtige Kleidung, «Freudenmädchen» und Lustknaben, ja sexuelle Ausschweifungen aller Art als typisch für den Lebensstil eines Tyrannen angesehen. Einem solchen Leben in Luxus und dekadenter Verschwendung korrespondiere die ungeheure persönliche Habgier, die für alle Tyrannen typisch sei und die zu einer außerordentlichen, ansonsten unbekannten Ansammlung von Schätzen am Hof des Tyrannen führe.[4] Dieser sprichwörtliche Reichtum, den der Tyrann mittels Enteignungen, Steuern und Abgaben – also auf Kosten der Bürgerschaft – anhäufe, diene ihm aber nicht nur zur Befriedigung seiner persönlichen Begierden, sondern er nutze ihn regelmäßig auch dazu, seine Herrschaft gegen Widerstand und Verschwörung abzusichern. So sieht Aristoteles das Anwerben von Söldnern und den Unterhalt von Wachmannschaften als typische Maßnahmen von Tyrannen an. Die Bürgerschaft selbst dagegen werde von manchen Tyrannen entmachtet, um eine Gefährdung seiner Position von dieser Seite auszuschließen. Überhaupt gilt es der gesamten Tradition als typisch für Tyrannen, daß sie die Bürger permanent überwachen und bespitzeln: Freundschaftliche Verbindungen, so heißt es bei Platon und Aristoteles, sähen sie als eine Gefahr für ihre Herrschaft an und verböten demzufolge Hetairien und Bünde.[5]

Ausführlichkeit und Vielfalt der Beschäftigung mit der Tyrannis in der klassischen Zeit stehen quantitativ und auch qualitativ im Widerspruch einerseits zu den wenigen expliziten Urteilen von Zeitgenossen, die in den Fragmenten der archaischen Lyrik überliefert sind, und andererseits zu den dürftigen Informationen über die konkreten Umstände und den Verlauf der einzelnen Tyrannenherrschaften, die sich aus diesen Fragmenten und aus den Erzählungen des Herodot herausfiltern lassen. In der modernen Forschung geht die Tendenz dahin, die abstrakten und systematisierenden Reflexionen der späteren Autoren so weit wie möglich beiseite zu lassen, da sie einem Verständnis der älteren Tyrannis eher im Wege zu stehen scheinen als ihm förderlich zu sein. Statt dessen konzentriert man sich auf die zeitgenössischen Zeugnisse und auf eine vorsichtige Interpretation der einschlägigen Passagen bei Herodot. Doch auch Herodots Geschichten über die frühen Tyrannenherrschaften können keineswegs einfach zum Nennwert genommen werden. Schließlich liegen beispielsweise die Ereignisse bei der Machtergreifung des Kypselos zum Zeitpunkt der Entstehung der *Historien* schon deutlich mehr als drei Generationen zurück. Sie gehören damit nicht mehr in den Zeitraum, der mündlich einigermaßen zuverlässig erinnert wird. Deshalb ist es in den folgenden Fallstudien ein zwingendes methodisches Gebot, seine Erzählungen stets mit dem zu konfrontieren, was wir über die allgemeine Entwicklung der archaischen Poleis, ihre institutionelle, wirtschaftliche und gesellschaftliche Struktur wissen.

2. Fallstudie: Korinth

Die Epoche der archaischen Tyrannis begann mit der Herrschaft des Kypselos über Korinth. Er stürzte anscheinend schon um die Mitte des 7. Jahrhunderts die dort seit etwa drei Generationen herrschenden Bakchiaden und machte sich selbst zum Alleinherrscher. Die Bakchiaden waren eine geburtsständisch abgeschlossene Adelsgruppe, deren Mitglieder – so Herodot – «nur innerhalb ihres Geschlechts zu heiraten pflegten».[6] Ihnen gehörten die besten Ländereien auf dem Territorium von Korinth – das heißt, sie bebauten den fruchtbaren Küstenstreifen im Westen, angrenzend an das Territorium von Sikyon. Neben den Bakchiaden gab es noch andere Familien, die im weiteren Sinne einer adligen Oberschicht zuzurechnen sind. Manche von ihnen waren offenbar vordorischer Herkunft. Ihre Güter lagen an der Peripherie des korinthischen Territoriums. Dabei war Korinth bereits unter der Herrschaft der Bakchiaden eine vergleichsweise reiche Polis. Schon «die alten Dichter», so formuliert es der Historiker Thukydides in seiner *Geschichte des Peloponnesischen Krieges*, bezeichneten es als «geldmächtig» und belegten die Stadt regelmäßig mit dem Beinamen «die reiche». Und von ihr, so betont er, seien in dieser Epoche auch wesentliche Innovationen im Schiffbau ausgegangen. Die ersten Kriegsschiffe seien von Zimmerleuten aus Korinth gefertigt worden, und ihre Expertise sei schon bald in ganz Griechenland gefragt gewesen, wie der Fall des Ameinokles belege, den die Samier mit dem Bau von vier Schiffen des neuen Typs beauftragt haben sollen.[7] Daß die Korinther in dieser Epoche aktive Seefahrer waren, zeigt sich auch daran, daß man schon früh Kolonisten ausschickte. Auch bei diesen Aktionen übernahmen die Bakchiaden die Führung. Die Gründer von Syrakus und Kerkyra, Archias und Chersikrates, sollen jedenfalls zu ihrer Gruppe gehört haben. Darüber hinaus profitierte Korinth auch von den zahlreichen Neugründungen im Westen und im Nordwesten, die nicht auf seine Initiative hin erfolgt waren; denn es wurde aufgrund seiner günstigen geographischen Lage zum wichtigsten Umschlagplatz zwischen dem Mutterland und der ‹Neuen Welt›: Alle Landwege von der Peloponnes nach Mittelgriechenland führten an Akrokorinth vorbei. Seefahrer und Händler, die Güter aus der Ägäis nach Italien und Sizilien bringen wollten, konnten die gefürchtete Passage um das Kap Maleas im Süden der Peloponnes vermeiden, wenn sie ihre Waren an der schmalsten Stelle des Isthmos von Korinth auf Wagen verluden und über Land transportierten. Nach dem allerdings erst in augusteischer Zeit verfaßten Bericht des Geographen Strabon kontrollierten die Bakchiaden den Außenhandel und belegten den Gütertausch und den Export von Agrarprodukten mit Abgaben.

Die Bakchiaden regierten kollektiv, indem sie alle politischen Rechte monopolisierten und das höchste Amt des Prytanen zwischen den Angehörigen ihrer Gruppe jährlich rotieren ließen. Ob es in Korinth unter ihrer Herrschaft bereits einen Rat und eine Versammlung gab, läßt sich aufgrund der problematischen Überlieferungslage nicht mehr sicher ausmachen. Möglicherweise existierte ein Gremium, in dem die Oberhäupter aller Bakchiadenfamilien auf Lebenszeit Mitglieder waren. Die Entstehung von Institutionen und Verfahren könnte durch die archaisch-vorpolitische Struktur der Vorherrschaft der Bakchiaden behindert und der Prozeß der institutionellen Ausdifferenzierung damit insgesamt retardiert worden sein, so daß Korinth im Vergleich zu Gemeinwesen wie Athen, Sparta oder Dreros in seiner Entwicklung zurücklag – ein Defizit, das die Errichtung einer Tyrannis durchaus begünstigt haben könnte. Dabei scheint die Herrschaft der Bakchiaden schon vor dem Coup des Kypselos in eine Krise geraten zu sein, die aus einer Vielzahl von unterschiedlichen Faktoren resultierte. So dürfte es eine Rolle gespielt haben, daß sie ihre Herrschaft schon seit geraumer Zeit nicht mehr durch außenpolitische und militärische Erfolge legitimieren konnten: Die Kontrolle über das von ihnen gegründete Kerkyra war ihnen entglitten, und auch den Aufstieg des benachbarten Megara, mit dem sie um das fruchtbare Land in der Region des heutigen Perachora kämpften, konnten sie nicht verhindern. Zu diesen Niederlagen und Mißerfolgen kamen die Schwierigkeiten der Anpassung an die generellen Strukturveränderungen hinzu, die im 7. Jahrhundert in allen Gemeinwesen zum Tragen kamen. So setzte sich in dieser Zeit in Megara die neue Kampftaktik der Hoplitenphalanx durch, und damit waren auch die Bakchiaden gezwungen, eine breitere Schicht von Wehrfähigen zum Kriegsdienst heranzuziehen, wenn sie in dem Konflikt mit der Nachbarstadt bestehen wollten. Kurzfristig bedeutete die Ausstattung mit den entsprechenden Rüstungen für die betreffenden Bauern zweifellos eine ökonomische Belastung. Mittel- und langfristig führte diese Entwicklung aber zu einer Aufwertung dieser Schicht und brachte damit wohl eine gesteigerte Anspruchshaltung mit sich. Vor diesem Hintergrund mag die Konzentration der besten Ländereien im Besitz der Bakchiaden mehr und mehr auf Widerstand gestoßen sein. Nicht zuletzt wurden Legitimitäts- und Machtverlust der Bakchiaden wohl auch dadurch stetig vorangetrieben, daß es neben ihnen andere wohlhabende Aristokraten gab, die wegen der Monopolisierung des höchsten Amtes von der Partizipation an den politischen Entscheidungsprozessen ausgeschlossen waren und damit keine Chance hatten, ihre Ambitionen in der Bewährung in Politik und Krieg auszuleben.

Über die Machtergreifung des Kypselos liegen in den antiken Quellen zwei verschiedene Berichte vor. Herodot – der die märchenhaften Aspekte dieser Geschichte favorisiert – erzählt, daß Labda, die lahme Tochter eines der Bakchiaden, unter den Mitgliedern der strikt endogamen Gruppe keinen Ehemann gefunden habe und schließlich einen Außenstehenden heiratete. Da das Orakel von Delphi den männlichen Nachkommen aus dieser Verbindung große Macht prophezeite, hätten die Bakchiaden beschlossen, den Erstgeborenen der Labda zu töten. Der Mutter sei es jedoch gelungen, das Kind zu schützen, indem sie es in einer Truhe (*kypsele*) verbarg. Als Kypselos erwachsen war, habe ihn ein weiteres Orakel von Delphi dazu ermutigt, die ungerechte Herrschaft der Bakchiaden zu stürzen und die Macht über Korinth für sich und seine Nachkommen zu usurpieren. Der in der Mythologie weitverbreitete Topos von dem Behinderten, der Unheil über diejenigen bringt, die ihn zurückweisen, wird hier zum Leitmotiv der gesamten Erzählung. Die andere Version der Geschichte von der

Machtergreifung des Kypselos geht auf den im 4. Jahrhundert lebenden Historiker Ephoros zurück – sie ist in Auszügen in den Fragmenten der Weltgeschichte des Nikolaos von Damaskos überliefert. Auch Nikolaos weiß von der wunderbaren Rettung des Kypselos vor den Häschern der Bakchiaden. Doch sein Interesse gilt mehr den konkreten Aktionen, mit denen Kypselos seine Machtergreifung vorbereitete. Er betont, daß Kypselos aufgrund seiner militärischen Leistungen großes Ansehen genossen habe und schließlich sogar zum *polemarchos* gewählt worden sei. Die zivilen judikativen Aufgaben, die mit diesem Amt verbunden waren, soll er im Gegensatz zu seinen Vorgängern aus den Reihen der Bakchiaden mit großer Milde ausgeübt haben. Er soll niemanden in Ketten gelegt haben, und zahlungsunfähige Schuldner mußten auch nicht mit den zuvor üblichen strengen Strafen rechnen. Diese «mannhafte und gemeinnützige» Art der Amtsführung habe ihm eine ganz außerordentliche Popularität eingebracht. Allerdings beseitigte Kypselos das Regime der Bakchiaden keineswegs als Organisator einer Erhebung des unzufriedenen *demos*, sondern vielmehr mit Hilfe einer Adelsverschwörung. Unterstützung suchte und fand der Tyrannisaspirant demnach vor allem bei den Aristokraten, die aufgrund des Herrschaftsmonopols der Bakchiaden die für ihre Statusgruppe typischen Ansprüche auf Einfluß und Ansehen bislang nicht in ausreichendem Maße hatten realisieren können.[8] Nach seiner Machtergreifung ließ Kypselos viele Bakchiaden töten; andere schickte er in die Verbannung und konfiszierte ihren Landbesitz. Daß von der folgenden Redistribution des Bodens neben den adligen Gefolgsleuten des Kypselos auch der *demos* profitierte, wie in der Forschung in Anlehnung an die Terminologie des Nikolaos gelegentlich vermutet wurde, erscheint zumindest fragwürdig. Eine allgemeine Umverteilung des Bodens oder gar eine umfassende Wirtschafts- und Sozialreform hat Kypselos zweifellos nicht ins Werk gesetzt. Daß Korinth auch unter seiner Herrschaft weiterhin auf Expansion setzte, zeigt sich in der Organisation weiterer Kolonistenzüge. Unter der Leitung von Söhnen des Tyrannen wurden unter anderem Leukas, Ambrakia und Anaktorion gegründet. Der stetig steigende Export korinthischer Keramik belegt, daß Handwerk und Handel unter den Tyrannen florierten. Der Bau eines Schatzhauses in Delphi, dessen Weihinschrift es als persönliche Stiftung des Kypselos auswies, sowie eine Reihe von ebenso prächtigen wie ausgefallenen Weihgaben in Delphi und Olympia wie beispielsweise eine große bronzene Palme und ein goldenes Standbild des Zeus lassen den Wunsch des Tyrannen nach individueller Statusdemonstration vor den zentralen Foren der panhellenischen Adelswelt erkennen. Sie machen dabei zugleich deutlich, daß dem Tyrannen daran gelegen war, durch statuskonformes Verhalten als akzeptiertes Mitglied der polisübergreifenden kultischen Gemeinschaft zu erscheinen.

Kypselos starb nach dreißigjähriger Herrschaft. Nach seinem Tode übernahm sein Sohn Periandros die Herrschaft über Korinth. Periandros galt in der antiken Tradition als Prototyp des bösen und grausamen Tyrannen, dem alle möglichen Exzesse und Perversionen bis hin zu Inzest und Nekrophilie nachgesagt wurden. Aristoteles schreibt ihm die Erfindung aller jener Maßnahmen zu, die zur gewaltsamen Aufrechterhaltung einer Tyrannenherrschaft dienten: Bestechung, Korruption, Überwachung und schließlich Terror. Allerdings gab es daneben immer auch wesentlich positivere Urteile über Periandros. Immerhin wurde er gelegentlich zu den ‹Sieben Weisen› gerechnet. Über seine Politik und seine Gesetzgebung läßt sich angesichts der schwierigen Überlieferungslage nur wenig Konkretes sagen. Außenpolitisch und militärisch hatte Periandros einige Erfolge zu verzeichnen. Er setzte die Kolonisationspolitik fort und schaffte es, Kerkyra zurückzuerobern. In die panhellenische Adelswelt war er auf das beste integriert und nahm regelmäßig an ihren Treffen in Olympia und anderswo teil. Welches Ansehen er in diesen Kreisen genoß, belegt die Tatsache, daß er in einem Konflikt zwischen Athen und Mytilene auf Lesbos zum Schiedsrichter berufen wurde. In Korinth scheint er konsequent gegen die konkurrierenden Ansprüche anderer Adelsfamilien vorgegangen zu sein. Jedenfalls soll er durch Luxusgesetze die Selbstdarstellung der anderen Aristokraten maßgeblich eingeschränkt haben. Das ihm zugeschriebene Versammlungsverbot und seine Bemühungen, den Zugang zum städtischen Zentrum rigoros zu beschränken, spiegeln – sofern es sich nicht um Motive der Tyrannentopik des 4. Jahrhunderts handelt – sein Bemühen um eine Absicherung seiner Herrschaft gegen Widerstand aus ihren Reihen wider. Periandros galt bereits in der Antike als ein großer Baumeister: Er ließ Tempel, ein Brunnenhaus, einen Hafen und den *diolkos* errichten, einen gepflasterten Weg, über den man auf Wagen verladene Schiffe über den Isthmos von Korinth schleppen konnte. Wenn diese Bauwerke auch primär durch den Wunsch des Tyrannen nach individuellem Ruhm motiviert waren, so brachten sie den Prozeß der Urbanisierung von Korinth doch ein gutes Stück weiter voran.

Als Periandros etwa vierzig Jahre nach der Übernahme der Herrschaft starb, folgte ihm sein Neffe Psammetichos. Er wurde jedoch nach nur drei Jahren durch eine Verschwörung beseitigt. Die Häuser der Tyrannenfamilie wurden zerstört, ihre Ländereien konfisziert. Über die weitere institutionelle Entwicklung Korinths informiert wiederum ein Fragment aus der Weltgeschichte des Nikolaos von Damaskos. Dort heißt es, daß die Korinther «sofort» nach dem Tode des Psammetichos «ein Gremium von acht Proboulen» einrichteten und aus den übrigen Bürgern «einen Rat von je neun Männern aus jeder der acht Phylen» zusammenstellten.[9] Hier zeigt sich, daß nach dem Sturz des letzten Tyrannen offenbar ein gewisser Institutionalisierungsschub erfolgte: Zentrale Gremien, die in anderen Poleis bereits Jahrzehnte zuvor etabliert worden waren – wie etwa ein vorberatendes Magistratskollegium sowie ein Rat mit einer fixierten Mitgliederzahl und einem geregelten Bestellungsverfahren, das die Unterabteilungen der Bürgerschaft angemessen berücksichtigte – hatten nun also auch in Korinth Einfluß auf die politische Entscheidungsfindung. Welche Bedeutung der Volksversammlung der Korinther in dieser Epoche zukam, läßt sich aufgrund der dürftigen Überlieferungslage allerdings nicht mehr im einzelnen eruieren.

3. Fallstudie: Samos

In Samos errichtete Polykrates um das Jahr 538 eine Tyrannis. Über seine Herrschaft über die große Ägäisinsel, die er bis 522 behaupten konnte, informiert ausführlich das Geschichtswerk des Herodot. Polykrates stammte aus einer angesehenen Familie der samischen Führungsschicht. Sein Vater Aiakes gehörte zu den adligen Grundherren, den sogenannten Geomoren, die sich im 6. Jahrhundert in Samos nicht nur den Landbesitz teilten, sondern auch gemeinsam die politische Herrschaft ausübten. Diese Herrschaft der Geomoren hat Polykrates dann gemeinsam mit seinen Brüdern Pantagnostos und Syloson gestürzt. Ihren gewaltsamen Coup sollen sie während der jährlichen Kultfeiern zu Ehren der Göttin Hera inszeniert haben. Bei diesem Fest trug man das kolossale Kultbild der Göttin in einer feierlichen Prozession, an der alle Samier teilnahmen, vom Tempel zum Meer, um es dort zu waschen und in neue Gewänder zu kleiden. Wenn diese Zeremonie abgeschlossen war, legten die Bürger die Waffen ab und vollzogen die üblichen Opfer. Genau diesen Moment sollen Polykrates und seine Brüder ausgenutzt haben, um ihren sorgfältig geplanten Putsch durchzuführen und einen Teil der Festteilnehmer brutal niederzumachen. Danach besetzten sie die Akropolis und waren damit nach antiken Vorstellungen im Besitz der Herrschaft über die ganze Polis. Die Macht haben sich die Brüder wohl für einen gewissen Zeitraum geteilt, dann hat sich Polykrates der beiden anderen entledigt und war nun allein Tyrann von Samos.

Herodot erwähnt in seinem Bericht ausdrücklich, daß Polykrates und seine Brüder ihren Coup mit Hilfe von nur «fünfzehn Schwerbewaffneten» durchführten – Standesgenossen, die der Tyrannisaspirant durch große Freigebigkeit für sich gewonnen haben soll.[10] Die geringe Zahl der aktiv Beteiligten spricht dafür, daß die Samier keinen nennenswerten Widerstand leisteten. Ja, es ist sogar denkbar, daß ihnen der Sturz der Geomoren ganz gelegen kam, weil sie die Tyrannis als das vergleichsweise kleinere Übel betrachteten. Bemerkenswert ist jedenfalls, daß Polykrates in den folgenden Jahren Stabilität und Kontinuität seiner Herrschaft offensichtlich nicht durch breitere Schichten gefährdet sah. Repressionsmaßnahmen zur Absicherung seiner Vorrangstellung richteten sich dann auch nicht gegen die Bürgerschaft insgesamt, sondern vielmehr gegen die aristokratische Führungsschicht, das heißt, gegen die ehemaligen Herren von Samos und ihre Familien. So soll Polykrates etwa die Palästren haben zerstören lassen – jene Sportstätten, an denen sich die jungen Aristokraten zu den für ihren Lebensstil typischen athletischen Übungen und Wettbewerben trafen. Die Palästren galten dem Tyrannen wohl als Horte konspirativer Umtriebe der jungen Männer jener Familien, die durch seine Tyrannis die größten Nachteile hatten. Denn schließlich hatte Polykrates nun alle jene Möglichkeiten, Ruhm zu erwerben, Reichtum zu gewinnen und Macht auszuüben, die zuvor allen Geomoren offengestanden hatten, für sich monopolisiert.

Daß Polykrates diese Möglichkeiten in den ersten Jahren seiner Herrschaft extensiv genutzt hat, ist gut bezeugt. So soll er in kurzer Zeit mehrere benachbarte Inseln und zahlreiche Städte auf dem kleinasiatischen Festland erobert haben. Die Flotte des Polykrates bestand aus einem modifizierten Typ von Fünfzigruderern, den sogenannten Samainai, die schnell und wendig waren und ungewöhnlich viel Raum zum Transport von Menschen und Waren boten. Mit diesen Schiffen, einer großen Zahl von Söldnern und 1000 Bogenschützen kontrollierte der Tyrann schon bald die Seewege im östlichen Mittelmeer. Krieg, Handel und Piraterie waren dabei kaum zu trennen. Sie wurden in den Vorstellungen der Menschen dieser Epoche übrigens generell noch nicht klar voneinander geschieden. Den Zeitgenossen soll Polykrates' Herrschaft über das Meer, seine *thalassokratia*, als so umfassend und so gewaltig erschienen sein, daß sie allein derjenigen des mythischen Königs Minos vergleichbar war.

Alle diese Aktivitäten trugen nicht nur zum Ruhm des Polykrates bei, sondern sie brachten auch beträchtliche finanzielle Mittel nach Samos, das zuvor schon eine prosperierende Stadt gewesen war. Dafür spricht die rege Bautätigkeit, die dort im ganzen 6. Jahrhundert, vor allem aber unter der Herrschaft des Tyrannen entfaltet

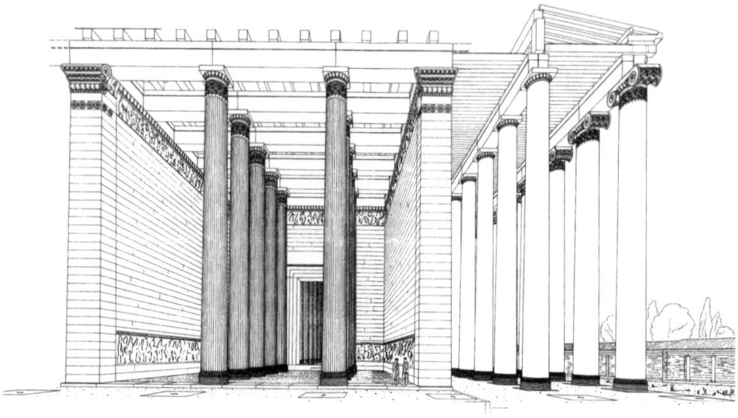

Abb. 24: Samos, polykratischer Dipteros. Perspektive des Pronaos mit seitlichen Anten und der Tür, rechts die beiden nördlichen Umgänge und die Nordhalle

wurde. Herodot beurteilt die Bauten der Samier als die gewaltigsten in ganz Griechenland. Seine Bewunderung galt vor allem der großen Hafenmole, der Wasserleitung und dem Hera-Tempel – alle drei Bauwerke sind heute archäologisch gut erforscht. Bei der Hafenmole handelt es sich um einen etwa 300 Meter langen Damm, der um das Hafenbecken herumgeführt wurde und als Wellenbrecher an der stürmischen Südwestseite wirkte. Eine noch großartigere Leistung frühgriechischer Konstruktionstechnik war die unterirdische Wasserleitung, die der Architekt Eupalinos von Megara geplant haben soll. Diese Leitung führte Wasser von einem außerhalb der Stadtmauer liegenden Reservoir durch einen mehr als einen Kilometer langen, unter dem Burgberg verlaufenden Tunnel bis in das Stadtzentrum. Der Tunnel bestand aus einem mannshohen Gang, an dessen Seiten sich Nischen für Lampen und Arbeitsgerät befanden, und einem tiefer liegenden Graben, in dem die Rohrleitung verlief. Er wurde mit Meißeln und Spitzhacken in den gewachsenen Kalkstein getrieben, wobei die Arbeiten an beiden Seiten gleichzeitig begannen. Die Berechnungen waren so exakt, daß am Treffpunkt der beiden Bauabschnitte nur eine geringe Abweichung zu überwinden war. Das dritte von Herodot genannte Bauwerk, der Hera-Tempel, galt noch im 5. Jahrhundert als der größte Tempel, den Griechen jemals erbaut hatten. Bereits um 570 war im Heiligtum der Hera südwestlich der Stadt ein monumentaler Tempel errichtet worden. Das Bauwerk wurde jedoch nur eine Generation später wieder abgetragen – möglicherweise wegen eines Erdbebenschadens. In den dreißiger Jahren wurde das Heiligtum dann wieder aufgebaut. Der neue Tempel war noch größer als sein Vorgängerbau: Nicht weniger als 123 Säulen umgaben in einem doppelten Ring die Cella. Altar und Tempel wurden bei dieser Anlage getrennt. Dadurch entstand ein großer öffentlicher Raum, der für Feste zu Ehren der Göttin und zum Ruhm der Stadt genutzt werden konnte.

Später wurde dem Tyrannen dann auch noch der Bau der sogenannten Laura zugeschrieben, einer Art von orientalischem Basar, in dem allerlei Luxusgüter hergestellt und verkauft wurden. Damit sollten freilich nicht Arbeits- und Verdienstmöglichkeiten für die Armen geschaffen werden – dem Polykrates eine solche Zielsetzung zu unterstellen, wie es in der älteren Forschung gelegentlich geschehen ist, wäre zweifellos anachronistisch. Zwar ging es bei diesen Bauten auch darum, dem Tyrannen die Loyalität der Bürgerschaft zu sichern, die für die Absicherung seiner Herrschaft unerläßlich war, nur wurde diese Loyalität eben nicht durch ein Arbeitsbeschaffungsprogramm gestiftet, sondern dadurch, daß Polykrates die Stadt zu einem Ort machte, an dem es sich gut leben ließ. Er gab ihr einen Glanz, der sie weit über andere Städte hinaushob, die Bürgerschaft mit Stolz erfüllte und ihr die Identifikation mit dieser Stadt und mit ihrem Tyrannen erleichterte. Wahrscheinlich ließ sich Polykrates in der Stadt auch ein prächtiges Domizil errichten. Archäologisch läßt sich dieses Gebäude allerdings nicht mehr nachweisen. Im 1. Jahrhundert n. Chr., immerhin mehr als ein halbes Jahrtausend nach seinem Bau, muß die einstige Pracht dieses Palastes jedoch durchaus noch erkennbar gewesen sein; denn der römische Kaiser Caligula soll bei einem Besuch auf Samos seinen Wiederaufbau angeordnet haben. Herodot erwähnt kostbare Möbel, die sich im Männersaal (*andron*) dieses Palastes befunden haben sollen. Hier traf sich Polykrates mit seinen Freunden und Vertrauten und mit berühmten Künstlern wie den Dichtern Anakreon und Ibykos zum Symposion. Bei diesen für den Lebensstil der griechischen Aristokraten typischen Trinkgelagen war es Brauch, daß die Dichter ihren Gastgeber und Gönner mit Gedichten unterhielten, in denen sie seinen Ruhm, seine Schönheit und seine Großzügigkeit feierten. Von Ibykos etwa ist das Fragment eines Gedichtes erhalten, in dem er Polykrates in die Reihe der Heroen des trojanischen Krieges stellt und ihm prophezeit, auch er werde einst «Ruhm, der nicht schwindet, besitzen».[11] Texte wie dieser verliehen dem Tyrannen einen Glanz, mit dem kein anderer der samischen Aristokraten auch nur annähernd konkurrieren konnte. In der Hofhaltung und in der Baupolitik tritt der Unterschied zwischen der Alleinherrschaft des Tyrannen einerseits und einer kollektiven Herrschaft teils miteinander kooperierender, teils rivalisierender Aristokraten andererseits besonders klar hervor. Allerdings wird gerade auf diesen Gebieten auch deutlich, daß dieser Unterschied nur gradueller und keineswegs qualitativer Natur war. In Hinblick auf ihre kulturellen Praktiken und ihre Selbstdarstellungsrituale bewegten sich die Tyrannen grundsätzlich im Rahmen der traditionellen Adelskultur.

Die partielle Einschränkung ihrer Handlungsspielräume und die übermächtige Konkurrenz des Tyrannen veranlaßten einen Teil der Aristokraten dann auch, ihre Heimatstadt zu verlassen. Zu ihnen gehörte etwa der Philosoph Pythagoras. Eine größere Gruppe dieser Exilanten ging nach Italien und gründete dort am Golf von Neapel eine Stadt. Sie gaben ihr den sprechenden Namen *Dikaiarchia* und machten damit deutlich, daß sie sich vor allem durch ihre ‹gerechte Herrschaftsordnung› von der Heimatstadt unterscheiden sollte. Eine weitere Gruppe von mißliebigen Bürgern versuchte Polykrates durch eine List aus der Stadt zu entfernen. Zum Verständnis dieser Geschichte ist jedoch zunächst ein Überblick über die machtpolitische Situation im östlichen Mittelmeerraum im allgemeinen und über die Außen- und Bündnispolitik des Polykrates erforderlich: Die griechischen Städte auf dem kleinasiatischen Festland standen seit der Regierungszeit des Kroisos (ca. 560 bis 546) formal unter der Vorherrschaft der Lyder. Sie waren ihnen zur

Zahlung von Tributen und im Kriegsfall zur Stellung von Truppenkontingenten verpflichtet, profitierten aber auch von der Anbindung an das lydische Reich, die ihnen neue lukrative Handelsmöglichkeiten und steigenden Wohlstand einbrachte. Als das Reich der Lyder dann im Jahre 546 von den Persern, einer zuvor weitgehend unbekannten Macht, erobert wurde, gerieten die Griechenstädte ebenfalls unter persische Oberhoheit. Zunächst brachte dieser Wechsel für sie keine einschneidenden Veränderungen mit sich. Der persische Großkönig Kyros zog schon bald wieder nach Osten, um gegen das babylonische Reich Krieg zu führen. Der Schwerpunkt seiner weit ausgreifenden militärischen Aktivitäten lag bis zu seinem Tode im Jahre 530 in dieser Region, und auch sein Nachfolger Kambyses war für einen guten Teil seiner Regierungszeit dort gebunden und im eigentlichen Mittelmeerraum wenig präsent. Das änderte sich erst, als er im Jahre 525 eine Invasion Ägyptens vorbereitete. Polykrates, der zuvor freundschaftliche Beziehungen zu dem Pharao Amasis gepflegt hatte, hielt es nun aus machtpolitischen Gründen für opportun, sich auf die Seite des persischen Großkönigs zu stellen. Er bot den Persern vierzig Trieren an, die sie auf ihrem Zug gegen Ägypten unterstützen sollten, und bemannte diese Schiffe mit seinen Gegnern. Um ganz sicher zu gehen, ließ er dem Kambyses eine Nachricht zukommen, in der es hieß, daß eine Rückkehr dieser Schiffsbesatzungen in die Heimat nicht erwünscht sei. Die betroffenen Mannschaften durchschauten jedoch den Plan des Tyrannen. Sie machten bereits vor ihrer Ankunft in Ägypten kehrt und fuhren nach Samos zurück. Kurz bevor sie dort ankamen, trafen sie auf die Flotte des Tyrannen und erzwangen nach einem erfolgreichen Seegefecht ihre Landung auf der Insel. Dort unterlagen sie jedoch in einer Landschlacht und mußten ihre Heimat erneut verlassen. Die Dissidenten begaben sich daraufhin nach Sparta, um dort militärische Unterstützung zu erbitten. Die Spartaner waren nach einigem Zögern schließlich bereit, ihnen zu helfen, und überquerten zum ersten Mal in ihrer Geschichte die Ägäis. Auch die Korinther schlossen sich an. Sie sahen in der notorischen Piraterie des Polykrates wohl schon lange eine Beeinträchtigung ihrer eigenen Möglichkeiten, das Meer zu befahren und Handel zu treiben. Gemeinsam belagerten sie Samos vierzig Tage lang. Dann mußten sie unverrichteter Dinge wieder abziehen. Bei den Samiern selbst fanden sie nämlich keine Unterstützung. Die Opposition gegen den Tyrannen beschränkte sich offenbar weiterhin auf einige aristokratische Familien. Zudem war die Stadt auf eine solche Belagerung nur allzu gut vorbereitet: Monumentale Befestigungsanlagen schützten Zentrum und Hafenbecken, und durch den Tunnel des Eupalinos wurde die eingeschlossene Bevölkerung mit Wasser versorgt. Der Tyrann hatte wieder einmal den Sieg davongetragen.

Trotz dieses Sieges belegt diese Episode, daß die Handlungsspielräume des Polykrates nun allmählich enger wurden. Seine ungezügelte Herrschaft über die Ägäis, die seinen Einflußbereich weit über seine Heimatstadt ausdehnte und die Interessensphären vieler mächtiger Griechenstädte verletzte, stieß mehr und mehr auf Widerstand. Es war klar, daß diese Städte jede Gelegenheit nutzen würden, um erneut gegen jenen Mann vorzugehen, der nach Herodot der erste Grieche war, «der gute Aussichten hatte, Herr über Ionien und die Inseln zu werden».[12] Beim Sturz des Polykrates spielten diese Faktoren jedoch bestenfalls mittelbar eine Rolle. Am Anfang vom Ende des Polykrates stand vielmehr ein höchst verlockendes Angebot: Oroites, der persische Satrap in Sardeis, schickte ihm einen Boten, der um Exil für seinen Herrn in Samos bitten sollte, weil dieser angeblich vom Großkönig Kambyses bedroht wurde. Als Gegenleistung offerierte er ihm die Hälfte aller seiner Schätze und Reichtümer – ein Vermögen, so soll der Bote betont haben, mit dem sich Polykrates zum Herrn über ganz Griechenland machen konnte. Das Interesse des Polykrates war geweckt. Der äußerst geschickte Appell an seine Habgier und seine Ruhmsucht ließ ihn offenbar jede Vorsicht vergessen. Er schickte zunächst seinen Vertrauten Maiandrios aus, um sich von der Existenz der Schätze zu überzeugen. Der Satrap präsentierte diesem acht Kisten, die mit Steinen gefüllt waren und nur zuoberst eine Schicht Gold enthielten. Maiandrios ließ sich täuschen und meldete ein positives Ergebnis seiner Mission. Polykrates begab sich daraufhin mit großem Gefolge nach Magnesia am Mäander, wo Oroites residierte. Direkt nach seiner Ankunft wurde er von den Schergen des Satrapen ergriffen und auf eine so brutale Weise ermordet, daß Herodot explizit vermerkt, er wolle seinen Lesern die Details nicht zumuten. Anschließend wurde der Leichnam am Kap Mykale, direkt gegenüber der Insel Samos, ans Kreuz geschlagen. Über die Motive, die Oroites zu dem Anschlag auf Polykrates bewegten, konnte schon Herodot keine genaueren Angaben mehr machen. Es spricht jedoch einiges dafür, daß es sein ungeheurer Ehrgeiz und seine in dieser Region bis dahin nicht erreichte Machtfülle waren, die ihn für den persischen Satrapen ebenso zu einer Gefahr werden ließen wie für die Griechen.[13]

In der Geschichte vom Aufstieg und Fall des Polykrates manifestieren sich in einmaliger Weise Ethos und Ideal der griechischen Aristokratie am Ende der archaischen Zeit. Polykrates war unermeßlich reich, er pflegte einen höchst glanzvollen Lebensstil und er bewährte sich in zahlreichen Kriegszügen und sonstigen abenteuerlichen Unternehmungen. Dabei überflügelte er alle seine Standesgenossen, die sich der ausgeprägten Wettbewerbsethik ihrer Schicht entsprechend ja in genau diesen Bereichen miteinander maßen. Daß es ihm gelang, für einen kurzen Zeitraum auch die politische Macht zu monopolisieren, ließ ihn erst im Urteil späterer Epochen als Tyrann und Gewaltherrscher erscheinen. Für seine Zeitgenossen und auch noch für viele Griechen späterer Generationen machte ihn diese letzte Steigerung aristokratischen Erfolgsstrebens dagegen zu einer Ikone von Glück und Erfolg. Erst als Polykrates weit über seine Heimatstadt hinauszugreifen begann und mehr Macht in seiner Hand zu vereinigen suchte als je ein griechischer Tyrann vor ihm, endete «das große Glück des Polykrates», wie Herodot es formuliert. Die ungeheure Machtfülle seines protopolitischen Regimes erwies sich angesichts der fortschreitenden Konsolidierung staatlicher Strukturen in vielen griechischen Städten des Mutterlandes und auch im persischen Reich als nicht mehr akzeptabel.[14]

4. Fallstudie: Athen

In Athen hatten die Reformen Solons die gesellschaftlichen und politischen Bedingungen keineswegs so grundlegend stabilisiert, daß die Gefahr der Errichtung einer Tyrannis endgültig gebannt gewesen wäre. Als in den sechziger Jahren des 6. Jahrhunderts ein heftiger Machtkampf zwischen drei ehrgeizigen Aristokraten entbrannte, eskalierte die Situation dort erneut. Über den Ablauf dieser Auseinandersetzungen informiert ausführlich das Geschichtswerk des Herodot von Halikarnassos, der um die Mitte des 5. Jahrhunderts eine Zeitlang in Athen lebte und die Vorgeschichte und die Ereignisse der großen Kriege zwischen Griechen und Persern in den achtziger und siebziger Jahren seines Jahrhunderts aufzeichnete. Der Entwicklung Athens, die er aus mündlich tradierten Berichten rekonstruierte, widmete er in seinen *Historien* große Aufmerksamkeit, weil er sie als Voraussetzung dafür ansah, daß diese Stadt das Potential entwickeln konnte, maßgeblich zum Sieg über das große Reich im Osten beizutragen.

Herodot berichtet, daß Megakles, ein Mitglied der mächtigen Adelsfamilie der Alkmeoniden, ein gewisser Lykourgos und Peisistratos, ein Aristokrat aus Brauron im Nordosten von Attika, um die Herrschaft über Athen kämpften. Dem Peisistratos, der sich zuvor in einem Feldzug gegen die Megarer und durch «andere große Taten» beträchtlichen Ruhm und allgemeines Ansehen erworben hatte, ging es offenbar von vornherein um die Errichtung einer Alleinherrschaft – diese Absicht wird ihm von Herodot jedenfalls explizit unterstellt. Man wird allerdings vermuten dürfen, daß sich die Ziele seiner Konkurrenten nicht wesentlich von den seinen unterschieden. Jeder der drei Rivalen stützte sich im Kampf um die Vormacht auf eine lokale Parteiung: Lykourgos führte «die Leute aus der Ebene» (*Pediakoi*) an, Megakles «die Küstenbewohner» (*Paralioi*) und Peisistratos schließlich stützte sich auf die «Bergbewohner» (*Diakrioi*).[15] Der Autor der Schrift vom *Staat der Athener* schreibt den bei Herodot erwähnten lokalen Gruppierungen zusätzlich auch noch jeweils unterschiedliche ideologisch-verfassungspolitische Zielsetzungen zu: Er behauptet nämlich, daß die *Paralioi* mit Megakles an der Spitze eine «mittlere Verfassung» gewünscht hätten. Die *Pediakoi* des Lykourgos hätten eine Oligarchie angestrebt und Peisistratos schließlich, der Anführer der *Diakrioi*, wird als besonders volks- bzw. demokratiefreundlich charakterisiert.[16] Bei dieser Erweiterung des herodoteischen Klassifizierungsschemas handelt es sich allerdings um eine sachlich problematische Rückspiegelung von Konzepten und Kategorien der politischen Theorie des 4. Jahrhunderts. Spätestens seit Solon konnte man zwar zwischen einer guten, göttlich sanktionierten Ordnung (*eunomia*) und ihrer Perversion (*dysnomia*) unterscheiden. Die politische Ordnung als Ganze kann aber in dieser Epoche noch längst nicht als so weitgehend in der Verfügung der Bürgerschaft stehend begriffen worden sein, daß diese gewissermaßen frei zwischen drei alternativen Verfassungstypen hätte entscheiden können, die sich jeweils durch das Herrschaftssubjekt (Aristokraten, Mittelschicht oder Volk) unterschieden. Dieses aristotelische Erklärungsmodell muß also auf jeden Fall als anachronistisch zurückgewiesen werden und kann demnach auch nicht dazu beitragen, die politische Realität Athens im 6. Jahrhundert zu erhellen.

Die Zusammensetzung, Struktur und Zielsetzung der Gruppierungen, auf die Peisistratos, Megakles und Lykourgos sich stützten, sind in der Forschung kontrovers diskutiert worden. Selbst die genauen geographischen Abgrenzungen zwischen den in den Quellen als *Diakria*, *Paralia* und *Pedion* bezeichneten Regionen Attikas sind immer noch umstritten. Von entscheidender Bedeutung für die Analyse der drei an den Auseinandersetzungen um 560 beteiligten Gruppen ist jedoch vor allem die Tatsache, daß keiner der bislang vorgelegten Versuche einer Lokalisierung dieser Gebiete eindeutige Unterschiede in ihrer jeweiligen Bevölkerungs- bzw. Wirtschaftsstruktur überzeugend nachweisen konnte. Eine Identifizierung der regionalen Parteiungen als wirtschaftliche, gesellschaftliche und/oder politische Interessengruppen ließe sich aber nur auf der Grundlage eines solchen Nachweises rechtfertigen. Neuere Untersuchungen zeigen vielmehr, daß in jeder der drei Regionen kleinere und größere Bauern, lokale Honoratioren und Großgrundbesitzer, Tagelöhner, Handwerker und Händler lebten. Es spricht also alles dafür, die innenpolitischen Auseinandersetzungen vor der ersten Tyrannis des Peisistratos als einen Konflikt zwischen strukturell gleichartigen, regionalen oder auch nur lokalen Adelsgruppen zu interpretieren, die jeweils einen mächtigen, an seinem Wohnort angesehenen und einflußreichen Führer in seinem Kampf um persönlichen Vorrang und Macht im Zentrum der Polis unterstützten. Herodot deutet jedoch an, daß sich die Anhängerschaft des Peisistratos von derjenigen der anderen Führer zumindest anfangs unterschied. Er berichtet nämlich, daß dieser die *Diakrioi* erst als Reaktion auf die Auseinandersetzungen zwischen Megakles und Lykourgos als Gruppierung konstituiert habe. Der Autor der Schrift vom *Staat der Athener* berichtet, daß sich den *Diakrioi* dann auch eine Reihe von Athenern angeschlossen hätten, die durch Solons Reform des Schuldrechts in materielle Schwierigkeiten geraten waren, und außerdem solche, deren Bürgerrecht umstritten war. Die Gruppierung des Peisistratos scheint also gleich in zweifacher Hinsicht den Rahmen der üblichen adligen Anhängerschaften gesprengt zu haben: Sie war im Gegensatz zu den Gruppierungen des Megakles und des Lykourgos zunächst sowohl überregional als auch schichtenübergreifend.

Die Ereignisse bei der ersten Machtergreifung des Peisistratos bestätigen eine solche Rekonstruktion der Zusammensetzung seiner Gruppierung. Die Quellen berichten nämlich einhellig, daß Peisistratos im Jahre 561/0 im Machtkampf mit seinen Standesgenossen eben deshalb die Oberhand gewann, weil es ihm bei einem spektakulären Auftritt in der Volksversammlung gelungen sei, den *demos* davon zu überzeugen, daß seine Gegner ihm nach dem Leben trachteten. Das Volk von Athen, so berichtet jedenfalls Herodot, habe sich daraufhin «von ihm überlisten lassen» und ihm eine Leibwache aus «Keulenträgern» bewilligt.[17] Mit dieser Truppe konnte er dann die Akropolis einnehmen und sich damit zum Herrn über Athen machen. Welcher Mittel sich Peisistratos bediente, um den *demos* für sich und seine Sache zu aktivieren, ist nicht mehr im einzelnen auszumachen. Es erscheint jedoch zumindest vorstellbar, daß seine effektvolle Inszenierung in der Volksversammlung nur der Höhepunkt einer planvoll und geschickt angelegten Agitationskampagne war, in deren Verlauf es Peisistratos gelang, das Volk für sich und damit gegen seine Kontrahenten einzunehmen. Für eine solche erfolgreiche Agitation boten die wirtschaftlichen und gesellschaftlichen Spannungen im Attika der ersten Hälfte des 6. Jahrhunderts zweifellos mehr als genug Ansatzpunkte, denn die solonischen Reformen hatten die Probleme der Bürgerschaft ja keineswegs umfassend und endgültig gelöst. Allerdings war es Peisistratos damit noch längst nicht gelungen, den *demos* stabil und dauerhaft für seine Zwecke zu mobilisieren. Die Unterstützung breiterer Schichten, die ihm zunächst eine gewisse Überlegenheit über seine Rivalen eingebracht hatte, reichte offensichtlich nicht aus, um eine langfristige Konsolidierung seiner Herrschaft zu sichern. Bereits kurze Zeit später konnten ihn seine Gegner Megakles und Lykourgos – dieses Mal mit vereinten Kräften – wieder aus seiner Vormachtstellung verdrängen. Die Entwicklung bis zur endgültigen Etablierung des Peisistratos als Tyrann bewegte sich nun wieder im Rahmen üblicher vorpolitischer inneraristokratischer Auseinandersetzungen: Keiner der Beteiligten scheint erneut den Versuch unternommen zu haben, die Bürgerschaft in den Austrag der Konkurrenz mit den Standesgenossen hineinzuziehen.

Nach dem Sturz des Peisistratos erwies sich allerdings auch die Allianz zwischen Megakles und Lykourgos als nicht sonderlich dauerhaft. Megakles sah nämlich bereits wenig später seinen persönlichen Vorteil eher durch ein Bündnis mit dem gerade erst entmachteten Tyrannen gewährleistet. Er wechselte also einfach die Seiten und unterstützte nun Peisistratos bei seinem zweiten Versuch, sich der Herrschaft über Athen zu bemächtigen. Bei der Rückkehr des Tyrannen in die Stadt inszenierten die neuen Verbündeten eine aufsehenerregende Prozession. Herodot berichtet, daß sich Peisistratos bei seiner Einfahrt in die Stadt von einer an Größe und Statur recht auffälligen Dame begleiten ließ, die man mit all den Attributen ausgestattet hatte, die traditionell mit der Stadtgöttin Athene verbunden wurden. Sie fuhr dem Tyrannisaspiranten auf dem Weg zur Akropolis voraus, und Herolde, die sie begleiteten, verkündeten: «Athener, nehmt Peisistratos bereitwillig und freudig auf, denn Athene ehrt ihn am meisten von allen Menschen und führt ihn selbst in ihre Burg zurück.»[18] Doch weder diese wohlinszenierte Okkupation des öffentlichen Raumes der Polis noch eine dynastische Heirat des Peisistratos mit der Tochter des Megakles konnten seine Vormachtstellung dauerhaft stabilisieren. Als Peisistratos sich weigerte, die Ehe mit der Tochter des Megakles zu vollziehen, weil er – so Herodot – «bereits Söhne im Jünglingsalter» hatte, wechselte dieser erneut die Fronten und brachte den Tyrannen ein zweites Mal um seine Herrschaft.[19]

Nach diesem zweiten Mißerfolg verließ Peisistratos Athen. Er organisierte Kolonistenzüge nach Rhaikelos im Nordosten der Chalkidike und ins Pangaiongebirge östlich der Strymonmündung und begann von dort aus seine Vorbereitungen für eine Rückkehr nach Athen. Dabei gestatteten es ihm die materiellen Ressourcen, die ihm aus der Ausbeutung von Edelmetallvorkommen im Pangaiongebirge zuflossen, Söldner anzuwerben. Außerdem verstand es Peisistratos, sich die führenden Familien anderer Poleis, wie etwa Eretria, Argos und Theben, persönlich zu verpflichten und sich ihrer materiellen und militärischen Unterstützung zu versichern. Ein gewisser Lygdamis von Naxos stellte aus seinem persönlichen Vermögen Mittel und Männer zur Verfügung, um später von Peisistratos – gewissermaßen als Gegenleistung für seinen aristokratischen ‹Freundschaftsdienst› – Unterstützung bei der Errichtung einer Tyrannis in seiner Heimatstadt zu erhalten. Als Peisistratos im Jahre 546 dann zum dritten Mal versuchte, die Macht über Athen zu gewinnen, war er seinen Gegnern durch diese Söldnertruppen und die Unterstützung seiner auswärtigen Freunde eindeutig überlegen. Seine Gegner boten zwar das Bürgerheer gegen den Tyrannisaspiranten auf, aber die athenischen Streitkräfte leisteten den Truppen des Peisistratos keinen sonderlich ausdauernden Widerstand. Die Bürger waren allem Anschein nach nur begrenzt für die Verteidigung der bestehenden Ordnung zu mobilisieren – einer Ordnung, die für die meisten von ihnen ohnehin durch die Willkür und die Habgier der Aristokraten diskreditiert war. Das Volk war an den Machtkämpfen zumindest nach 560 nicht mehr beteiligt.

Im Gegensatz zu den Aristokraten hatte es durch den Sieg des Peisistratos nichts zu verlieren und war deshalb bereit, seine Alleinherrschaft hinzunehmen.

Die Ereignisse der Jahre 561 bis 546 hatten mit aller Deutlichkeit gezeigt, daß die Vorherrschaft des Tyrannen vor allem durch die konkurrierenden Ansprüche seiner adligen Standesgenossen bedroht war. Auch nach dem militärischen Erfolg des Jahres 546 war in erster Linie von den Angehörigen dieser Statusgruppe Widerstand gegen die Tyrannis zu erwarten. Einige der Aristokraten, die zuvor zu den prominentesten Konkurrenten und Widersachern des Peisistratos gehört hatten, gingen 546 ins Exil. Der Tyrann ließ sich von manchen adligen Familien auch Geiseln stellen, um die Gefahr, die seiner Herrschaft von dieser Seite drohte, zu reduzieren. Die Mehrzahl der Aristokraten blieb jedoch im Lande. Unter diesen Voraussetzungen konnte der Tyrann seine Vorherrschaft langfristig nur behaupten, wenn es ihm gelang, seine Position gegen den potentiellen Widerstand dieser Gruppe abzusichern – und das heißt vor allem, daß er ihren Angehörigen die Möglichkeit nehmen mußte, neuerlich Machtpositionen aufzubauen, die mit der Tyrannenmacht konkurrieren konnten. Peisistratos bediente sich nun einer Reihe von verschiedenen Maßnahmen, um die Handlungsspielräume seiner früheren aristokratischen Konkurrenten und potentiellen Gegner zumindest so weitgehend einzuschränken, daß sie seine persönliche Überlegenheit nicht mehr gefährden konnten. So war ihm offenbar daran gelegen, die Einflußmöglichkeiten des einzelnen Aristokraten auf die Bauernschaft zu begrenzen. In diesem Sinne läßt sich zumindest die Einrichtung eines Kollegiums von dreißig Demenrichtern interpretieren, die von Dorf zu Dorf zogen, um auf lokaler Ebene anfallende Streitigkeiten zu schlichten. Und in diesen Zusammenhang gehört wohl auch die Einrichtung eines zentralen Fonds zur Finanzierung von Darlehen für notleidende Bauern. Mit diesen beiden neuen Einrichtungen nahm der Tyrann den Angehörigen der Elite auf jeden Fall einiges von ihren hergebrachten Möglichkeiten, sei es durch die Ausübung der lokalen Schiedsgerichtsbarkeit, sei es durch aristokratische Großzügigkeit Einfluß auf den *demos* der einzelnen ländlichen Siedlungsgemeinschaften an der Peripherie von Attika zu nehmen.

Im Interesse einer konsequenten Stabilisierung der persönlichen Überlegenheit des Tyrannen über seine adligen Konkurrenten war es darüber hinaus erforderlich, auch und gerade im Zentrum die Bedingungen und Möglichkeiten zu verändern, unter denen die Aristokraten auf dieser Ebene in Zukunft ihre individuellen Ansprüche auf Vorrang und Ansehen befriedigen konnten, ohne dabei die Vorherrschaft des Tyrannen grundsätzlich in Frage zu stellen. Dabei ließ Peisistratos nach dem einhelligen Zeugnis der antiken Autoren die institutionelle Ordnung des archaischen Athen in der Form weiterbestehen, wie sie seit Solon überkommen war. Konkret bedeutet das wohl, daß die Volksversammlung weiterhin zusammentrat und auch der Areopag und der Rat der Vierhundert weiterexistierten. Das routinemäßige Funktionieren dieser Institutionen stellte wohl keine Bedrohung für die persönliche Herrschaft des Tyrannen dar. Eine potentielle Gefährdung seiner Vorherrschaft mußte er wohl lediglich von den Inhabern der wichtigsten Polisämter – also der Archonten – befürchten. Zwar hatten die Ausdifferenzierung der Funktionen innerhalb des neunköpfigen Kollegiums und die strikte Annuitätsregelung, die die Rotation unter den potentiell amtsfähigen Kandidaten gewährleistete, die Macht, die für den einzelnen Aristokraten vermittels dieser Jahresämter verfügbar war, bereits deutlich eingeschränkt, aber dennoch waren sie immer noch Gegenstand der allgegenwärtigen Konkurrenz. Außerdem gaben sie ihren Inhabern auch ein beträchtliches Maß an Ansehen und persönlichem Prestige. Zudem hatte ja nur wenige Jahrzehnte zuvor die Damasias-Affaire gezeigt, daß ein Tyrannisaspirant eines dieser Ämter mißbrauchen konnte, um zu versuchen, sich zum Alleinherrscher über Athen zu machen. Peisistratos suspendierte nun den bei der Bekleidung dieser Ämter bisher üblichen Mechanismus der freien Konkurrenz unter den Aristokraten. Er behielt sich allein die Entscheidung darüber vor, welcher seiner adligen Standesgenossen unter seiner Herrschaft die Funktion eines Archon bekleiden durfte und dann in den Areopag eintreten konnte. Diese willkürliche Beschränkung des Zugangs zu diesen

Ämtern, die die Wahl der Kandidaten in der Volksversammlung faktisch aussetzte, ermöglichte es dem Tyrannen offensichtlich, mißliebige Kandidaten fernzuhalten: Die Quellen berichten jedenfalls übereinstimmend, daß während der Tyrannis des Peisistratos nur seine Angehörigen und seine Anhänger das Archontat innehatten. Die Tatsache, daß die Übernahme des Amtes nun vom Plazet des Tyrannen abhängig war, dürfte diese Funktion zumindest für diejenigen sowieso uninteressant gemacht haben, die sich noch nicht so weitgehend mit den neuen Machtverhältnissen abgefunden hatten, daß sie bereit gewesen wären, die Ämter als Belohnung für bereits erbrachte oder für die Zukunft zugesicherte Loyalität aus der Hand des Tyrannen entgegenzunehmen. Tatsächlich bot der neue Bestellungsmodus für diese Ämter dem Tyrannen zugleich die Möglichkeit, denjenigen Aristokraten, die sich zur Kooperation und damit letztlich zur Unterordnung bereit fanden, gewisse Privilegien einzuräumen, die für die Stabilität der Tyrannenherrschaft letztlich ungefährlich waren. So konnte der Tyrann einerseits einzelne durch diese Gunst an das Tyrannenhaus binden und andererseits der Elite insgesamt die Unterordnung unter die Tyrannis erträglicher machen. Zum Aufbau von Machtpositionen, die mit der Tyrannenmacht konkurrieren und sie dabei gefährden konnten, dürften diese Ämter durch die Veränderung des Bestellungsmodus aber auf jeden Fall ungeeignet gewesen sein. Bis zu einem gewissen Grade waren Peisistratos und nach ihm seine Söhne mit dieser Politik mittelfristig durchaus erfolgreich. Eine Reihe von Exilanten kehrte nach Athen zurück und signalisierte dem Tyrannen damit, daß sie bereit waren, seine Vorrangstellung zu akzeptieren. Dabei müssen nicht alle Aristokraten zu derart spektakulären Mitteln gegriffen haben, wie der bereits erwähnte dreimalige Olympiasieger Kimon, der dem Tyrannen seine Bereitschaft zur Rückkehr in seine Heimat dadurch signalisierte, daß er seinen zweiten Sieg unter dem Namen des Peisistratos ausrufen ließ. Ob Peisistratos den Aristokraten zusätzlich zu dieser Begrenzung ihrer Einflußmöglichkeiten noch weitere konkrete Beschränkungen auferlegte, was etwa ihren Lebensstil und ihre öffentliche Selbstdarstellung anlangt, läßt sich nicht mehr mit Sicherheit feststellen.

Nach der späteren Tradition geht ein Gesetz auf Peisistratos zurück, das die Errichtung großer, prunkvoller, mit Stuckarbeit verzierter Grabmäler verbot. Im Zuge der gleichen Maßnahme sollen der Umfang des Trauerzuges und die Feierlichkeiten am Grab stark beschränkt worden sein. Wenn diese Limitierung des Aufwandes bei privaten Begräbnisfeierlichkeiten tatsächlich von Peisistratos veranlaßt wurde, ließe das wohl darauf schließen, daß der Tyrann auch in dem für seine Standesgenossen traditionell so bedeutenden Bereich der Demonstration von privatem Reichtum und Luxus gewisse Reglementierungen vornahm.

Unabhängig von allen konkreten Beschränkungen, die Peisistratos seinen Standesgenossen auferlegte, dürfte es dem einzelnen Aristokraten aber ohnehin schwergefallen sein, in der Konkurrenz mit ihm zu bestehen. Der Tyrann war jedem einzelnen Standesgenossen schon dadurch überlegen, daß es ihm zum ersten Mal gelungen war, die Polis Athen insgesamt unter die Herrschaft eines einzelnen Aristokraten zu bringen und damit die Grenzen zu sprengen, die jedem von ihnen zuvor durch den für die vorpolitische Adelsherrschaft typischen Partikularismus und die Pluralität der widerstreitenden Interessen zahlreicher miteinander konkurrierender Aristokraten notwendig gesetzt waren. Der Tyrann zielte nun offensichtlich auch ganz unmittelbar und konkret darauf ab, diesen neuen Aspekt der ‹Herrschaft über das Ganze› besonders zu betonen. Er bemühte sich auf mannigfache Weise, dieses Ganze stärker zur Geltung zu bringen als zuvor und damit zugleich die Besonderheit seiner Position herauszustellen. Eine entscheidende Rolle spielen in diesem Kontext seine Maßnahmen auf dem Gebiet von Religion und Kult und seine Baupolitik, die dann von seinen Söhnen Hippias und Hipparchos fortgesetzt wurde. Was die Religionspolitik anlangt, so kommt insbesondere der kräftigen Förderung, die er dem Kult der Stadtgöttin Athene angedeihen ließ, große Bedeutung für die Stabilisierung und Legitimierung seiner Alleinherrschaft über Athen und darüber hinaus für die demonstrative Inszenierung seiner konkurrenzlosen Überlegenheit zu. Peisistratos hatte sich ja bereits im Jahre 558, bei seinem zweiten Versuch, eine Tyrannis in Athen zu errichten, als besonderer Schützling der Göttin dargestellt. Es war demnach nur konsequent, daß er die Förderung des Athene-Kultes auch nach seiner endgültigen Machtergreifung weiter betrieb, und zwar mit dem ihm jetzt möglichen beträchtlichen Aufwand. Der Athene-Tempel auf der Akropolis, mit dessen Bau bereits vor seiner Tyrannis begonnen worden war, wurde wohl unter seiner Herrschaft fertiggestellt und von seinen Söhnen 525 noch einmal gründlich umgestaltet. Peisistratos ließ zudem erstmals in größerem Umfang Münzen mit dem Bildnis der Stadtgöttin schlagen und räumte ihr damit eine wichtige Rolle bei der symbolischen Repräsentation des Gemeinwesens nach innen und außen ein. Außerdem wurde von ihm das bereits 556/5 eingeführte Polisfest der Panathenäen weiter aufgewertet. Dieses Fest, das zum Geburtstag der Göttin am 28. Hekatombaion, nach unserem Kalender also im Juni oder Juli, gefeiert wurde, gipfelte in einer Prozession, bei der ein neues Gewand für Athene in einem feierlichen Zug durch die Stadt zur Akropolis getragen wurde. Peisistratos soll dem Fest durch die Einführung von musischen und athletischen Wettbewerben noch mehr Glanz verliehen haben. Als weitere Maßnahmen des Peisistratos und seiner Söhne auf dem Gebiet von Religion und Kult nennen die antiken Quellen die Erweiterung und Aufwertung der großen Prozession von Eleusis nach Athen, die Gründung der städtischen Dionysien zu Ehren des Dionysos Eleutheros und die Förderung des Kultes der Artemis Brauronia. Darüber hinaus werden ihnen auch noch die Errichtung eines Heiligtums für Athena Nike und des Zwölfgötteraltars im Norden der Agora, der Bau des Olympieion sowie der Wasserleitung mit dem prachtvollen Brunnenhaus Enneakrounos zugeschrieben. Alle diese Maßnahmen dienten dabei wohl ähnlichen Zwecken: Religiöse Integration der Bürgerschaft, Legitimierung der Vorherrschaft des Tyrannenhauses und Selbstdarstellung der Tyrannen als Herrscher über Athen sind nur verschiedene Aspekte ein und derselben Politik, die letztendlich dem (typisch aristokratischen) Geltungsanspruch und dem Selbstdarstellungsbedürfnis der Tyrannen diente.

Als Peisistratos im Jahre 528/7 starb, blickte man in Athen auf eine lange Periode des inneren und äußeren Friedens zurück. Darüber hinaus erfreute man sich durchaus einer gewissen wirtschaftlichen Prosperität, denn Handel und Handwerk hatten sich positiv entwickelt. Die Herrschaft ging dementsprechend problemlos auf seine Söhne Hippias, Hipparchos und Thessalos über. Zu einer deutlichen Verschärfung der Tyrannis kam es erst, als einer der Brüder, nämlich Hipparchos, bei den Panathenäen des Jahres 514 ermordet wurde. Über die dramatischen Ereignisse bei diesem großen Polisfest berichtet der Historiker Thukydides. Er stellt dabei bereits zu Anfang klar, daß das Attentat auf den Tyrannen private Gründe hatte. Hipparchos, so schreibt er, sei in Liebe zu dem «jugendschön erblühten Harmodios» entbrannt und habe um ihn geworben. Harmodios widersetzte sich dessen Anträgen jedoch und berichtete Aristogeiton, seinem älteren Liebhaber, von dem Begehren des Tyrannen. Dieser habe «in wildem Liebesschmerz» und aus Angst vor der Macht des Herrschers sofort Pläne gemacht, um die Tyrannis zu stürzen. Gemeinsam mit einigen wenigen Getreuen wollten die beiden Verschwörer bei den Panathenäen zuschlagen. Sie hofften – so Thukydides – den Mord bei dieser Gelegenheit gefahrlos ausführen zu können, weil es üblich gewesen sei, daß alle Bürger bei der Prozession Waffen trugen und sich die Tyrannen regelmäßig auf den öffentlichen Plätzen zeigten. Der Anschlag des homosexuellen Liebespaars scheiterte jedoch. Hippias, der ältere Bruder des Hipparchos, überlebte und «übte die Herrschaft über Athen dann noch vier Jahre aus».[20] Obwohl Harmodios und Aristogeiton durch ihre Tat keine nennenswerte Veränderung der Lage bewirkt hatten, gingen sie als erfolgreiche Tyrannenmörder in das kollektive Gedächtnis der Athener ein. Schon kurze Zeit nach ihrem Anschlag wurden in Athen zu Ehren der beiden Attentäter Trinklieder gesungen, in denen man sie als die Begründer der *isonomia* feierte und ihnen damit die Einführung der Gleichheit unter den Bürgern zuschrieb. Bereits 510 soll man die beiden Männer zudem durch die öffentliche Aufstellung von zwei bronzenen Standbildern auf der Agora geehrt haben – eine ganz außerordentliche Auszeichnung, die bis zum Beginn des 4. Jahrhunderts keinem weiteren Bürger zuteil wurde. Das Denkmal wurde im Jahre 480 von den Persern geraubt und verschleppt und bei nächster Ge-

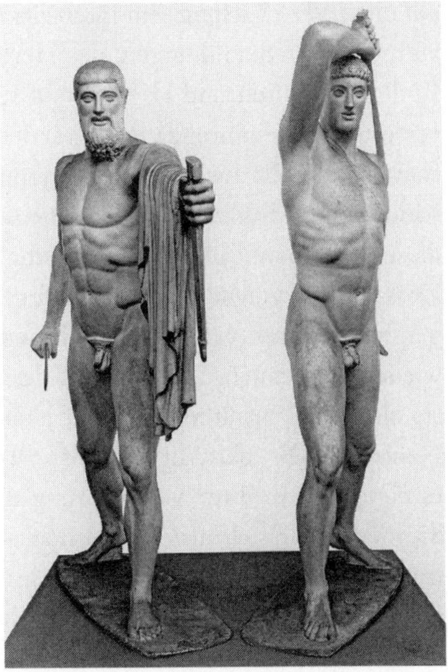

Abb. 25: Tyrannenmörder-Gruppe. Rom, Museo dei Gessi

legenheit durch ein neues ersetzt, das die Bildhauer Kritias und Nesiotes geschaffen haben sollen.

Die Gründe, warum sich die Athener dieser Geschichtsklitterung bedienten und das homosexuelle Liebespaar als Begründer der Demokratie feierten, sind sicherlich komplex und kompliziert. Um die Zusammenhänge zu verstehen, gilt es jedoch zunächst, zu den Ereignissen des Jahres 514 zurückzukehren. Nach der Ermordung des Hipparchos fand die von den Peisistratiden betriebene Politik der Aussöhnung mit den anderen aristokratischen Familien ein jähes Ende. Hippias versuchte nach dem Tode seines Bruders die Situation gewaltsam und mit allen Mitteln unter Kontrolle zu bringen und seine Herrschaft zugleich gegen jeglichen Widerstand abzusichern. Dabei waren es wohl wiederum seine aristokratischen Standesgenossen, deren Opposition er am meisten zu fürchten hatte und die demzufolge auch am stärksten unter den Konsequenzen der Ereignisse bei den Panathenäen des Jahres 514 zu leiden hatten. Die im Exil lebenden athenischen Aristokraten reagierten auf diese Verschärfung nun ihrerseits mit einer deutlichen Intensivierung ihrer Bemühungen, der Herrschaft der Peisistratiden ein Ende zu bereiten und Hippias und seine Anhänger aus Athen zu vertreiben. Die führende Rolle bei der Organisation dieses Widerstands der Exilierten gegen die Tyrannen in der Heimatstadt übernahmen die Mitglieder der Familie der Alkmeoniden, die sich zu diesem Zeitpunkt in der Verbannung befanden. Ihnen war in der Zwischenzeit von der Priesterschaft in Delphi die Aufgabe übertragen worden, den 548 bei einem Brand zerstörten Apollon-Tempel wieder aufzubauen. Dem Bericht des Herodot zufolge gestalteten sie als «reich begüterte und seit alters angesehene Männer» den Neubau aus eigenen Mitteln weit kostspieliger und prunkvoller, als es eigentlich in ihrer Vereinbarung mit Delphi vorgesehen war.[21] Sie bedienten sich also dieses höchst ehrenvollen und prestigeträchtigen Auftrags, um ihren Reichtum und ihre Fähigkeiten vor einer breiten panhellenischen Öffentlichkeit ostentativ zu demonstrieren. Zugleich nutzten sie den ihnen aus der Erfüllung dieses Auftrags erwachsenden Einfluß auf die Priesterschaft in Delphi, um diese zu veranlassen, die Spartaner bei ihren Konsultationen des Orakels immer wieder zur Vertreibung der Peisistratiden aus Athen aufzufordern – und mit dieser Methode erzielten sie dann schließlich den gewünschten Erfolg: Ein spartanisches Heeresaufgebot unter der Führung des Königs Kleomenes I. vertrieb 510 den Tyrannen Hippias und seinen Anhang aus Athen. Der Sturz der Tyrannis erfolgte also letztlich nicht auf die Initiative der athenischen Bürgerschaft hin, sondern durch das militärische Eingreifen ebenjener Macht, die in den folgenden Jahrzehnten zum Rivalen und Erzfeind der Athener avancieren sollte. Die Heroisierung der Tyrannentöter Harmodios und Aristogeiton dürfte also auch dadurch motiviert gewesen sein, daß eine Vertreibung des Gewaltherrschers ausgerechnet durch die Spartaner mit Anspruch und Selbstverständnis der athenischen Bürgerschaft bereits mittelfristig nicht mehr zu vereinbaren war. Kurzfristig führte die physische Entfernung der Tyrannen nicht zu grundlegenden Änderungen der innenpolitischen Verhältnisse in Athen. Jedenfalls nahmen die Aristokraten 510 die für sie typischen Kämpfe um Vorherrschaft sofort wieder auf, die die Jahrzehnte vor der dritten und letzten Machtergreifung des Peisistratos geprägt hatten.

5. Gemeinsamkeiten und Grundmuster

In den Geschichten von den archaischen Tyrannenherrschaften manifestiert sich in exemplarischer Weise jene tiefe Polarität zwischen dem aristokratischen Individuum und der Polisgemeinschaft, die als eines der strukturellen Grundmuster des gesellschaftlichen und politischen Lebens der archaischen griechischen Stadtstaaten angesehen werden muß. Die zeitgenössischen und die späteren Texte charakterisieren den Tyrannen deshalb durchweg negativ. In ihren Urteilen konvergiert die Perspektive derjenigen Autoren, die auf eine Heilung der Konflikte innerhalb der Gemeinschaft und eine Befriedung der Stadt abzielen, mit der Sicht derjenigen, die in dem Tyrannen den beneideten (siegreichen) Konkurrenten um das höchste Ziel individuellen Machtstrebens sehen. So verurteilen Alkaios von Mytilene und Solon von Athen den Tyrannen als skrupellosen Machthaber, der gegen alles Recht und Herkommen die Herrschaft an sich reißt und die geltende Ordnung zerstört. In der unter dem Namen des Theognis von Megara überlieferten Sammlung von Elegien erscheint der Tyrann als opportunistischer Manipulator, der Aufruhr und Bürgerkrieg in seiner Heimatstadt ausnutzt, um sich zum Herrscher aufzuschwingen. Erstaunlicherweise sehen alle diese Autoren ein gravierendes Fehlverhalten der Elite, also ihrer eigenen Statusgruppe, als primäre Ursache für die Entstehung der Krise an, von der der Tyrann dann auf seine Weise profitierte: Es sind die Überheblichkeit, die Habgier und die Maßlosigkeit der «Führer des Volkes», die überhaupt erst die Voraussetzungen dafür schaffen, daß Tyrannisaspiranten aus den eigenen Reihen ihre Ambitionen erfolgreich realisieren können.[22]

Allerdings haben alle drei hier behandelten Beispiele gezeigt, daß die fragmentarische Überlieferungslage eine detaillierte Rekonstruktion der politischen und gesellschaftlichen Ausgangsbedingungen vor der Entstehung der Tyrannenherrschaften im Sinne der zitierten zeitgenössischen Zeugnisse kaum zuläßt. Die wenigen Informationen, die wir über die Verhältnisse in Korinth und Samos haben, sowie die ausführlicheren Zeugnisse zur Situation in Athen in vorpeisistratidischer Zeit weisen jedoch alle in eine Richtung: In allen drei Fällen kamen die Usurpatoren erst zum Zuge, als die herrschenden Aristokraten – die Bakchiaden in Korinth, die Geomoren in Samos und die Hegemones in Athen – den Bogen irgendwie überspannt und ihre Vorherrschaft dadurch delegitimiert hatten. Ob dabei auch solche sozialen und ökonomischen Faktoren zum Tragen kamen, wie sie etwa in den *Werken und Tagen* des Hesiod und in den Gedichten Solons erwähnt werden, läßt sich im Einzelfall nicht mehr sicher feststellen. Eine Verschuldung und Verarmung der Bauernschaft, wie sie für Askra in Boiotien und das vorsolonische Athen bezeugt sind, läßt sich für keinen der behandelten Fälle im unmittelbaren Vorfeld der Tyrannis positiv nachweisen.

Auf deutlich sichererem Boden sind wir bei einem weiteren der zahlreichen Krisenfaktoren der archaischen Zeit, der mit den ökonomischen und rechtlichen Problemen der Bauernschaft untrennbar verknüpft ist – nämlich bei der ausgeprägten aristokratischen Wettbewerbsethik und den daraus resultierenden ungezügelten Rivalitäten um Macht, Rang und Einfluß, die den Druck der Aristokraten auf den *demos* mancherorts noch verschärften. Beispiele wie Athen und Mytilene auf Lesbos zeigen ja bekanntlich, daß die permanenten Auseinandersetzungen der Aristokraten den inneren und äußeren Frieden der Polis gefährdeten und das konkrete Funktionieren der sich gerade erst konsolidierenden Institutionen immer wieder paralysierten. Und in allen der hier behandelten Fälle ist ausdrücklich überliefert, daß sich die Tyrannisaspiranten bei ihrer Machtergreifung zumindest teilweise auf Gruppen adliger Verschwörer stützten, die ihnen beim Sturz der zuvor herrschenden Aristokraten zur Seite standen. Im Fall des Polykrates wird sogar explizit der ökonomische Aspekt dieser Beziehung – die Großzügigkeit des späteren Tyrannen gegenüber seinen Helfern – erwähnt. Der *demos* spielte dagegen nur bei der ersten, prekären Machtergreifung des Peisistratos eine Rolle bei der Errichtung der

Tyrannis. Für die breite Masse der Bevölkerung hatte es wohl letztlich keine Bedeutung, ob ein einzelner Adliger oder eine Gruppe von Adligen über die Polis herrschten. Ja, es spricht sogar einiges dafür, daß der *demos* bei der Machtergreifung des Tyrannen stillhielt, weil er sich eine Besserung seiner Lage versprach. In diesem Sinne richteten sich bei den zuvor behandelten Beispielen die konkreten Maßnahmen zum Machterhalt des Tyrannen ja auch allesamt gegen die Standesgenossen und nicht gegen den *demos*, von dem offenbar keine Gefährdung ausging.

Allerdings läßt sich feststellen, daß von keinem dieser Tyrannen ein in die Zukunft weisendes Reformprogramm ausging, das die Situation des *demos* irgendwie verbessert hätte. So wurde nirgendwo eine radikale Um- oder Neuverteilung des Bodens vorgenommen. Zwar wurden gegnerische Aristokraten regelmäßig enteignet, verbannt oder sogar getötet – die Vorherrschaft und die Privilegien dieser Gruppen wurden jedoch nicht grundsätzlich in Frage gestellt, und nirgendwo fand eine Umkehr der gesellschaftlichen Hierarchien oder gar eine generelle Nivellierung der sozialen Unterschiede statt. Und ebensowenig wie diese Tyrannen als ‹Sozialreformer› handelten, übernahmen sie die Rolle von Gesetzgebern und Verfassungsstiftern, die zukunftsweisende Entwürfe zur umfassenden Neugestaltung ihrer jeweiligen Polis ins Werk gesetzt hätten. Maßnahmen, die dann schließlich ein stabiles und verläßliches Funktionieren der Institutionen gewährleisten und größere Rechtssicherheit für die Bürger schaffen konnten, entwickelte man eher in Absetzung von der Tyrannis – gewissermaßen als Gegenprogramm zur Alleinherrschaft. Nur auf diese indirekte Weise trug die Tyrannis zur Weiterentwicklung jener Vorstellungen und Konzepte bei, die sich im Fall von Athen dann mit Begriffen wie *isonomia* und schließlich *demokratia* verbanden. Die Tyrannis war somit in der Rückschau das Gegenbild einer guten Ordnung. Allerdings führte sie nirgendwo direkt und unmittelbar zu einer solchen Ordnung. Denn noch nicht einmal in Athen folgte auf die Tyrannis direkt die Demokratie.

6. Fazit

Die konkreten Maßnahmen der Tyrannen, so läßt sich zusammenfassen, dienten überall primär dem Erhalt und der Stabilisierung ihrer eigenen Machtposition. Unter diesem Aspekt sind nicht nur die Zwangsmaßnahmen zu sehen, die sich zuerst gegen adlige Standesgenossen als potentielle Rivalen richteten. Dem gleichen Zweck dienten auch alle anderen politischen, wirtschaftlichen, kultischen und kulturellen Aktivitäten, die ihnen Anerkennung in der eigenen Polis und darüber hinaus aktive Unterstützung oder zumindest die passive Hinnahme ihres Regimes durch möglichst breite Kreise sichern sollten. In diesem Sinne sind zweifellos die Patronage über die Bauernschaft, die Beteiligung an Kolonisationszügen und ähnliche außenpolitische Unternehmungen, die Dichterpatronage, die Förderung von Religion, Kulten und Festen und nicht zuletzt die extensive Bautätigkeit in der eigenen Stadt und in den panhellenischen Zentren und Heiligtümern zu interpretieren. Alle diese Aktivitäten zeigen darüber hinaus die starke Verhaftung der Tyrannen in den hergebrachten Wertvorstellungen und Verhaltensweisen der griechischen Aristokratie. Alle in diesem Kapitel behandelten Tyrannen bedienten sich der traditionellen Formen und der Strategien und Medien der Selbstdarstellung dieser Elite. Sie demonstrierten mit hohem Aufwand Macht, Reichtum und die Fähigkeit zu seinem statusadäquaten Konsum. Ja, sie steigerten die Dimensionen und die Opulenz dieser ‹demonstrativen Verschwendung› noch einmal um ein beträchtliches Maß, ohne sie jedoch grundlegend zu verändern. Die Tyrannis kann somit nicht als grundsätzliche Alternative zur kollektiven Herrschaft der Aristokraten interpretiert werden, sondern nur als die höchste Steigerung dieser Herrschaft, die im Rahmen der gegebenen politischen, gesellschaftlichen und ökonomischen Strukturen der archaischen Poleis überhaupt möglich war. Als sich diese Strukturen dann schließlich dauerhaft änderten und die zentralen Institutionen der Volksversammlungen und der Ratsversammlungen so gefestigt waren, daß durch ihr Eigengewicht und durch die Kraft der in ihnen versammelten Bürgerschaften selbst ehrgeizige und tatkräftige Individuen effektiv eingebunden werden konnten, wurde die Tyrannis als Herrschaftsform obsolet.

IX. DIE WELT DER BÜRGER

Der Staat, so definiert ihn Aristoteles im 4. Jahrhundert in der *Politik*, «besteht aus einer bestimmten Anzahl von Staatsbürgern». Und deshalb, so fährt er fort, sei es wichtig zu fragen, «wen man Bürger nennen solle und wer ein Staatsbürger ist». Dabei ist sich der große Staatstheoretiker des 4. Jahrhunderts durchaus darüber im klaren, daß Demokratien und Oligarchien in dieser Hinsicht große Unterschiede aufweisen. Grundlegend für alle Staatsformen sei jedoch, daß in einem Staat «Freundschaft» (*philia*) zwischen den Bürgern herrsche und «der Wille, zusammenzuleben» den Alltag bestimme. Dieses Zusammenleben, so fährt er fort, gründe jedoch nicht auf einer bloßen Gemeinschaft des Wohnortes, sondern vielmehr auf der Gemeinschaft der «Geschlechter und der Dorfgemeinden». Jeder Bürger, so stellt er heraus, sei durch eine Reihe von Vergesellschaftungsformen in die Polis eingebunden, die sich in persönlichen Verbindungen wie Ehebündnissen und Verschwägerungen, in weiteren, größeren Zugehörigkeitsstrukturen oder Integrationskreisen wie Bruderschaften und Kultgemeinschaften sowie bei Opferfesten und anderen Formen des geselligen Lebens manifestieren – grundlegende Einsichten, die auch für eine historische Deutung der Bürgerschaften der archaischen Stadtstaaten durchaus von Relevanz sind.[1]

1. Reorganisation und Konsolidierung der Bürgerschaften

Das starke Anwachsen der Bürgerschaften und die im Zuge des Institutionalisierungsprozesses erfolgte Steigerung und Formalisierung der politischen Partizipationschancen machten seit dem Beginn des 6. Jahrhunderts in einer Reihe von Poleis eine adäquate und verbindliche Definition des Kreises derjenigen notwendig, die über das Bürgerrecht verfügten und zur aktiven Teilnahme an den politischen Entscheidungsprozessen berechtigt waren. Weitere Schubkraft erhielt dieser Prozeß durch die gleichzeitige Steigerung des Regelungsbedarfs auf allen möglichen Gebieten: Die im Inneren wie im Äußeren immer komplexer werdende Welt der Poleis brachte es mit sich, daß die zentralen Institutionen der Bürgerschaften immer mehr und immer vielfältigere Angelegenheiten zu erledigen hatten, und diese teilweise konfliktträchtigen Gravamina nun auch tatsächlich in den zentralen Gremien nach geregelten Verfahren von den dort versammelten Bürgern beraten und entschieden werden mußten. Und dabei kam es nicht nur auf die Festschreibung der Gemeinschaft der Berechtigten an, sondern auch auf eine zweckmäßige Strukturierung dieser Gruppe. Denn offenbar gestattete unter den obwaltenden Bedingungen nur eine solche Strukturierung den alltäglichen Informationsaustausch und die praktische Kommunikation. Gerade auch dazu dienten die erwähnten Integrationskreise. Nur sie ermöglichten den Ausgleich kollidierender Einzelinteressen und gewährleisteten somit eine effektive Arbeit der Institutionen. Als ein wichtiger Teilaspekt in dieser komplexen Gemengelage muß die Kriegführung angesehen werden: Natürlich stieg auch auf diesem Gebiet der Regelungsbedarf an. Noch wichtiger ist es jedoch, daß nach der Einführung der Hoplitenphalanx alle Bürger gemeinsam Seite an Seite in der Schlachtreihe kämpften und die Gemeinschaft, ihr Territorium und ihre Interessen verteidigten. Festschreibung von Rechten und Pflichten des Individuums, Gliederung der Einheiten und Effektivierung des gemeinschaftlichen Handelns waren auch in diesem Kontext von zentraler Bedeutung. Maßnahmen, die auf eine entsprechende Reformierung der Zugehörigkeitsstrukturen abzielten, sind seit dem ersten Drittel des 6. Jahrhunderts für eine Reihe von Gemeinwesen bezeugt. Ihnen allen ist gemeinsam, daß sie dieses Ziel durch eine Neustrukturierung und Modernisierung der traditionellen Unterabteilungen der Bürgerschaften, vor allem der Phylen, zu erreichen suchten.

2. Fallstudie: Sikyon

Erste Informationen über die Geschichte der Stadt Sikyon im Norden der Peloponnes liegen erst für die Mitte des 7. Jahrhunderts vor. Um 650, so berichtet eine anonyme Tyrannengeschichte, die wahrscheinlich auf den Historiker Ephoros zurückgeht, soll ein gewisser Orthagoras dort eine Tyrannis errichtet haben.[2] Die fragmentarische und insgesamt nur wenig glaubwürdige Überlieferung enthält allerdings keinerlei Angaben darüber, wie sich der Akt der Machtergreifung konkret abgespielt hat. Über die Herrschaftspraxis des Orthagoras und seiner unmittelbaren Nachfolger ist ebenfalls nichts Genaues bekannt. Dem ebenso pauschalen wie positiven Urteil des Aristoteles, der betont, daß die Tyrannen von Sikyon «maßvoll mit ihren Untertanen umgegangen seien», «sich an die Gesetze gehalten hätten» und «die Menge durch Fürsorge für sich gewannen», stehen Berichte über innere Streitigkeiten in der Herrscherfamilie und über gewaltsame, ja mörderische Auseinandersetzungen über die Nachfolge gegenüber.[3]

Genaueres läßt sich erst über die Tyrannis des Kleisthenes ausmachen, der im ersten Drittel des 6. Jahrhunderts über Sikyon herrschte. Kleisthenes, so wiederum Aristoteles, soll ein angesehener Heerführer gewesen sein. Seinen militärischen Ruhm verdankte er wohl vor allem seiner Teilnahme am sogenannten Heiligen Krieg um die Kontrolle über das berühmte Orakel von Delphi, den die delphische Amphiktyonie und ihre Verbündeten um das Jahr 590 gegen die phokische Stadt Krisa führten. Außerdem sollen die Sikyonier unter der Führung des Kleisthenes die Nachbarstadt Pellene erobert und einen militärischen Konflikt mit Argos ausgetragen haben, über dessen Verlauf allerdings nichts bekannt ist. Zwischen Argos und Sikyon bestanden seit der Gründung von Sikyon enge Beziehungen, die Kleisthenes nun offenbar zu lösen versuchte, um seine Heimatstadt vom Einfluß der Argiver zu befreien. Dabei ergriff er eine Reihe von höchst ungewöhnlichen Maßnahmen: So soll er etwa in Sikyon die Rezitation der homerischen Epen durch Rhapsoden verboten haben, weil in diesen Texten die Taten der argivischen Helden verherrlicht würden. Außerdem soll er die tragischen Chöre zu Ehren des Adrastos abgeschafft haben. Diesen argivischen Heros, der der Sage nach einst König von Sikyon war, soll er trotz heftigen Widerstands aus Delphi auch noch aus seinem Heiligtum an der Agora vertrieben haben. Die Opfer und die Kulthandlungen, die zuvor dem Adrastos dargebracht worden waren, soll Kleisthenes dann auf Melanippos übertragen haben. Die Gebeine dieses thebanischen Helden, der der Sage nach ein «grimmiger Feind» des Adrastos war, habe er nämlich nach Sikyon überführen und in einem Tempel in der Nähe des Ratsgebäudes bestatten lassen – ein bemerkenswerter Eingriff in das kollektive Gedächtnis der Sikyonier, der die sakrale und die monumentale Topographie der Stadt nachhaltig verändert haben muß.[4]

Darüber hinaus wird dem Kleisthenes von Sikyon die früheste bekannte Phylenreform der archaischen Epoche zugeschrieben. Seine Maßnahmen, die Herodot in den Kontext der langwierigen militärischen Auseinandersetzungen zwischen Sikyon und dem benachbarten Argos stellt, sind im einzelnen allerdings schwer zu deuten. Der Historiker berichtet nämlich, daß Kleisthenes die drei dorischen Phylen der Hylleer, Pamphyler und Dymanen, die in Sikyon zunächst die gleichen Namen trugen wie in der feindlichen Nachbarstadt und in anderen dorischen Städten wie Sparta, einfach umbenannt und ihnen entehrende Tiernamen gegeben habe. Er habe sie «Schweinemänner», «Eselsmänner» und «Ferkelmänner» genannt. Gleichzeitig habe er eine vierte Phyle, die *Aigialeis* genannt wurde und der er selbst und seine Familie angehörten, durch den klangvollen Namen *Archelaoi* aufgewertet, was laut Herodot «Volksbeherrscher» bedeutet.[5] Diese Umbenennung wurde in der Forschung traditionell als Indiz für eine Entmachtung der in den drei alten Phylen vertretenen dorischen Führungsschicht zugunsten einer zuvor rechtlich und sozial minderberechtigten vordorischen Urbevölkerung in der vierten Einheit angesehen.

Eine solche Interpretation wirft jedoch eine Reihe von Problemen auf. So zeigt ein Vergleich mit anderen Poleis, daß die Zusammensetzung der einzelnen Phylen in dieser Epoche nirgendwo die sozialen und/oder ethnischen Unterschiede innerhalb der Bevölkerung widerspiegelt. Auch muß man bereits zur Zeit der Gründung der Stadt, Jahrhunderte nach der ‹dorischen Wanderung›, mit einer weitgehenden Vermischung dorischer und alteingesessener Bevölkerungsteile im Territorium von Sikyon rechnen. Es ist somit unwahrscheinlich, daß die vierte Phyle, die sicherlich Generationen vor der Tyrannis des Kleisthenes konstituiert wurde, zu seiner Zeit ethnisch homogen war. Plausibler erscheint dagegen eine Deutung, die davon ausgeht, daß bereits Herodot die Gründe für die Umbenennung der Phylen nicht mehr bekannt waren, und es sich bei den Namen nicht um denunziatorische Schimpfworte, sondern vielmehr um Ableitungen von Heroennamen handelte – eine Art der Benennung, die ja vielerorts bezeugt ist. Wenn der ursprüngliche Name der vierten Phyle – *Aigialeis* – sich tatsächlich von einem Toponym ableitet, das heißt, wenn er (wie neuerdings vermutet) mit der Ortsbezeichnung für jenen Teil von Sikyon semantisch verwandt ist, der außerhalb der zentralen Siedlung am Meer liegt, könnten in dieser Einheit diejenigen Sikyonier vertreten gewesen sein, die an der Peripherie siedelten und erst später, einige Zeit nach der Gründung, in den Bürgerverband eingegliedert wurden. All das erklärt natürlich nicht hinreichend die Gründe für die Umbenennung der Phylen durch Kleisthenes. Da ansonsten aber keinerlei Maßnahmen zur Reorganisation dieser Abteilungen überliefert sind, ist es wahrscheinlich, daß es dem Tyrannen um eine einheitliche Neukonstituierung der gesamten Bürgerschaft unter seiner Herrschaft ging, die er durch die neuen Namen auch religiös legitimieren wollte. Ziel der Reform könnte dann eine Steigerung der Funktionsfähigkeit der Phylen durch eine gleichmäßige Verteilung aller Wehrfähigen etwa zum Zweck einer effektiveren Einberufung des Bürgerheeres und somit eine Stärkung der militärischen Schlagkraft der Stadt in den Auseinandersetzungen mit Argos gewesen sein. Auch diese Interpretation der Reform kommt ohne ein gewisses Maß an Spekulation natürlich nicht aus. Sie läßt sich jedoch mit dem, was wir über den Charakter und die Funktionen der Unterabteilungen der frühen Bürgerschaften wissen, besser in Einklang bringen. Dem Kleisthenes nimmt sie natürlich den ihm immer wieder zugesprochenen Nimbus des Tyrannen als Vorkämpfer einer unterprivilegierten ethnischen Minderheit. Sie läßt ihn statt dessen als einen Machthaber erscheinen, der die Spaltung der Bürgerschaft durch eine Neukonstituierung ihrer Unterabteilungen zu überwinden und auf diese Weise das Konfliktpotential zu begrenzen suchte. Eine solche Deutung der Reform als eine herrschaftsstabilisierende Maßnahme läßt sich jedenfalls problemlos mit der Tatsache vereinbaren, daß die Dynastie der Orthagoriden noch einige Dekaden nach dem Tode des Kleisthenes über Sikyon herrschte und seine Phylenreform erst nach ihrem Sturz rückgängig gemacht wurde.

3. Fallstudie: Kyrene

In Kyrene, das um 630 von Kolonisten aus Thera auf einer fruchtbaren Hochebene an der nordafrikanischen Küste gegründet wurde, kam es um die Mitte des 6. Jahrhunderts zu einer schweren Krise, die eine Neuordnung der Bürgerschaft erforderlich machte. Die Geschichte der Stadt im späten 7. und im frühen 6. Jahrhundert ist aufgrund der günstigen Quellenlage relativ gut zu rekonstruieren. Tatsächlich ist die Frühgeschichte Kyrenes besser und reichhaltiger dokumentiert als die irgendeiner anderen griechischen Kolonie im 7. und 6. Jahrhundert. Ein besonders facettenreiches Bild der Entwicklung von der Emigration der ersten Siedler von Thera bis zur Etablierung der persischen Oberhoheit über die Region um das Jahr 515 hat der Historiker Herodot entworfen, der sowohl die theraische als auch die kyrenische Version der Gründungsgeschichte aufgezeichnet hat, die sich im übrigen durchaus in nennenswerter Weise voneinander unterscheiden. In seinem Bericht sind darüber hinaus zahlreiche Orakelsprüche des delphischen Apollon enthalten, die für die Frühgeschichte Kyrenes von Bedeutung waren.[6] Bereits einige Jahrzehnte vor Herodot, im Jahre 462, verfaßte Pindar zwei Gedichte, um den Sieg zu feiern, den Arkesilaos IV., der damalige mächtige Herrscher von Kyrene, bei den panhellenischen Spielen in Delphi im Wagenrennen errungen hatte. Dem literarischen Genre solcher Siegeslieder entsprechend preist der Dichter auch die Ruhmestaten der Vorfahren des Geehrten, vornehmlich des Gründers der Dynastie der Battiaden, der die ersten Siedler «auf schnellen Schiffen» in ihre neue Heimat in Libyen geführt haben soll und dort zunächst eine Gruppe «tiefbrüllender Löwen» in die Flucht schlagen mußte, die den ansonsten unbewohnten Ort beherrscht hätten. Neben dieser bemerkenswerten Heldentat erscheint Battos I. dem Pindar jedoch auch wegen der Anlage eines ersten Kultplatzes und einer Prozessionsstraße für Festzüge zu Ehren des Apollon Archagatas der Erinnerung und des ewigen Ruhmes würdig, und er erwähnt außerdem weitere Details der Gründungsgeschichte.[7] Die besondere Beziehung des Oikisten zu Apollon hebt auch der Dichter Kallimachos hervor, der aus Kyrene und angeblich sogar aus dem zu seiner Zeit längst entmachteten Haus des Battos stammte. Der Gott, so heißt es in seinem im 3. Jahrhundert verfaßten *Hymnos an Apollon*, soll bei der Gründung Kyrenes nicht nur mit seinem Orakel Pate gestanden haben, sondern den Battos in Gestalt eines Raben schließlich an den richtigen Ort in Libyen geführt und ihm geschworen haben, seine Stadt dort auf dem fruchtbaren Land zu schützen.[8]

Auf sichererem Grund befinden wir uns bei einem epigraphischen Dokument, das Zeugnis über die Geschichte von Kyrene ablegt. Auf der sogenannten Stele der Gründer, einer Inschrift aus dem 4. Jahrhundert, sichern die Bürger von Kyrene den Bürgern von Thera, die in dieser Zeit noch nach Kyrene zuwandern wollen, Land und Bürgerrechte zu. Zur Bekräftigung der Vereinbarung wird im Anhang zu diesem Dekret der ursprüngliche, durch einen kollektiven Eid gesicherte Beschluß der Theraier über die Aussendung der ersten Kolonisten zitiert – ein Text, der die Regelungen aus der Gründungsphase im 7. Jahrhundert wohl im wesentlichen inhaltlich korrekt wiedergibt.[9] Über die Gruppe der ersten Immigranten in Kyrene informiert darüber hinaus auch die um 100 aufgezeichnete Chronik des Athena-Tempels in Lindos auf der Insel Rhodos, die neben Listen mit den Namen der Priester und Verzeichnissen von Weihgaben auch Angaben zur Geschichte der Stadt und ihrer Bevölkerung enthielt. Dort wird nämlich berichtet, daß

Lindier unter der Führung der Söhne eines gewissen Pankis an der Kolonisation von Kyrene teilgenommen hätten.[10] Und Pausanias erwähnt in seiner im 2. nachchristlichen Jahrhundert verfaßten *Beschreibung Griechenlands* schließlich einen spartanischen Athleten mit dem Namen Chionis, der in den Jahren 664, 660 und 656 Siege bei den Spielen in Olympia errang und später ebenfalls als Siedler nach Kyrene ging.[11] Dieses ungewöhnlich breite Spektrum an Schriftquellen zur frühen Geschichte der Stadt an der Küste Nordafrikas wird ergänzt durch die Ergebnisse intensiver archäologischer Forschungen, die eine Fülle von Daten über das frühe Kyrene hervorgebracht haben, die nicht nur eine detaillierte Rekonstruktion von Akropolis, Agora und Tempeln erlauben, sondern darüber hinaus sogar eine Identifizierung des Grabmals des Oikisten Battos I. an der Agora ermöglichen. Die reichen, relativ genau zuzuordnenden und zu datierenden Funde – Keramik verschiedener Provenienz sowie Kunst- und Gebrauchsgegenstände aus anderen Materialien – reichen bis etwa 620 zurück und belegen die engen Kontakte der Stadt sowohl mit Naukratis, Kreta, Melos, Chios und Samos als auch mit Athen und Korinth. Eine auffällig hohe Zahl von Fundstücken aus Sparta und von der Insel Rhodos dokumentiert die Anwesenheit von Spartanern und Lindiern in den ersten Dekaden nach der Gründung der Stadt.

Auf der Basis der literarischen, epigraphischen und archäologischen Evidenz läßt sich folgendes Bild von der frühen Geschichte Kyrenes zeichnen: Die Stadt wurde um 630 von einer kleinen, etwa 150 bis 200 unverheiratete Männer umfassenden Gruppe von Kolonisten aus Thera gegründet, die einheimische Mädchen zur Frau nahmen. Die Zahl der Siedler – so betont Herodot explizit – blieb unter der vierzigjährigen Herrschaft des Gründerkönigs Battos stabil und stieg auch unter seinem Sohn und Nachfolger Arkesilaos zunächst nicht wesentlich an.[12] Nach der Überwindung der üblichen Anfangsschwierigkeiten begann man mit der architektonischen und monumentalen Ausgestaltung der Stadt. Der erste Tempel für Apollon Karneios, den man in Kyrene mit Apollon Archagatas, dem Gott aller Kolonisten und Herrn des delphischen Orakels gleichsetzte, wurde um 600 erbaut. Es handelt sich um ein

Abb. 26: Grab und Heiligtum Battos I., um 590

bescheidenes, etwa 8,5 mal 8,5 Meter großes Heiligtum mit zwei Säulen im Inneren. In die gleiche Zeit ist die Anlage der «ebenen, geradeverlaufenden Straße» zu datieren, die für Prozessionen anläßlich von Festen zu Ehren des Gottes genutzt wurde. Das prominenteste dieser Feste – die Karneen mit ihrem Stieropfer, ihren Mählern «reich an Opfern» und ihren rituellen Tänzen, die die Kyrener mit ihren «blonden» libyschen Frauen aufführten – war ebenfalls schon zur Zeit Battos I. aus Sparta und Thera als kultisches Erbe übernommen und bewahrt worden.[13] Als ein frühes Zeugnis für das Selbstverständnis der Bürger der neuen Stadt kann die Aufschrift auf einem Weihgeschenk in Olympia angesehen werden: Die Inschrift aus der Zeit um 600 weist die Stifter als «die Kyrener» aus und läßt damit das Auftreten der Siedler als Kollektiv nach außen erkennen.[14]

Zu der schweren Krise, die die anfangs erwähnte Neuordnung der Bürgerschaft erforderlich machte, kam es erst unter der Herrschaft Battos II. Eudaimon, der in einem dringenden Aufruf weitere Siedler aus ganz Griechenland anwarb und sie aufforderte, in das «vielgepriesene Libyen» zu kommen, wo es noch viel Land zu verteilen gebe.[15] Die Initiative des Königs, die dieser vermittels eines Orakelspruchs aus Delphi bekanntmachen ließ, stieß auf großes Interesse, und Auswanderer aus allen Regionen Griechenlands strömten in die nordafrikanische Kolonie. Allerdings rief die rabiate Landnahme dieser Neuankömmlinge im Zuge der Umsetzung der den Siedlern versprochenen Landverteilung nun offenbar die indigenen Libyer auf den Plan: Sie rebellierten gegen Kyrene und baten schließlich sogar die Ägypter um militärische Unterstützung. Zwar konnten die Kyrener diese Gefahr zunächst erfolgreich abwehren; als dann aber auch noch dynastische Auseinandersetzungen innerhalb der Herrscherfamilie einsetzten, die sich zu Brudermord und blutiger Rache steigerten, verschlechterte sich die Situation in Kyrene zusehends. Nach einer verheerenden Niederlage, bei der 7000 Hopliten ihr Leben verloren haben sollen, scheinen die Verhältnisse in der Stadt so instabil gewesen zu sein, daß es zu einer verfahrenen Frontstellung zwischen dem neuen König Battos III., den Altsiedlern und der zahlenmäßig starken Gruppe der Neusiedler kam. In dieser Situation wandten sich die Kyrener wiederum an ebenjene panhellenische Institution, die nach der Tradition die Gründung ihrer Stadt initiiert und ihre Entwicklung immer wieder vorangetrieben hatte: das Orakel des Apollon in Delphi. Diesmal fragten sie an, «nach welcher Ordnung sie denn am glücklichsten leben könnten».[16] Die Pythia riet ihnen, sich einen neutralen Schiedsrichter aus Arkadien zu holen. Auf Bitten der Kyrener übernahm ein gewisser Demonax aus Mantineia diese Aufgabe. Die antiken Autoren charakterisieren ihn als einen besonders angesehenen Bürger, der seine Mitbürger bei der Einführung des Zweikampfes beraten und in der Kunst des Kampfes mit Waffen unterwiesen haben soll – er war demnach ein Mann, der Erfahrung im Ausgleich konkurrierender Interessen in konfliktgesättigten Situationen hatte.

Demonax setzte zur Bewältigung der Krise eine Neuordnung der Einwohnerschaft von Kyrene ins Werk, die für uns nur in der relativ knappen Darstellung Herodots greifbar ist. Seinem Bericht zufolge führte der Schiedsrichter zunächst eine neue Ordnung mit drei Phylen ein, die möglicherweise an die traditionelle Einteilung vieler dorischer Siedlungen in die drei Phylen der Dymanen, Hyller und Pamphyler anschloß. Danach teilte er die Bürgerschaft in drei Teilgruppen (*moirai*) ein.[17] Die erste dieser Gruppen bestand einerseits aus dem ursprünglichen Kern der Kolonisten, den Nachkommen jener Theraier, die mit dem Oikisten Battos in Nordafrika angekommen waren, und andererseits aus den sogenannten Umwohnern (*perioikoi*) – wahrscheinlich ebenfalls Theraier, die aber erst später zugewandert waren. Man wird diese Nachzügler mit den Einwohnern jener peripheren Dörfer vergleichen können, die am Rande des Kernlandes mancher Kolonien auf Sizilien und in Unteritalien angelegt wurden, etwa in Syrakus, Gela und Tarent. Peloponnesier und Kreter, also Kolonisten aus den Zentren des dorischen Griechentums, bildeten die zweite Teilgruppe. Und der dritten Gruppe gehörten die «Leute von den Inseln» (*nesiotai*) an – Zuwanderer aus dem ebenfalls dorischen Rhodos, aber auch von den ionischen Inseln des östlichen Mittelmeeres, etwa aus Chios und Samos, die mit Kyrene ja auf jeden Fall in engem Kontakt standen, wie der archäologische Befund belegt. Bei ihnen dürfte es sich im wesentlichen um jene Nachwanderer handeln, die um 570 dem Aufruf Battos II. gefolgt waren.

Da die Phylenordnung des Demonax den Versuch einer konkreten Lösung der Integrationsproblematik einer schnell wachsenden und zunehmend heterogenen Bevölkerung darstellt, ist es unwahrscheinlich, daß der Schiedsrichter einfach aus jeder der drei Gruppen eine Phyle bildete, wie in der älteren Forschung angenommen wurde. Eine solche simple Reservierung je einer der drei Phylen für Erstsiedler und willkürlich gegeneinander abgegrenzte Zuwanderergruppen hätte die zu überwindende Heterogenität und die kollidierenden Interessen der zu verschiedenen Zeiten und aus verschiedenen Regionen eingewanderten Kolonisten ja geradezu festgeschrieben und das daraus resultierende Potential an Spannungen womöglich sogar vergrößert. Weitaus überzeugender erscheint dagegen ein Erklärungsmodell, das den Kern der Reformen in einer Integration der drei Gruppen durch ihre gleichmäßige Verteilung auf alle drei Phylen sieht. Denn nur eine solche Maßnahme führte ja dazu, daß jede von ihnen Altsiedler und Neusiedler, Dorier und Ionier, Theraier, Inselgriechen und Peloponnesier umfaßte und in einem einheitlichen und vereinheitlichenden institutionellen Gefüge zusammenband – eine Lösung, die eine Kooperation der heterogenen Bevölkerungsteile in so unterschiedlichen Lebensbereichen wie der Organisation des Heeres und der Durchführung der Kulte und Feste möglich und erforderlich machte und damit im günstigsten Fall eine Befriedung und Konsolidierung der Verhältnisse bewirkte.

Neben der Neuordnung der Phylen und ihrer Untergruppen wird dem Demonax noch eine weitere Maßnahme zur Lösung der akuten Krise in Kyrene zugeschrieben. Dabei soll es um die Rechte der Könige aus der Gründerdynastie gegangen sein. Der Schiedsrichter, so wiederum der Bericht des Herodot, habe die Privilegien des Königs eingeschränkt, der offenbar den Oberbefehl über das Hoplitenheer verlor. Er reservierte für die Königsfamilie nur noch besondere Landgüter und die Einkünfte aus einigen Priestertümern. Alles andere, was die Battiaden bis dahin besessen hatten, stellte er – so lautet die genaue Formulierung in den *Historien* – «dem *demos* in die Mitte».[18] Diese Maßnahme wird heute in der Regel als eine weitgehende Entmachtung der durch Bruderzwist geschwächten und durch militärische Niederlagen kompromittierten Gründerfamilie gedeutet. Dem König sollten demnach nur noch die traditionellen sakralen Aufgaben und die damit verbundenen Domänen verbleiben. Alle anderen öffentlichen Funktionen gingen auf die Bürgerschaft über, die nach der Neustrukturierung der Polisordnung bereitstand, jene Kompetenzen zu übernehmen, die zuvor exklusiv in der Hand des Königs gelegen hatten.

4. Fallstudie: Athen

Eine solche Interpretation der Reform des Demonax gewinnt durch den Vergleich mit der besser bezeugten Neuordnung der Phylen in Athen durch Kleisthenes noch an Plausibilität. In Athen nahmen die Aristokraten nach dem Sturz der Tyrannis ihre typischen Kämpfe um Vorherrschaft wieder auf. Kleisthenes und Isagoras, die jetzt um Vorrang konkurrierten, waren sowohl von ihrem persönlichen Hintergrund als auch von den ihnen jeweils zur Verfügung stehenden Machtressourcen her typisch adlige Dynasten. Der nach seinem Großvater mütterlicherseits benannte Kleisthenes stammte aus der prominenten Adelsfamilie der Alkmeoniden. Sein Vater Megakles, den der Tyrann Kleisthenes von Sikyon nach einer aufsehenerregenden Konkurrenz unter zahlreichen wohlhabenden und angesehenen Freiern für würdig befunden hatte, seine Tochter Agariste zu heiraten, gelangte in seiner Heimatstadt später als Führer der ‹Leute aus der Ebene›, als Konkurrent, zeitweiliger Verbündeter und Schwiegervater des Tyrannen Peisistratos zu weiterer Berühmtheit. Kleisthenes selbst bekleidete im Jahre 525/4 unter der Tyrannis das Amt des Archonten. Über Isagoras weiß Herodot lediglich zu berichten, daß er «aus berühmtem Hause» stammte.[19] Seit der Invasion der Spartaner beim Sturz der Peisistratiden war er Gastfreund des Königs Kleomenes und verfügte somit über jene persönlichen Verbindungen, die dem einzelnen bei Bedarf auch konkrete (militärische) Unterstützung bei Konflikten mit den Standesgenossen in der eigenen Polis sicherten. In der ersten Phase ihrer Auseinandersetzungen unterschieden sich Kleisthenes und Isagoras weder in ihren individuellen Zielsetzungen noch in den Methoden, mit denen sie ihren Kampf um Vorherrschaft austrugen, grundsätzlich von ihren aristokratischen Standesgenossen in anderen Poleis: Die Kontrahenten stützten sich zunächst auf adlige Freundschaftsgruppen, sogenannte Hetairien (Vereinigungen von *hetairoi* – «Gefährten»). Mit dem Terminus *hetairoi* bezeichnen bereits die Dichter der Epen die ‹Freunde› und ‹Begleiter› der großen Oikosherren, die in der Regel etwa der gleichen Altersgruppe und der gleichen Statusgruppe angehörten und gemeinsam einer Reihe von gesellschaftlichen Aktivitäten nachgingen. Allerdings konnten derartige Gruppen denjenigen ihrer Mitglieder, die Einfluß und Macht in der Polis anstrebten, im Rahmen ihrer Möglichkeiten durchaus politische Unterstützung gewähren. Bei den in der archaischen Welt verbreiteten inneren Auseinandersetzungen (*staseis*) gingen von den als *hetaireiai* bezeichneten kleinen Gruppen von ‹Aktivisten› in der Regel jene Provokationen aus, die den Ausbruch eines akuten, gewaltsamen Konfliktes überhaupt erst auslösten.

Darüber hinaus genossen Dynasten wie Kleisthenes und Isagoras in der Region, in der ihre Familien ihre Güter besaßen, möglicherweise auch Unterstützung bei der Bauernschaft. Solche lokalen Einflußmöglichkeiten und das aus ihnen resultierende Prestige konnten allerdings in Athen – also auf der Ebene der ‹Hauptstadt› mit ihren zentralen Institutionen – wenn überhaupt nur sporadisch aktualisiert werden. Denn die Volksversammlungen fanden in der archaischen Zeit ja generell noch nicht sehr oft und in unregelmäßigen Abständen statt. Und zudem erschwerte die für griechische Verhältnisse ungewöhnliche Größe des Territoriums von Athen vielen Bürgern wohl auch noch die Teilnahme an den Versammlungen. Denn das athenische ‹Staatsgebiet› erstreckte sich zu dieser Zeit bereits von den Gebirgszügen des Parnaß und des Kithairon im Norden bis zum Kap Sounion im Süden und umfaßte damit mehr als 2600 Quadratkilometer. Von den circa 25–30000 Vollbürgern – also den erwachsenen Männern im Besitz aller politischen Rechte und Pflichten – lebten zwei Drittel außerhalb des städtischen Zentrums, in den weit entfernten Küstenregionen, den fruchtbaren Ebenen des Binnenlandes und den gebirgigen Randzonen. So mußten etwa die Bürger von Sounion (derjenigen Siedlung, die am weitesten vom Zentrum entfernt lag) mehr als 50 Kilometer zurücklegen, um nach Athen zu kommen, um dort auf der Agora und der Akropolis bei den Versammlungen der Bürger und den Festen zu Ehren der Götter präsent zu sein. Und auch für die Leute aus Eleusis, Brauron und Marathon dürfte der Weg ins Zentrum mit einem beträchtlichen Aufwand verbunden gewesen sein. Das Gros der Bürgerschaft war also wahrscheinlich nur selten in Athen präsent und demzufolge auch keineswegs dauerhaft in der sich dort abspielenden Konkurrenz zwischen den Aristokraten als feste Größe einzukalkulieren.

Was die Möglichkeiten der Aktivierung breiterer Schichten anlangt, muß jedoch zwischen Regel und Ausnahme unterschieden werden. Denn die Geschichte Athens in archaischer Zeit zeigt ja, daß auch eine umfassende Mobilisierung des *demos* unter bestimmten Bedingungen durchaus möglich war. Immerhin wurde Solon in der Volksversammlung zum ‹Schiedsrichter› gewählt, und das Volk in der Ekklesia gewährte dem Peisistratos eine Leibwache. Wenn ein Aristokrat bereit und fähig war, seine eigenen Interessen mit den Interessen breiterer Schichten zu verbinden und sich dabei das angestaute Potential an Unzufriedenheit zunutze zu machen, konnte er durchaus die Mehrheit des Volkes für sich und seine Sache aufbieten. Und genau das scheint Kleisthenes getan zu haben, als er 509/8 in der Konkurrenz mit Isagoras zu unterliegen drohte und daraufhin – wie Herodot es formuliert – «den *demos* in seine *hetaireia* aufnahm».[20] Bei allen Unsicherheiten in der Chronologie spricht alles dafür, daß er dem *demos* bereits zu diesem Zeitpunkt sein Projekt einer Neugestaltung des athenischen Bürgerverbandes präsentierte, ihn damit in seiner Mehrheit auf seine Seite brachte und so schließlich die Oberhand gewann. Die Pläne seines Rivalen Isagoras, mit militärischer Unterstützung aus Sparta die Verfassung zu einem konsequent oligarchischen Regime umzugestalten, ließen sich nun jedenfalls nicht mehr realisieren, denn der amtierende Rat widersetzte sich, und es kam zu einer spontanen Volkserhebung. Isagoras, seine Freunde und seine auswärtigen Helfer wurden von der Bürgerschaft aus Athen vertrieben, und Kleisthenes konnte nun endgültig mit der Realisierung seiner Pläne beginnen.

Ein zentraler Bestandteil der kleisthenischen Neuordnung war die Reorganisation der athenischen Landgemeinden. Von diesen sogenannten ‹Demen› gab es in der klassischen Zeit insgesamt 139 und auch an der Wende zum 5. Jahrhundert dürften es bereits mehr als 100 gewesen sein. Ihre Größe reichte von kleinen Streusiedlungen mit einem Dutzend Gehöften bis hin zu kleineren städtischen Zentren mit mehr als 1000 Einwohnern. Bei seiner Neuordnung der Bürgerschaft baute Kleisthenes auf diesen Demen auf und orientierte sich an den bestehenden Siedlungsstrukturen. Die natürlichen, organisch gewachsenen Einheiten der Dörfer und Kernsiedlungen wurden von ihm bewußt beibehalten und in seine neue ‹artifizielle› Ordnung integriert. Die auf dieser Ebene seit jeher maßgeblichen Zugehörigkeitsstrukturen wertete er letztlich sogar auf, indem er diese Subsysteme nun als lokale Selbstverwaltungseinheiten mit eigenen Versammlungen, eigenen Gemeindekassen und Finanzbeamten, eigenen Kulten und Priestern und einem jährlich neu zu wählenden Vorsteher (*demarchos*) konstituierte. Die Zuständigkeiten der neuen Amtsträger in den Demen sind nicht mehr in allen Einzelheiten auszumachen. Zumal der Demarchos hatte jedoch auf jeden Fall eine Reihe von höchst unterschiedlichen Funktionen zu erfüllen. Ihm oblag nicht nur die Einberufung der Demenversammlung – er hatte darüber hinaus bei der Versammlung selbst auch die einleitende Eidesformel zu sprechen und die Sitzung zu leiten. Gemeinsam mit den *tamiai*, den lokalen Finanzbeamten, beaufsichtigte und kontrollierte der Demarchos außerdem alle bedeutenden finanziellen Transaktionen auf der Ebene der Demen, die etwa die Durchführung der Kulte betrafen. Außerordentlich vielfältig waren daneben auch seine religiösen und kultischen Amtspflichten. So spielte er etwa bei der Vorbereitung und Durchführung der ländlichen Feste zu Ehren des Gottes Dionysos eine wichtige Rolle. In seinen Aufgabenbereich fiel außerdem die strafrechtliche Verfolgung von Verstößen gegen Sitte und Brauch beim Opfer und bei anderen rituellen Handlungen. Die Demen wurden von Kleisthenes mit wichtigen Entscheidungsbefugnissen ausgestattet: In diesem Rahmen und vor diesem Forum – in dem die Angehörigen mittlerer und unterer Schichten den Aristokraten zumindest numerisch auf jeden Fall überlegen gewesen sein dürften – wurden nach seinen Reformen alle lokalen Angelegenheiten im Kreise der Demengenossen diskutiert und verbindlich entschieden. Und in diesen Abteilungen wurden in Zukunft die Bürgerlisten geführt und alle Ansprüche auf das athenische Bürgerrecht geprüft. Darüber hinaus wurden auf dieser Ebene die Kandidaten für die Besetzung der höchsten Ämter der Polis und später auch die Richter für die zentralen Gerichtshöfe bestellt.

Nach ihrer Reformierung im Jahre 509/8 bildeten die natürlichen gewachsenen Strukturen der Demen also die Basis der neuen politischen Ordnung: Denn in einem zweiten Schritt wurden diese lokalen Gemeinden durch ein kompliziertes artifizielles Ordnungssystem sowohl untereinander als auch mit den Institutionen im Zentrum verbunden. Kleisthenes gruppierte die Demen nämlich zu 30 sogenannten Trittyes (‹Dritteln›), von denen jeweils zehn den drei großen Landschaftszonen Asty (die ‹Stadt› Athen und das

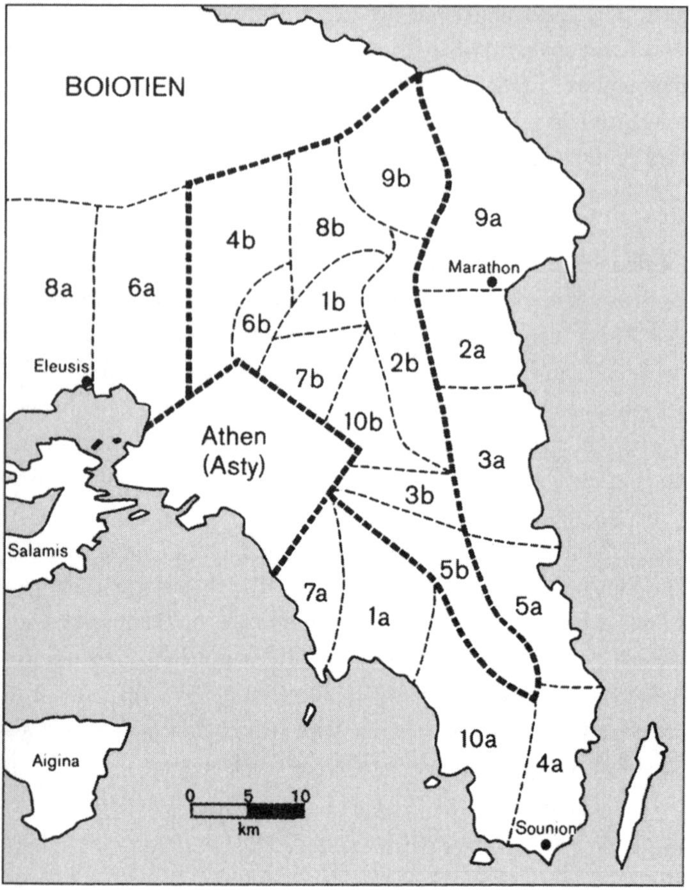

Abb. 27: Phylen und Trittyen nach den Reformen des Kleisthenes

Demen	Trittyen		Phylen
139 lokale Selbstverwaltungseinheiten, so auf die Trittyen verteilt, daß jede etwa die gleiche Zahl erwachsener Männer umfaßte →	10 städtische (Asty) 10 aus der Küstenzone (a) 10 aus dem Binnenland (b)	Rechengröße zur Durchmischung der Bürgerschaft; je 1 Trittye aus den drei Zonen bilden eine neue Phyle →	10 Phylen – wählen je 50 Mitglieder des Rates; – die Beamten; – stellen je eine Hoplitenabteilung mit 1 Strategen

Land im Umkreis von etwa 10 Kilometern), Mesogeia (das ‹Binnenland› bis zur nördlichen Grenze nach Boiotien) und Paralia (die ‹Küste›) zugeordnet wurden. Je eine Einheit aus jeder dieser drei Zonen schloß er zu einer der zehn neuen Phylen zusammen. Dieser Verteilungsmodus stellte sicher, daß jede von ihnen Mitglieder aus allen Regionen – Städter, Küstenbewohner und Leute aus dem Binnenland – umfaßte. Diesen zehn neuen Phylen, die jeweils nach einem attischen Heros benannt wurden, dessen gemeinsame kultische Verehrung das Zusammengehörigkeitsgefühl ihrer Mitglieder befördern sollte, wurden vielfältige Aufgaben in Kult, Militär und Politik zugewiesen. So waren diese Verbände etwa die Rekrutierungseinheiten für das neu zu konstituierende Bürgerheer. Die Mannschaftsstärke eines jeden Phylenregiments betrug etwa 1000 Schwerbewaffnete, und jede Phyle steuerte darüber hinaus ein kleines Kontingent zur Reiterei bei. In diesen Abteilungen kämpften in Zukunft also Bürger aus den verschiedenen Regionen Seite an Seite für ihre Stadt. Ihre bedeutendste Funktion fiel den Phylen bei der Rekrutierung der Mitglieder des von Kleisthenes eingerichteten Rates der ‹Fünfhundert› zu. Dieses Gremium avancierte in den folgenden Dekaden zur zentralen Koordinierungsinstanz für die Volksversammlung. Seine wichtigste Aufgabe bestand darin, alle Anträge an die Ekklesia vorzuberaten und sie dann gegebenenfalls auf die Tagesordnung zu setzen. Im Rat der Fünfhundert war jede der zehn neuen Phylen mit 50 Ratsherren (*bouleutai*) vertreten. Sie wurden in den Versammlungen der Demen jeweils für ein Jahr gewählt – und zwar proportional zur Bevölkerungsstärke der einzelnen Gemeinden: Manche stellten also nur einen einzigen Bouleuten, andere bis zu einem halben Dutzend.

Indem diese lokalen Einheiten auf solche Weise Einfluß auf die Zusammensetzung derjenigen Institution nahmen, die im Laufe der nächsten Jahrzehnte – zumal bei der enormen Zunahme der genuin politischen und militärischen Agenda – mehr und mehr an Bedeutung gewann, standen sie alle in einer formalen, fest verankerten Verbindung mit dem Zentrum. Die besondere Art der Rekrutierung des Rates sorgte dabei für eine repräsentative Verteilung der öffentlichen Funktionen und sicherte so Kooperation und

Kompromiß zwischen den verschiedenen Gruppen der Bevölkerung. Denn Bürger aus allen Landesteilen waren jetzt darauf angewiesen, auf neuartige, gewissermaßen institutionell intensivierte Weise in den Instanzen des Zentrums miteinander zu beraten und zu entscheiden. Der Austausch von Informationen zwischen dem Zentrum und den lokalen Einheiten dürfte sich in die eine wie die andere Richtung verstärkt haben. Partikulare Interessen werden sich bei der regionalen Streuung in den Phylen, im Rat und im Heer weitgehend gegenseitig aufgehoben und neutralisiert haben. Es waren jetzt also die Voraussetzungen geschaffen, die langfristig eine gewisse Regelmäßigkeit und Selbstverständlichkeit der Mitsprache breiterer Schichten gerade auch im politischen Alltag und in Routineangelegenheiten gewährleisten konnten. Die kleisthenische Neuordnung kann somit als ein Versuch angesehen werden, auf der Ebene der Politik sowohl die regionale Partikularität von Zugehörigkeit und Interessen als auch die Isolation der einzelnen Bürger bzw. lokaler Kleingruppen und die aus beidem resultierende Passivität der Bürgerschaft zu überwinden. Die Präsenz der Bürgerschaft, ihre Beteiligung an Politik und ihre Chancen zur Ausübung von Kontrolle über die sich im Zentrum abspielenden politischen Ereignisse wurden erhöht und erweitert – pointiert formuliert: Auf lange Sicht wurde die Politisierung der Bürgerschaft ganz wesentlich vorangetrieben.

5. Fazit

Die Reformen der bürgerlichen Zugehörigkeitsstrukturen in Gestalt der Phylen und anderer Integrationskreise in Sikyon, Kyrene und Athen zielten jeweils darauf ab, die Bürgerschaften neu zu konstituieren und zu strukturieren und auf diese Weise ihre Teilgruppen effektiver zu integrieren. Die einzelnen Reformkonzepte spiegeln dabei jeweils unterschiedliche Entwicklungsstadien der Polis wider und reagieren damit konkret auf unterschiedliche lokale Schwierigkeiten und aktuelle Krisen: Tyrannis, Bevölkerungswachstum, ethnische Heterogenität, Größe des Polisterritoriums,

Eskalation von Adelsrivalitäten. Bei der Beilegung dieser Probleme, die darüber hinaus jeweils auch in unterschiedlichen Varianten und Kombinationen auftreten konnten, bediente man sich aber jeweils der gleichen Methode – nämlich einer planvollen Umgestaltung der für die griechischen Poleis traditionell so bedeutenden Unterabteilungen der Bürgerschaften mit dem Ziel ihrer weiteren institutionellen und gesellschaftlichen Integration durch eine stärkere Vernetzung und bessere Einbindung der Teile in das Ganze. Deshalb stellen alle diese Reformen – jede auf ihre Weise – zukunftsweisende Versuche dar, die gemeinsame bürgerliche Bezogenheit auf einen topographischen und politischen Mittelpunkt zum Ordnungsprinzip zu machen und dieses auch institutionell abzusichern. Die Phylenreformen können somit als wichtige Lösungsversuche für die spezifischen Probleme der archaischen Zeit angesehen werden, die wesentlich zur Formierung der Grundlagen für das Funktionieren der politischen Ordnungen der Poleis in klassischer Zeit beitrugen.

ANHANG

Anmerkungen

I. Einleitung

1 R. Koselleck, Vergangene Zukunft. Zur Semantik vergangener Zeiten, Frankfurt/Main 1979, 206.

II. Die Welt der Paläste

1 Thuk. 1, 15.

III. Die Welten des Homer

1 L. H. Jeffery/A. W. Johnston, Local Scripts of Archaic Greece, Oxford, 2. Aufl. 1990, 468 Nr. 8a; 238, 240 Nr. 3, 454.
2 Od. 8, 484 ff.
3 Paus. 1, 39, 2. Vgl. auch Plut. Theseus 29, 4.
4 Il. 6, 207 ff.
5 Od. 24, 205 ff.
6 Od. 14, 96 ff.; Il. 20, 220 ff.
7 Od. 4, 71 ff.; Od. 2, 337 ff.
8 Il. 23, 629 ff.
9 Il. 9, 121 ff., 144 ff.
10 Od. 8, 241 ff.
11 Od. 10, 325; 14, 187; Il. 8, 372; 18, 342; Il. 2, 278; 20, 152.
12 Il. 6, 448 ff.
13 Od. 13, 96 ff.
14 Od. 1, 386 ff.; Il. 6, 476 ff.
15 Od. 3, 244.
16 Il. 9, 149 ff.
17 Od. 3, 5 ff., 31 ff., 57 ff.
18 Il. 9, 32 f.
19 Od. 6, 1 ff.
20 Od. 6, 7 ff.
21 Od. 6, 261 ff.
22 Od. 6, 25 ff., 57 ff., 274 ff.
23 Od. 6, 15 ff., 69 f., 303 ff.; 7, 7 ff., 103 ff.
24 Od. 6, 291 ff.; 7, 112 ff.
25 Od. 6, 300 ff.; 7, 48 ff., 81 ff.
26 Od. 6, 255 ff., 7, 136 ff., 155 ff., 177 ff.
27 Od. 6, 54; 7, 49; 8, 41, 390 ff.
28 Od. 6, 195 ff.; 7, 10 ff.; 8, 11 ff.
29 Od. 8, 57 ff., 97 ff., 390 ff., 430 ff.; 13, 13 ff.

IV. Neue und fremde Welten

1 Od. 10, 135 ff., 210 ff., 281 ff., 330 ff., 466 ff.
2 Od. 9, 105 ff., 181 ff., 213 ff., 275 ff., 287 ff., 355 ff.
3 Od. 12, 37 ff.
4 Hdt. 3, 59, 3. Zu Piraterie und Beutezügen s. Thuk. 1, 5.
5 Söhne des Kypselos: Thuk. 6, 3, 2; Strab. 6, 2, 4; Theras und Dorieus: Hdt. 4, 147, 1 ff.; 5, 42, 1; Battos: SEG 9, 3, 26–27; Pind. Pyth. 5, 92–95.
6 Hdt. 4, 156.
7 HGIÜ Nr. 6 = ML 5; vgl. Hdt. 4, 153 ff.
8 Thuk. 6, 3.
9 Plat. leg. 6, 776d; Strab. 12, 542.
10 Aristot. frg. 586; vgl. auch Hdt. 7, 155.
11 Strab. 6, 1, 14; 7, 7, 5; Athen. 12, 523c.
12 Strab. 6, 1, 14–15.

V. Die Welt der Polis

1 Alk. frg. 35 (D).
2 Hym. Dem. 296 ff.; Hes. Theog. 84 ff.; Hes. Erg. 84 ff.; Xenoph. frg. 3 (D); Alk. frg. 24 (D).
3 Aristot. Pol. 1331a24 ff.
4 Hdt. 3, 60.
5 Zur Prozession in Hermione: Paus. 2, 35, 2; zum Festzug in Samos: Asios frg. 13 (Kinkel) = Athen. 12, 525 f.
6 Aristot. Ath. Pol. 3, 1 f.
7 Aristot. Ath. Pol. 7,3; 8, 1.
8 Aristot. Ath. Pol. 3, 6.
9 HGIÜ Nr. 10.
10 HGIÜ Nr. 2.

VI. Die Welt der Bauern

1 Phokylides frg. 7 (D).
2 Thgn. 1197–1202.
3 Xen. Oik. 5, 17.
4 Aristot. Pol. 1256a39–40.
5 Od. 19, 111 f.
6 Hes. Erg. 451.
7 Aristot. Pol. 1259a1–23.
8 Od. 19, 536 f.
9 Aristot. Pol. 1252a9–14.
10 Dion. Hal. ant. 2, 26, 2–4.
11 Aristot. Ath. Pol. 56, 6.
12 Plut. Solon 20, 3.
13 Semonides frg. 6 (D).

14 Hes. Erg. 651 ff.; Theog. 22 ff.
15 Hes. Erg. 631 ff.
16 Strab. 9, 2, 25.
17 Paus. 9, 29, 1.
18 Hes. Erg. 695 ff., 374 ff.
19 Hes. Erg. 376 ff.
20 Hes. Erg. 328 ff.
21 Hes. Erg. 342 ff., 371 f., 706 ff.
22 Hes. Erg. 405 ff., 441 ff., 597 ff., 602 f.
23 Hes. Erg. 298 ff., 381 f., 397 ff., 458 ff., 573 ff.
24 Hes. Erg. 383 ff., 410 ff., 420 ff., 564 ff., 581 ff., 610 ff.
25 Hes. Erg. 17 ff., 341.
26 Hes. Erg. 618 ff.
27 Sol. frg. 3 (D).
28 Sol. frg. 24 (D).

VII. Die Welt der Aristokraten

1 Hdt. 6, 126–127.
2 Xenoph. frg. 3 (D).
3 Hippias v. Erythrai, FGrHist 421 F 1 (= Athen. 6, 258 f.).
4 Athen. 12, 521c.
5 Pind. Pyth. 4, 14 ff.
6 Xenoph. frg. 1 (D).
7 Hdt. 8, 26.
8 Hdt. 6, 103.
9 Pind. Olymp. 1, 6 f. sowie Olymp. 8, 9.
10 Plut. Numa 1.
11 Paus. 5, 13, 8–11.
12 J. Ebert/P. Siewert, Eine archaische Bronzeurkunde aus Olympia mit Vorschriften für Ringkämpfer und Kampfrichter, in: J. Ebert, Agonismata. Kleine philologische Schriften zur Literatur, Geschichte und Kultur der Antike, Stuttgart 1997, 200–236.
13 Pind. Olymp. 1, 98 f.
14 Thgn. 1197 ff.
15 Alk. frg. 24 (D).
16 Arch. frg. 60 (D).
17 Tyrt. frg. 9 (D).
18 Xenoph. frg. 2 (D).
19 Il. 6, 208.

VIII. Die Welt der Tyrannen

1 Aristoph. Av. 1074 ff.; s. auch Vesp. 463 ff., 473 ff., 489 ff.
2 Thuk. 1, 13, 1.
3 Aristot. Pol. 1305 a 6 ff.; 1308 a 19 ff.; 1310 b 12 ff.

4 Plat. rep. 344 a-b; 572 e; Aristot. Pol. 1311 a 8ff. und a 30ff.; 1314 b 1 ff. und 28ff.
5 Plat. symp. 182 b-c; Aristot. Pol. 1313 a 40ff. und b 10ff.
6 Hdt. 5, 92 β.
7 Thuk. 1, 13.
8 Nikolaos von Damaskos, FGrHist 90 F 57, 1–7.
9 Nikolaos von Damaskos, FGrHist 90 F 60, 2.
10 Hdt. 3, 39, 120, 125.
11 Ibykos frg. 282 (PMG).
12 Hdt. 3, 122.
13 Hdt. 3, 125, 2–3.
14 Hdt. 3, 125, 4.
15 Hdt. 1, 59, 3.
16 Aristot. Ath. Pol. 13, 4, vgl. auch 14, 1.
17 Hdt. 1, 59, 3–5.
18 Hdt. 1, 60, 5.
19 Hdt. 1, 60, 1 – 61, 2.
20 Thuk. 6, 53–61.
21 Hdt. 5, 62, 3.
22 Sol. frg. 3, 12–20; 8; 10; 23 (D); Alk. frg. 24a; 27 (D); Thgn. 39–52, 823–824, 855–856, 1081 ff.

IX. Die Welt der Bürger

1 Aristot. Pol. 1275 a 22–23; 1262 b 7–8; 1280 b 29–38.
2 FGrHist 105 F 2.
3 Aristot. Pol. 1315 b 12 ff.; zur Genealogie der Orthagoriden s. Hdt. 6, 120.
4 Hdt. 5, 67, 1–5.
5 Hdt. 5, 68, 1.
6 Hdt. 4, 150, 1- 168, 2.
7 Pind. Pyth. 4 und 5.
8 Kallimachos, Hymn. 2.
9 ML 5 = HGIÜ Nr. 6.
10 FGrHist 532 (17) = Lindos.
11 Paus. 3, 14, 3.
12 Hdt. 4, 159, 1–2.
13 Pind. Pyth. 5; Kallimachos, Hymn. 2.
14 C. Dobias-Lalou, Pour une chronologie des inscriptions archaïque de Cyrène, in: Revue Philologique, Ser. III 4, 1970, 228–256, hier 232–233.
15 Hdt. 4, 159, 2–3.
16 Hdt. 4, 161, 1.
17 Hdt. 4, 161, 2–3.
18 Hdt. 4, 161, 3.
19 Hdt. 5, 66, 1.
20 Hdt. 5, 66, 2.

Bildnachweis

Abb. 1: Dan Davis, mit freundlicher Genehmigung
Abb. 2: Hirmer Verlag, München
Abb. 3: Stefan von der Lahr, München
Abb. 4: Aus: S. Wachsmann, Seagoing Ships and Seamanship in the Bronze Age Levant, Texas A&M University Press, London 1998, Abb. 7.8 (B) und 7.16 (B). Photos: Fanouria Dakoronia
Abb. 5: Aus: G. Gruben, Griechische Tempel und Heiligtümer, Hirmer Verlag, 5. Auflage München 2001, Abb. 15
Abb. 6: William A. McDonald, William D. E. Coulson, John Rosser (Hgg.), Excavations at Nichoria in Southwest Greece, Volume III: Dark Age and Byzantine Occupation, University of Minnesota Press Minneapolis, Abb. 2–23, Seite 37, © University of Minnesota Press
Abb. 7: akg-images, Berlin
Abb. 8: Aus: H. W. Hoepfner u. a. (Hgg.), Geschichte des Wohnens, Bd. I, DVA, Stuttgart 1999, S. 166 (Zeichnung I. Arvanitis)
Abb. 9: © Staatliche Antikensammlungen und Glyptothek München
Abb. 10: Aus: D. Mertens, Städte und Bauten der Westgriechen, Hirmer Verlag, München 2006, S. 160, Abb. 276 (mit freundlicher Genehmigung des Autors)
Abb. 11: Aus: G. Gruben, Il tempio, in S. Settis (Hg.), I Greci. Storia – Cultura – Arte – Società, Vol. II, P. 1, Einaudi, Turin 1996, S. 392, Abb. 7
Abb. 12 a/12 b: Aus: E. Stein-Hölkeskamp, in: KLIO 88, 2006, S. 320, Abb. 2 und 3 (nach M. Mertens-Horn, Die archaischen Baufriese aus Metapont, in: Römische Mitteilungen 99, DAI, 1992, 1–122, S. 9, Abb. 4 a)
Abb. 13: Aus: G. Seelentag, Regeln für den Kosmos, in: Chiron 39, 2009, S. 89 (nach M. Prent, Cretan sanctuaries and cults, Brill, Leiden 2005, Tafel 42)
Abb. 14: Aus: L. H. Jeffery, The Local Scripts of Archaic Greece, Oxford University Press, Oxford 2. Auflage 1990, Tafel 59, 1a (mit freundlicher Genehmigung der Oxford University Press, www.oup.com)
Abb. 15: Aus: L. Cherchiai, L. Janelli, F. Longo, Die Griechen in Süditalien, WBG, Darmstadt 2002, S. 196 (Le Città della Magna Grecia, Arsenale Editrice Lupetoto, Verona 2002)
Abb. 16: bpk/RMN – Grand Palais/Hervé Lewandowski
Abb. 17, 19: bpk/The Trustees of the British Museum
Abb. 18: bpk/Scala

Abb. 20: bpk/Museumslandschaft Hessen, Kassel

Abb. 21: Metropolitan Museum, New York, Nr. 32.11.1 (nach J. Boardman, Griechische Plastik. Die archaische Zeit, Philipp von Zabern, Mainz, 4. Auflage 1994, S. 63)

Abb. 22: Photo: Eleutherios Feiler/DAI, Neg. D-DAI-Athen-1971.6. Alle Rechte vorbehalten

Abb. 23: Photo: Gösta Hellner/DAI, Neg. D-DAI-Athen-1971–1115. Alle Rechte vorbehalten

Abb. 24: Aus: G. Gruben, Griechische Tempel und Heiligtümer, Hirmer Verlag, München 5. Auflage 2001, S. 364 f., Abb. 274, (G. Gruben, I. Ring)

Abb. 25: Museo dei Gessi, Rom

Abb. 26: Aus: H. Büsing, in: Th. Lorenz (Hg.), Thiasos. Sieben archäologische Arbeiten, Castrum Peregrini Presse, Amsterdam 1978, S. 67, Abb. A

Abb. 27: Plan: O. Murray, Das frühe Griechenland, dtv München 1985, S. 335, Abb. 23; Tabelle: W. Dahlheim, Die Antike, Schoeningh, Paderborn 1994, S. 165

Karten: © Peter Palm, Berlin

Hinweise zu Quellen und Literatur

Die in den Anmerkungen zitierten antiken Autoren und deren Werke sind nach dem Lexikon ‹Der Neue Pauly› Bd. 1, Stuttgart etc. 1996, XXXIX–XLVII abgekürzt. Die Inschriften sind nach HGIÜ (= Brodersen, K./Günther, W./Schmitt, H. H., Historische griechische Inschriften in Übersetzung, Bd. 1, Darmstadt 1992) bzw. ML (= Meiggs, R./Lewis, D., A Selection of Greek Historical Inscriptions to the End of the Fifth Century B. C., Oxford 1969) zitiert.

I. Einleitung

Von den älteren monographischen Darstellungen zur Geschichte Griechenlands in der Archaik sind Snodgrass (1980) und Murray (1980/1991) immer noch lesenswert. Erhebliche Zuwächse bei den archäologischen Daten lassen manches allerdings als revisionsbedürftig erscheinen. Die beiden neueren Monographien von Osborne (1998) und Hall (2007) sind wegen ihrer modernen Fragestellung empfehlenswert. Sie verzichten konsequent auf eine lineare ereignisgeschichtliche Entwicklung und dekonstruieren scheinbar wohlbekannte Zusammenhänge. Die Erwartungen von Lesern, die wissen wollen, «wie es eigentlich gewesen» ist (Leopold von Ranke), werden allerdings nicht erfüllt. Einen Überblick über die Geschichte Griechenlands von der mykenischen Zeit bis zum Ende der Archaik, der in den neueren Auflagen an den derzeitigen Forschungsstand angepaßt wurde, bieten Hölkeskamp/Stein-Hölkeskamp/Wiesehöfer (2019) sowie Welwei (2011), Kap. I. Bringmann (2016) bietet eine eher konventionelle Erzählung und verzichtet auf die Einbeziehung der materiellen Kultur.

Neue Ergebnisse und innovative Fragestellungen präsentieren vor allem die seit den neunziger Jahren des 20. Jahrhunderts erschienenen Sammelbände: Fisher/van Wees (1998), Ulf (1996), Rollinger/Ulf (2004), Shapiro (2007), Raaflaub/van Wees (2009). Dort lassen sich zu allen in dem hier vorliegenden Buch thematisierten Fragen interessante Beiträge finden, die jeweils die aktuelle Forschungslage beleuchten. Das gleiche gilt für den Band von Thomas/Conant (1999), der die Geschichte Griechenlands von 1200 bis 700 anhand einer Reihe von einzelnen Fallstudien darlegt. Gehrke (1986) gibt einen systematischen Überblick über die griechischen Siedlungen jenseits der wohl dokumentierten Poleis Athen und Sparta. Die Geschichte ebendieser Städte hat Welwei (1992) und (2004) in grundlegenden Arbeiten behandelt. Sie seien an dieser Stelle genannt, weil sie in den einschlägigen Kapiteln wesentliche Aspekte der Entwicklung in archaischer Zeit thematisieren. Das gleiche gilt für die neue Sozialgeschichte von Schmitz (2014), die so zentralen Themen wie der homerischen Gesellschaft, der Welt des Dichters Hesiod und der Kolonisation einzelne Kapitel widmet.

Bringmann, K. (2016), Im Schatten der Paläste. Geschichte des frühen Griechenlands, München

Fisher, N./van Wees, H.(Hgg.) (1998), Archaic Greece: New Approaches and New Evidence, London

Gehrke, H.-J. (1986), Jenseits von Athen und Sparta. Das Dritte Griechenland und seine Staatenwelt, München

Hall, J. M. (2007), A History of the Archaic Greek World. Ca. 1200 to 479 B. C., London, 2. aktualisierte und erweiterte Aufl. 2014

Hölkeskamp, K.-J./Stein-Hölkeskamp, E./Wiesehöfer, J. (2019), Die Dark Ages und das archaische Griechenland, in: Gehrke, H.-J./Schneider, H. (Hgg.), Geschichte der Antike. Ein Studienbuch, 5. Aufl. Stuttgart etc., 47–144

Murray, O. (1980/1991), Das frühe Griechenland, 4. Aufl. München (zuerst 1980)

Osborne, R. (1996), Greece in the Making 1200–479 B. C., London, 2. überarbeitete Aufl. 2009

Raaflaub, K. A./van Wees, H. (Hgg.) (2009), A Companion to Archaic Greece, Malden (Mass.)

Rollinger, R./Ulf, Chr. (Hgg.) (2004), Griechische Archaik. Interne Entwicklungen – externe Impulse, Berlin

Schmitz, W. (2014), Die griechische Gesellschaft – Eine Sozialgeschichte der archaischen und klassischen Zeit, Heidelberg

Snodgrass, A. M. (1980), Archaic Greece. The Age of Experiment, London

Shapiro, H. A. (Hg.) (2007), The Cambridge Companion to Archaic Greece, Cambridge

Thomas, C. G./Conant, C. (1999), Citadel to City-State. The Transformation of Greece, 1200–700 B. C. E., Bloomington

Ulf, Chr. (Hg.) (1996), Wege zur Genese griechischer Identität. Die Bedeutung der früharchaischen Zeit, Berlin

Welwei, K.-W. (1992), Athen. Vom neolithischen Siedlungsplatz zur archaischen Großpolis, Darmstadt (Reprint 2011 in: ders., Athen. Von den Anfängen bis zum Beginn des Hellenismus, Darmstadt)

Welwei, K.-W. (2004), Sparta. Aufstieg und Niedergang einer antiken Großmacht, Stuttgart, 4. Aufl. 2017

Welwei, K.-W. (2011), Griechische Geschichte. Von den Anfängen bis zum Beginn des Hellenismus, Paderborn etc.

II. Die Welt der Paläste

Einen informativen Überblick über die mykenische Kultur bieten Schofield (2009) und Deger-Jalkotzy/Hertel 2018. Neue Ergebnisse werden in den substantiellen Sammelbänden von Cline (2010) und Shelmerdine (2008) präsentiert. Maran (2014) und Breuer (2014) sind vor allem wegen der innovativen Fragestellungen interessant, mit denen sie an das Material herangehen. Die Epoche nach dem Untergang der Paläste und die ‹Dunklen Jahrhunderte› beleuchten die Monographien von Lemos (2002) und Dickinson (2006) sowie die

Sammelbände von Deger-Jalkotzy/Lemos (2006), Badisches Landesmuseum Karlsruhe (2008) und Mazarakis-Ainian (Hg.) 2011. Einen Überblick über die neuere Forschung zu dieser Epoche bietet Hölkeskamp (2000).

Zur Fallstudie Lefkandi sind die von der British School of Athens veröffentlichten Grabungsberichte grundlegend: Popham/Sackett/Themelis (1980), Catlin/Lemos (1990), Popham/Calligas/Sackett (1993), Popham/Lemos (1996), Evely (2006). Informativ ist auch das einschlägige Kapitel in Thomas/Conant (1999) (s. die Literaturangaben zu Kapitel I). Siehe außerdem die Beiträge von Blome in Latacz (1991) (s. die Literaturangaben zu Kapitel III), Lemos in Deger-Jalkotzy/Lemos (2006) und Lemos in Badisches Landesmuseum Karlsruhe (2008).

Zur Fallstudie Nichoria finden sich die Grabungsbefunde bei Rapp/Aschenbrenner (1978) und McDonald/Wilkie (1992). Zusätzliche Informationen zu diesem Thema bieten der Sammelband von Davis (1998) und die Detailstudie von Shelmerdine (1981). Auch für diese Siedlung sind wiederum das Kapitel bei Thomas/Conant (1999) sowie der Beitrag von Blome in Latacz (1991) (siehe: die Literaturangaben zu Kapitel III) von Interesse. Eine detaillierte Zusammenfassung und Interpretation der Befunde bietet Hildebrandt (2007).

Badisches Landesmuseum Karlsruhe (2008), Zeit der Helden. Die «dunklen Jahrhunderte» Griechenlands 1200–700 v. Chr., Darmstadt

Breuer, S. (2014), Der charismatische Staat. Ursprünge und Frühformen staatlicher Herrschaft, Darmstadt

Catling, R. W. V./Lemos, I. S. (Hgg.) (1990), Lefkandi II. 1. The Protogeometric Building at Toumba, Athen

Cline, E. H. (Hg.) (2010), The Oxford Handbook of the Bronze Age Aegean (ca. 3000–1000 BC), Oxford

Davis, J. L. (Hg.) (1998), Sandy Pylos. An Archaeological History from Nestor to Navarino, Austin

Deger-Jalkotzy, S./Hertel, D. (2018), Das mykenische Griechenland. Geschichte, Kultur, Stätten, München

Deger-Jalkotzy, S./Lemos, I. S. (Hgg.) (2006), Ancient Greece from The Mycenaean Palaces to the Age of Homer, Edinburgh

Dickinson O. T. P. K. (2006), The Aegean from Bronze Age to Iron Age. Continuity and Chance Between the Twelfth and Eighth Centuries B. C., London etc.

Evely, D. (Hg.) (2006), Lefkandi IV. The Bronze Age, Athen

Hildebrandt, B. (2007), Damos und Basileus. Überlegungen zu Sozialstrukturen in den Dunklen Jahrhunderten Griechenlands, München

Hölkeskamp, K.-J. (2000), Von den ‹Dunklen Jahrhunderten› in das ‹Zeitalter der Experimente›. Kritische Bemerkungen zur neueren Forschung zum frühen Griechenland, in: Gymnasium 107, 321–330

Lemos, I. S. (2002), The Protogeometric Aegean. The Archaeology of the Late Eleventh and Tenth Centuries, Oxford

Maran, J. (2014), Urgeschichte – Frühgeschichte: Geschichte? Das Beispiel des mykenischen Griechenland, in: Dally, O./Hölscher, T./Muth, S./Schneider, R.-M. (Hgg.), Medien der Geschichte – Antikes Griechenland und Rom, Berlin etc., 170–189

Mazarakis Ainian, A. (Hg.) (2011), The «Dark Ages» Revisited, vols. I–II, Volos

McDonald, W. A./Wilkie, N. C. (Hgg.) (1992), Excavations at Nichoria in Southwest Greece, Bd. 2: The Bronze Age Occupation, Minneapolis

Popham, M. R./Sackett, L. H./Themelis, P. G. (Hgg.) (1980), Lefkandi I. The Iron Age, Athen

Popham, M. R./Calligas, P. G./Sackett, L. H. (Hgg.) (1993), Lefkandi II. 2. The Protogeometric Building at Toumba: The Excavation, Architecture and Finds, Athen

Popham, M. R./Lemos, I. S. (1996), Lefkandi III. The Toumba Cemetery, Athen

Rapp, G. R./Aschenbrenner, S. (Hgg.) (1978), Excavations at Nichoria in Southwest Greece, Bd. 1: Site, Environs, and Techniques, Minneapolis

Schofield, L. (2009), Mykene. Geschichte und Mythos, Darmstadt

Shelmerdine, C. W. (1981), Nichoria in Context: A Major Town in the Pylos Kingdom, in: American Journal of Archaeology 85, 319–325

Shelmerdine, C. W. (Hg.) (2008), The Cambridge Companion to the Aegean Bronze Age, Cambridge

III. Die Welten des Homer

Von der älteren Literatur zu den homerischen Epen ist die bereits Mitte der fünfziger Jahre erschienene Monographie von Finley (1979) immer noch lesenswert. Daß vieles heute anders gesehen wird, zeigt sich in den Beiträgen einer ganzen Reihe von Sammelbänden, die seit den neunziger Jahren des 20. Jahrhunderts erschienen sind und alle in diesem Buch behandelten Aspekte des Themas abdecken: Latacz (1991), Andersen/Dickie (1995), Crielaard (1995), Morris/Powell (1997), Ulf (2003), Fowler (2004), Latacz/Greub/Blome/Wieczorek (2008). Zur Entstehung des griechischen Alphabets ist die Monographie von Powell (1991) grundlegend. Zu verweisen ist darüber hinaus auf die Aufsätze von Marek (1993), Powell in Morris/Powell (1997), Wirbelauer in Rollinger/Ulf (2004) (s. die Literaturangaben zu Kapitel I) und Wilson in Raaflaub/van Wees (2009) (s. die Literaturangaben zu Kapitel I). Die derzeit frühesten Zeugnisse aus der Nekropole von Osteria dell'Osa behandelt Ridgway (1994). Einen Einblick in den derzeitigen Forschungsstand zu dem komplexen Prozeß der Entstehung und Verschriftlichung der Epen geben die Beiträge von Foley in Morris/Powell (1997), Gehrke in Ulf (2003), Ulf in Ulf (2003) und Ulf (2012).

Zur Bedeutung der archäologischen Zeugnisse für eine historische Interpretation der Epen sind die Arbeiten von Antonaccio (1995) und Boehringer (2001) zu den Heroenkulten von Interesse. Die Ergebnisse der Ausgrabungen in Zagora auf Andros und Emporio auf Chios finden sich bei Cambitoglou/Coulton/Birmingham/Green (1971) und Coldstream (2003). Architektur und

Gesellschaft der Zeit behandeln außerdem die Aufsätze von Mazarakis Ainian in Deger-Jalkotzy/Lemos (2006) (s. die Literaturangaben zu Kapitel II) und Badisches Landesmuseum Karlsruhe (2008) (s. die Literaturangaben zu Kapitel II).

Die Frage nach der politischen und gesellschaftlichen Ordnung, die die Texte von *Ilias* und *Odyssee* widerspiegeln, ist in den letzten Jahrzehnten intensiv diskutiert worden. Hier seien deshalb nur diejenigen der zahlreichen einschlägigen Beiträge genannt, die die Forschung aus meiner Sicht vorangetrieben haben und den neuesten Stand der Forschung wiedergeben: Ulf (1990), Scully (1990), Raaflaub in Latacz (1991), Raaflaub in Morris/Powell (1997), Raaflaub in Fisher/van Wees (1998) (s. die Literaturangaben zu Kapitel I), van Wees (1992), van Wees in Crielaard (1995), van Wees in Morris/Powell (1997), Donlan in Morris/Powell (1997), Hölkeskamp (1997) und (2002), Patzek (2003), Schmitz (2004) (s. die Literaturangaben zu Kapitel VI). Zur Bedeutung der Epen als Reflex der Umbrüche des 8. Jahrhunderts sind vor allem Ulf (1990), Raaflaub in Latacz (1991), Antonaccio (1995) und Hammer (2002) von Interesse.

Andersen, O./Dickie, M. (Hgg.) (1995), Homer's World. Fiction, Tradition, Reality, Bergen

Antonaccio, C. M. (1995), An Archaeology of Ancestors. Tomb Cult and Hero Cult in Early Greece, Boston

Boehringer, D. (2001), Heroenkulte in Griechenland von der geometrischen bis zur klassischen Zeit. Attika, Argolis, Messenien, Berlin

Cambitoglou, A./Coulton, J. J./Birmingham, J./Green, J. R. (1971), Zagora I. Excavation of a Geometric Settlement on the Island of Andros, Greece, Sydney

Coldstream, J. N. (2003), Geometric Greece 900–700 BC, 2. Aufl. London

Crielaard, J. P. (Hg.) (1995), Homeric Questions. Essays in Philology, Ancient History and Archaeology, Amsterdam

Finley, M. (1979), Die Welt des Odysseus, München (zuerst 1954)

Fowler, R. (Hg.) (2004), The Cambridge Companion to Homer, Cambridge

Hammer, D. (2002), The Iliad as Politics. The Performance of Political Thought, Oklahoma

Hölkeskamp, K.-J. (1997), *Agorai* bei Homer, in: Eder, W./Hölkeskamp, K.-J. (Hgg.), Volk und Verfassung im vorhellenistischen Griechenland, Stuttgart, 1–19

Hölkeskamp, K.-J. (2002), *Ptolis* and *agore*. Homer and the archaeology of the city-state, in: Montanari, F. (Hg.), Omero tremila anni dopo, Rom, 297–342

Latacz, J. (Hg.) (1991), Zweihundert Jahre Homer-Forschung. Rückblick und Ausblick, Stuttgart etc.

Latacz, J./Greub, T./Blome, P./Wieczorek, A. (Hgg.) (2008), Homer. Der Mythos von Troia in Dichtung und Kunst, München

Marek, Chr. (1993), Euboia und die Entstehung der Alphabetschrift bei den Griechen, in: Klio 75, 27–44

Morris, I./Powell, B. B. (Hgg.) (1997), A New Companion to Homer, Leiden

Patzek, B. (2003), Homer und seine Zeit, München

Powell, B. B. (1991), Homer and the origin of the Greek alphabet, Cambridge

Ridgway, D. (1994), Greek Letters at Osteria dell'Osa, in: Opuscula Romana 20, 88–97
Scully, S. (1990), Homer and the Sacred City, Ithaca etc.
Ulf, Chr. (1990), Die homerische Gesellschaft. Materialien zur analytischen Beschreibung und historischen Lokalisierung, München
Ulf, Chr. (2002), Herkunft und Charakter der grundlegenden Prämissen für die Debatte über die historische Auswertung der Epen, in: Klio 84, 319–354
Ulf, Chr. (Hg.) (2003), Der neue Streit um Troia. Eine Bilanz, München
Ulf, Chr. (2012), Der Streit um Standards: Die homerischen Epen als Diskussionsforum, in: Kienlin, T./Zimmermann, A. (Hgg.), Beyond Elites. Alternatives to Hierarchical Systems in Modelling Social Formations, Teil 2, Bonn, 471–482
Van Wees, H. (1992), Status Warriors: War, Violence, and Society in Homer and History, Amsterdam

IV. Neue und fremde Welten

Von den Überblicksdarstellungen zur griechischen Kolonisation aus den achtziger Jahren des 20. Jahrhunderts ist Boardman (1981) immer noch lesenswert. Die Beiträge von Graham (1982) und (1983) sind zum Teil überholt. Der erhebliche Zuwachs an archäologischen Daten läßt dort manches als revisionsbedürftig erscheinen. Einen guten Überblick über den Forschungsstand am Beginn des 21. Jahrhunderts bieten die einzelnen Beiträge in den Sammelbänden von Tsetskhladze/De Angelis (1994), Pugliese Caratelli (1996), Krinzinger (2000) und Lomas (2004). Besonders hervorzuheben ist der Band von Mertens (2006), der einen profunden Einblick in die frühe Geschichte der Siedlungen der Griechen im Westen gibt. Interessante Überlegungen zur Zahl der Auswanderer und ihrem Anteil an der Gesamtbevölkerung bietet Scheidel (2004). Einen soliden Überblick über die Geschichte der gut erforschten archaischen Siedlung von Megara Hyblaia geben De Angelis (2003) und Gras/Tréziny/Broise (2004). Die Basis für die Fallstudie zu Metapont, Siris und Incoronata boten die entsprechenden Abschnitte in dem Band von Mertens (2006) und die detaillierten Studien von Mertens-Horn (1992), Carter (1998), Carter in Krinzinger (2000), Carter in Lomas (2004), Yntema (2000) und Yntema (2013). Zur Geschichte dieser Siedlungen verweise ich zudem auf meine eigene Darstellung in Stein-Hölkeskamp (2006). Zur Bedeutung der Kolonisation für den Prozeß der Polisentstehung sind die Arbeiten von Malkin (1998) und (2011) einschlägig. Der Sammelband von Schulz (2003) ordnet die antike Kolonisation in größere historische Zusammenhänge ein. Hier sei der Beitrag von Nippel (2003) empfohlen. Es versteht sich von selbst, daß die unter Kapitel I genannten Sammelbände ebenfalls wichtige Beiträge zur Kolonisation enthalten: Dabei wären vor allem Antonaccio und Malkin in Raaflaub/van Wees (2009) sowie Osborne in Fisher/van Wees (1998) zu nennen.

Boardman, J. (1981), Kolonien und Handel der Griechen. Vom späten 9. bis zum 6. Jahrhundert, München

Carter, J. C. (Hg.) (1998), The Chora of Metaponto. The Necropoleis, 2 Bde., Austin/Texas

De Angelis, F. (2003), Megara Hyblaia and Selinous. The Development of Two Greek City-States in Archaic Sicily, Oxford

Graham, A. J. (1982), The Colonial Expansion of Greece, in: The Cambridge Ancient History, 2. Aufl. Bd. 3, 3, 83–162

Graham, A. J. (1983), Colony and Mother-City in Ancient Greece, 2. Aufl., Chicago

Gras, M./Tréziny, H./Broise, H. (Hgg.) (2004), Mégara Hyblaia 5: La ville archaïque, Rom

Krinzinger, F. (Hg.) (2000), Die Ägäis und das westliche Mittelmeer. Beziehungen und Wechselwirkungen 8. bis 5. Jahrhundert, Wien

Lomas, K. (Hg.) (2004), Greek Identity in the Western Mediterranean, Leiden

Malkin, I. (1998), The Returns of Odysseus. Colonization and Ethnicity, Berkeley

Malkin, I. (2011), A Small Greek World. Networks in the Mediterranean, Oxford

Mertens, D. (2006), Städte und Bauten der Westgriechen von der Kolonisationszeit bis zur Krise um 400 v. Chr., München

Mertens-Horn, M. (1992), Die archaischen Baufriese von Metapont, in: Mitteilungen des Deutschen Archäologischen Instituts (Rom) 99, 1–122

Nippel, W. (2003), Griechische Kolonisation. Kontakte mit den indigenen Kulturen, Rechtfertigung von Eroberung, Rückwirkungen auf das Mutterland, in: Schulz, R. (Hg.), Aufbruch in neue Welten und neue Zeiten. Die großen Expansionsbewegungen der Antike und der Frühen Neuzeit im Vergleich, München, 13–27

Pugliese Caratelli, G. (Hg.) (1996), The Western Greeks, Venedig

Scheidel, W. (2004), Demographic and Economic Development in the Ancient Mediterranean World, in: Journal of Institutional and Theoretical Economics 160, 743–757

Stein-Hölkeskamp, E. (2006), Im Land der Kirke und der Kyklopen. Immigranten und Indigene in den süditalischen Siedlungen des 8. und 7. Jahrhunderts v. Chr., in: Klio 88, 311–327

Tsetskhladze, G. R./De Angelis, F. (Hgg.) (1994), The Archaeology of Greek Colonization, Oxford

Yntema, D. (2000), Mental landscapes of colonization: The ancient written sources and the archaeology of early colonial-Greek southeastern Italy, in: BaBesch 75, 1–49

Yntema, D. (2013), The Archaeology of South-East Italy in the First Millennium B. C., Amsterdam

V. Die Welt der Polis

Ein Überblick über die neuere Literatur zur Entstehung und Entwicklung der griechischen Polis in archaischer Zeit sollte mit dem wichtigsten Hilfsmittel beginnen, das der Forschung heute zur Verfügung steht: Hansen/Nielsen (2004) ist ein Inventar, das Informationen zu 1035 Siedlungen bietet, die in den zeitgenössischen Texten der archaischen und klassischen Zeit als Poleis bezeichnet werden. Die Siedlungen sind nach Regionen gegliedert. Innerhalb der Regionen werden die Poleis in alphabetischer Reihenfolge abgehandelt. Die einzelnen Einträge befassen sich nicht nur mit dem Territorium und der Bevölkerung der jeweiligen Siedlung, ihrer Geschichte, ihren politischen Institutionen, den lokalen Gottheiten und Kulten, sondern auch mit der Anlage ihrer urbanen Zentren, ihren Mauern und der Architektur ihrer Häuser.

Zur Entstehung der Polis und zur Entwicklung ihrer institutionellen Struktur ist Welwei (1998) immer noch grundlegend. Einen guten Überblick über den aktuellen Forschungsstand bieten die Beiträge in den Sammelbänden von Hansen (1993) und Mitchell/Rhodes (1997). Zur Entstehung der Gesetzgebung siehe die grundlegende Arbeit von Hölkeskamp (1999) sowie die Aufsätze Hölkeskamp (1994) und Hölkeskamp (2000) zu Einzelaspekten. Für die Entwicklung der Abstimmungsverfahren und des Mehrheitsprinzips sind die Arbeiten von Flaig (1993), Flaig (2013) und Schmitz (2013) empfehlenswert. Hölscher (1998), Kenzler (1999) und Hölkeskamp (1994) und (2003) analysieren die Entstehung der öffentlichen Räume und die Bedeutung der Öffentlichkeit in den archaischen Siedlungen.

Zu den besonderen Bedingungen in Athen ist Welwei (1992) (s. die Literaturangaben zu Kapitel I) grundlegend. Siehe dazu auch Schmitz (2001). Für den Sonderfall des frühen Sparta sind Meier (1998) und Welwei (2004) (s. die Literaturangeben zu Kapitel I) sowie die Beiträge in dem Sammelband von Luther/Meier/Thommen (2006) von Interesse. Vgl. zu den besonderen Verhältnissen auf Kreta Seelentag (2015). Zur Fallstudie Dreros: Text, Übersetzung und Kommentar zum Gesetz über das Verbot der Amtsiteration finden sich bei Koerner (1993). Für eine Interpretation des Textes sind die Arbeiten von Ehrenberg (1969), Hölkeskamp (1999) und Seelentag (2009) empfehlenswert. Für eine Einordnung in den historischen Kontext siehe Gehrke (1999).

Ehrenberg, V. (1969), Eine frühe Quelle der Polisverfassung, in: Gschnitzer, F. (Hg.), Zur griechischen Staatskunde, Darmstadt (zuerst 1943), 26–35

Flaig, E. (1993), Die spartanische Abstimmung nach der Lautstärke. Überlegungen zu Thukydides 1, 87, in: Historia 42, 139–160

Flaig, E. (2013), Die Mehrheitsentscheidung. Entstehung und kulturelle Dynamik, Paderborn etc.

Gehrke, H.-J. (1997), Gewalt und Gesetz. Die soziale und politische Ordnung Kretas in der Archaischen und Klassischen Zeit, in: Klio 79, 23–68

Hansen, M. H. (Hg.) (1993), The Ancient Greek City-State, Kopenhagen

Hansen, M. H./Nielsen, T. H. (2004), An Inventory of Archaic and Classical Poleis, Oxford

Hölkeskamp, K.-J. (1994), Tempel, Agora und Alphabet. Die Entstehungsbedingungen von Gesetzgebung in der archaischen Polis, in: Gehrke, H.-J. (Hg.), Rechtskodifizierung und soziale Normen im interkulturellen Vergleich, Tübingen, 133–164

Hölkeskamp, K.-J. (1999), Schiedsrichter, Gesetzgeber und Gesetzgebung im archaischen Griechenland, Stuttgart

Hölkeskamp, K.-J. (2000), (In-)Schrift und Monument. Zum Begriff des Gesetzes im archaischen und klassischen Griechenland, in: Zeitschrift für Papyrologie und Epigraphik 132, 73–96

Hölkeskamp, K.-J. (2003), Institutionalisierung durch Verortung. Die Entstehung der Öffentlichkeit im frühen Griechenland, in: Hölkeskamp, K.-J./Rüsen, J./Stein-Hölkeskamp, E./Grütter, H. T. (Hgg.), Sinn (in) der Antike, Mainz, 81–104

Hölscher, T. (1998), Öffentliche Räume in frühen griechischen Städten, Heidelberg

Kenzler, U. (1999), Studien zur Entwicklung und Struktur der griechischen Agora in archaischer und klassischer Zeit, Frankfurt/Main

Koerner, R. (1993), Inschriftliche Gesetzestexte der frühen griechischen Poleis. Aus dem Nachlaß von R. Koerner, hg. von K. Hallof, Köln etc.

Luther, A./Meier, M./Thommen, L. (Hgg.) (2006), Das frühe Sparta, Stuttgart

Meier, M. (1998), Aristokraten und Damoden, Stuttgart

Mitchell, L.G./Rhodes, P.J. (1997), The Development of the Polis in Archaic Greece, London

Schmitz, W. (2001), «Drakontische Strafen». Die Revision der Gesetze Drakons durch Solon und die Blutrache in Athen, in: Klio 83, 7–38

Schmitz, W. (2013), Den politischen Konflikt durch Abstimmung entscheiden. Solons Stasisgesetz und die Mehrheitsentscheidung im Areopag, in: Flaig, E. (Hg.), Genesis und Dynamiken der Mehrheitsentscheidung im Areopag, München, 79–99

Seelentag, G. (2009), Regeln für den Kosmos. Prominenzrollen im archaischen Kreta, in: Chiron 39, 63–79

Seelentag, G. (2015), Das archaische Kreta. Institutionalisierung im frühen Griechenland, Berlin

Welwei, K.-W. (1998), Die griechische Polis. Verfassung und Gesellschaft in archaischer und klassischer Zeit, 3. Aufl. Stuttgart 2017

VI. Die Welt der Bauern

Seit den achtziger Jahren des 20. Jahrhunderts hat das Interesse der Forschung an der bäuerlichen Welt des archaischen und klassischen Griechenlands erheblich zugenommen. Dieses Interesse hat sich in einer Reihe von Monographien niedergeschlagen, von denen hier die wichtigsten genannt werden sollen: Gallant (1991), Burford (1993), Hanson (1995). Darüber hinaus sind auch die Beiträge von Garnsey, Jameson und Osborne in Wells (1992) sowie diejenigen von

Ulf und Crielaard in Raaflaub/van Wees (2009) (s. die Literaturangaben zu Kapitel I) einschlägig für das Thema. Einen detaillierten Überblick über Produkte und Produktionsweisen geben Schneider (1991) und Isager/Skydsgaard (1992). Die grundlegenden Studien von Schmitz (1999), (2004), (2007) und (2014) (s. die Literaturangaben zu Kapitel I) vermitteln neue Einblicke in die archaische Nachbarschaft und Dorfgemeinschaft. Zur Rolle der Frauen in der bäuerlichen Lebenswelt der archaischen Zeit ist der Aufsatz von Seelentag (2014) interessant. In all diesen Arbeiten wird in vielfältiger Weise Bezug auf Hesiods *Werke und Tage* genommen. Dieser Text steht im Mittelpunkt der Abhandlungen von Millett (1984) und Marsilio (2000) bzw. der Beiträge in Montanari (Hg.) (2009).

Lang (1996) untersucht die Siedlungsstrukturen im archaischen Griechenland. De Angelis (2003) und Mertens (2006) (s. die Literaturangaben zu Kapitel IV) liefern zusätzliche Details zu Wohnhäusern und Stadtanlage des gut erforschten Megara Hyblaia. Die archäologischen Daten, die in die Fallstudie zu Askra eingegangen sind, finden sich bei Snodgrass (1985), Bintliff/Howard/Snodgrass (2007) sowie bei Thomas/Conant (1999) (s. die Literaturangaben zu Kapitel I).

Bintliff, J. L./Howard, P./Snodgrass, A. M. (2007), Testing the Hinterland. The Work of the Boeotia Survey (1989–1991) in the Southern Approaches of the City Thespiai, Cambridge

Burford, A. (1993), Land and labor in the Greek world, Baltimore etc.

Gallant, T. W. (1991), Risk and Survival in Ancient Greece. Reconstructing the Rural Domestic Economy, Stanford

Hanson, V. D. (1995), The Other Greeks. The Family Farm and the Agrarian Roots of Western Civilisation, New York

Isager, S./Skydsgaard, J. E. (1992), Ancient Greek Agriculture: An Introduction, London

Lang, F. (1996), Archaische Siedlungen in Griechenland. Struktur und Entwicklung, Berlin

Marsilio, M. S. (2000), Farming and Poetry in Hesiod's Works and Days, New York

Millett, P. C. (1984), Hesiod and his world, in: Proceedings of the Cambridge Philological Society 210, 84–115

Montanari, F. (Hg.) (2009), Brill's Companion to Hesiod, Leiden etc.

Wells, B. (Hg.) (1992), Agriculture in Ancient Greece, Stockholm

Schmitz, W. (1999), Nachbarschaft und Dorfgemeinschaft im archaischen und klassischen Griechenland, in: Historische Zeitschrift 268, 561–597

Schmitz, W. (2004), Nachbarschaft und Dorfgemeinschaft im archaischen und klassischen Griechenland, Berlin

Schmitz, W. (2007), Haus und Familie im antiken Griechenland, München

Schneider, H. (1991), Die Gaben des Prometheus. Technik im antiken Mittelmeerraum zwischen 750 v. Chr. und 500 n. Chr., in: Hägermann, D./Schneider, H., Landbau und Handwerk 750 v. Chr. bis 1000 n. Chr., Berlin

Seelentag, G. (2014), Biene oder Borstenschwein? Lebenswelt und Sinn des

Weiberiambos (Semonides frg. 7D), in: Historische Anthropologie 22, 114–135
Snodgrass, A. M. (1985), The Site of Askra, in: Roesch, P./Argoud, G. (Hgg.), La Béotie antique, Paris, 87–95

VII. Die Welt der Aristokraten

Dem griechischen Adel sind in den letzten Jahrzehnten mehrere grundlegende Studien gewidmet worden. Stein-Hölkeskamp (1989), Duplouy (2006), Schmitz (2008) und die einschlägigen Beiträge in Fisher/van Wees (Hgg.) (2015) behandeln das Phänomen dabei auf gesamtgriechischer Ebene. Stahl (1986) (s. die Literaturangaben zu Kapitel VIII) konzentriert sich auf Athen. Donlan (1999) faßt die älteren Arbeiten des Autors zum Thema in einem Band zusammen. Dabei problematisieren alle diese Studien die Verwendung des Begriffs ‹Adel› für die Elite der archaischen Poleis grundsätzlich und betonen mit je unterschiedlichen Akzenten die prinzipielle Offenheit der Gruppe, in der Zugehörigkeit und Rang nicht vererbbar waren. S. zum aktuellen Stand der Forschung zu antiken Eliten Stein-Hölkeskamp/Hölkeskamp (2018).

Zu den zentralen Elementen des aristokratischen Lebensstils, der ein wesentliches Distinktionsmerkmal dieser Gruppe bildete, sind (in Auswahl) folgende Monographien und Sammelbände einschlägig – Gabentausch: Carlà/Gori (2014); Athletik: Mann (2001), Neer in Shapiro (2007) (s. die Literaturangaben zu Kapitel I), Fisher und de Polignac in Raaflaub/van Wees (2009) (s. die Literaturangaben zu Kapitel I), Flaig (2010), Christesen/Kyle (2014); Gastmähler: Fehr (1971), Murray (1983) und (1990) sowie Murray in Raaflaub/van Wees (2009) (s. die Literaturangaben zu Kapitel I); Kleiderluxus und Statuen: Reinhold (1970), Schneider (1975), Stein-Hölkeskamp (1989). Morgan (1993) geht auf die Gründe für die Entwicklung der panhellenischen Treffpunkte ein.

Zur Fallstudie Olympia siehe Morgan (1990), Sinn (2004) und (2010). Kyrieleis (2011) präsentiert das archäologische Material auf dem neuesten Stand der Forschung. Zum konkreten Ablauf der Spiele in Olympia siehe Flaig (2010).

Carlà, F./Gori, M. (Hgg.) (2014), Gift Giving and the ‹Embedded› Economy in the Ancient World, Heidelberg
Christesen, P./Kyle, D. G. (Hgg.) (2014), A Companion to Sport and Spectacle in Greek and Roman Antiquity, Malden
Donlan, W. (1999), The Aristocratic Ideal and Selected Papers, Wauconda
Duplouy, A. (2006), Le prestige des élites. Recherches sur les modes de reconnaissance sociale en Grèce entre les Xe et Ve siècles avant J.-C., Paris
Fehr, B. (1971), Orientalische und griechische Gelage, Bonn
Fisher, N./van Wees, H. (Hgg.) (2015), Aristocracy in Antiquity. Redefining Greek and Roman Elites, Swansea
Flaig, E. (2010), Olympiaden und andere Spiele – «immer der Beste sein», in: Stein-Hölkeskamp, E./Hölkeskamp, K.-J. (Hgg.), Die griechische Welt. Erinnerungsorte der Antike, München, 353–369

Kyrieleis, H. (2011), Olympia. Archäologie eines Heiligtums, Darmstadt

Mann, Chr. (2001), Athlet und Polis im archaischen und frühklassischen Griechenland, Göttingen

Morgan, C. (1990), Athletes and Oracles. The Transformation of Olympia and Delphi in the Eighth Century BC, Cambridge

Morgan, C. (1993), The origins of pan-hellenism, in: Marinatos, N./Hägg, R. (Hgg.), Greek sanctuaries: new approaches, London etc., 19–44

Murray, O. (1983), The Symposion as Social Organisation, in: Hägg, R. (Hg.), The Greek Renaissance of the Eighth Century. Tradition and Innovation, Stockholm, 195–199

Murray, O. (Hg.) (1990), Sympotica. A Symposium on the Symposion, Oxford

Reinhold, M. (1970), History of Purple as a Status Symbol in Antiquity, Brüssel

Schmitz, W. (2008), Verpaßte Chancen. Adel und Aristokratie im archaischen und klassischen Griechenland, in: Beck, H./Scholz, P./Walter, U. (Hgg.), Die Macht der Wenigen. Aristokratische Herrschaftspraxis, Kommunikation und ‹edler› Lebensstil in Antike und Früher Neuzeit, München, 35–70

Schneider, L.A. (1975), Zur Bedeutung der archaischen Korenstatuen, Hamburg

Sinn, U. (2004), Olympia. Kult, Sport und Fest in der Antike, 3. Aufl. München

Sinn, U. (2010), Olympia – Zeustempel und Wettkampfstätte, in: Stein-Hölkeskamp, E./Hölkeskamp, K.-J. (Hgg.), Die griechische Welt. Erinnerungsorte der Antike, München, 79–97

Stein-Hölkeskamp, E. (1989), Adelskultur und Polisgesellschaft. Studien zum griechischen Adel in archaischer und klassischer Zeit, Stuttgart

Stein-Hölkeskamp, E./Hölkeskamp, K.-J. (2018), Ethos – Ehre – Exzellenz. Antike Eliten im Vergleich, Göttingen

VIII. Die Welt der Tyrannen

Zur älteren Tyrannis ist die Untersuchung von Berve (1967) weiterhin grundlegend. De Libero (1996) gibt einen soliden Überblick über die Überlieferungssituation und die Sekundärliteratur zu den einzelnen Tyrannenherrschaften. Die Positionen der englischsprachigen Forschung werden bei Anderson (2005) zusammengefaßt. Stein-Hölkeskamp in Raaflaub/van Wees (2009) (s. die Literaturangaben zu Kapitel I) ordnet die Tyrannis in den Kontext der Adelsherrschaft der archaischen Zeit ein. Für die historiographische, literarische und philosophische Aufarbeitung der Tyrannis sind vor allem die Beiträge von Dewald, Raaflaub, Seaford und Henderson in dem Sammelband von Morgan (2003) von Interesse.

Zu den einzelnen Fallstudien sei jeweils auf die entsprechenden Lokalgeschichten bzw. Einzeldarstellungen verwiesen – Korinth: Salmon (1984), Schmitz (2010); Samos: Tölle-Kastenbein (1969), Shipley (1987), Stein-Hölkeskamp (1999); Athen: Boersma (1970), Kolb (1977), Stahl (1986), Shapiro (1989), Lavelle (1993) sowie die Beiträge in dem Sammelband von Sancisi-Weerdenburg (2000). Zu Harmodios und Aristogeiton, den Tyrannenmördern, sind die Arbeiten von Fehr (1984) und Hölscher (2010) lesenswert.

Anderson, G. (2005), Before *Turannoi* Were Tyrants: Rethinking a Chapter of Early Greek History, in: Classical Antiquity 24, 173–222

Berve, H. (1967), Die Tyrannis bei den Griechen, 2 Bde., Darmstadt

Boersma, J. S. (1970), Athenian Building Policy from 561/0 to 405/4 B. C., Groningen

De Libero, L. (1996), Die archaische Tyrannis, Stuttgart

Fehr, B. (1984), Die Tyrannentöter oder: Kann man der Demokratie ein Denkmal setzen?, Frankfurt/Main

Hölscher, F. (2010), Die Tyrannenmörder – ein Denkmal der Demokratie, in: Stein-Hölkeskamp, E./Hölkeskamp, K.-J. (Hgg.), Die griechische Welt – Erinnerungsorte der Antike, München, 244–258

Kolb, F. (1977), Die Bau-, Religions- und Kulturpolitik der Peisistratiden, Jahrbuch des Deutschen Archäologischen Instituts 92, 99–138

Lavelle, B. M. (1993), The Sorrow and the Pity: A Prolegomenon to a History of Athens under the Peisistratids, ca. 560–510 B. C., Stuttgart

Morgan, K. (Hg.) (2003), Popular Tyranny: Sovereignty and its Discontents in Ancient Greece, Austin/Texas

Salmon, J. B. (1984), Wealthy Corinth: a History of the City to 338 B. C., Oxford

Sancisi-Weerdenburg, H. (Hg.) (2000), Peisistratos and the Tyranny: A Reappraisal of the Evidence, Amsterdam

Schmitz, W. (2010), Kypselos und Periandros. Mordende Despoten oder Wohltäter der Stadt?, in: Linke, B./Meier, M./Strothmann, M. (Hgg.), Zwischen Monarchie und Republik. Gesellschaftliche Stabilisierungsleistungen und politische Transformationspotentiale in antiken Stadtstaaten, Stuttgart, 19–49

Shapiro, H. A. (1989), Art and Cult under the Tyrants in Athens, Mainz

Shipley, G. (1987), A History of Samos 800–188 B. C., Oxford

Stahl, M. (1986), Aristokraten und Tyrannen im archaischen Athen: Untersuchungen zur Überlieferung, zur Sozialstruktur und zur Entstehung des Staates, Stuttgart

Stein-Hölkeskamp, E. (1999), Polykrates, in: Brodersen, K. (Hg.), Große Gestalten der griechischen Antike. 58 historische Portraits von Homer bis Kleopatra, München, 105–112

Tölle-Kastenbein, R. (1969), Die antike Stadt Samos: Ein Führer, Mainz

IX. Die Welt der Bürger

Ein systematischer, gut dokumentierter Überblick über die Unterabteilungen der einzelnen griechischen Poleis findet sich bei Jones (1987). Siehe außerdem die Studie von Walter (1993), die sich mit den Zugehörigkeitsstrukturen und dem Bürgerrecht in den archaischen Poleis befaßt und auch für die Fallstudien zu Kyrene und Athen einschlägig ist.

Zur Fallstudie Sikyon siehe die Lokalgeschichte von Griffin (1982) sowie die recht spekulative Deutung von Forsdyke (2011). Für die Geschichte von Kyrene und die Neuordnung der dortigen Bürgerschaft sind Jeffery (1961), Goodchild (1971), Barker/Lloyd/Reynolds (1985), Hölkeskamp (1993) und Austin (2008) von Interesse. Die Phylenreform des Kleisthenes von Athen gehört zu den am häufigsten interpretierten Geschehenskomplexen der griechischen Geschichte. Zu Vorgeschichte und Abfolge siehe Stein-Hölkeskamp (1989) (s. die Literaturangaben zu Kapitel VII) sowie Bleicken (1994). Zu der Frage, wie die Reformen in den Prozeß der Entstehung der athenischen Demokratie einzuordnen sind, seien hier (in Auswahl) einige neuere Sammelbände genannt, in denen die durchaus kontroversen Standpunkte deutlich werden: Ober (1996), Morris/Raaflaub (1997), Raaflaub/Ober/Wallace (2008), Welwei (2012).

Austin, M. (2008), The Greeks in Libya, in: Tsetskhladze, G.R. (Hg.), Greek Colonization. An Account of Greek Colonies and other settlements Overseas, Bd. 2, Leiden, 187–217

Barker, G./Lloyd, J./Reynolds, J. (Hgg.) (1985), Cyrenaica in Antiquity, Oxford

Bleicken, J. (1994), Die athenische Demokratie, 2. Aufl. Paderborn etc.

Forsdyke, S. (2011), Peer polity interaction and cultural competition in sixth-century Greece, in: Fisher, N./van Wees, H. (Hgg.), Competition in the Ancient World, Swansea, 147–174

Griffin, A. (1982), Sikyon, Oxford

Goodchild, R. G. (1971), Kyrene und Apollonia, Zürich

Hölkeskamp, K.-J. (1993), Demonax und die Neuordnung der Bürgerschaft von Kyrene, in: Hermes 121, 404–421

Jeffery, L. H. (1961), The Pact of the First Settlers at Cyrene, in: Historia 10, 139–147

Jones, N. F. (1987), Public Organisation in Ancient Greece: A Documentary Study, Philadelphia

Morris, I./Raaflaub, K. (Hgg.) (1997), Democracy 2005? Questions and Challenges, Dubuque

Ober, J. (1996), The Athenian Revolution. Essays on Ancient Greek Democracy and Political Theory, Princeton

Raaflaub, K. A./Ober, J./Wallace, R. W. (Hgg.) (2008), Origins of Democracy in Ancient Greece, Berkeley

Walter, U. (1993), An der Polis teilhaben. Bürgerstaat und Zugehörigkeit im archaischen Griechenland, Stuttgart

Welwei, K. W. (2012), Athens langer Weg zur Demokratie, in: Welwei, K.-W., Nachlese. Kleine Schriften zur Sozial- und Herrschaftsgeschichte in der griechischen und römischen Welt, hg. v. Samotta, I., Stuttgart, 195–216

Register